COLLECTION DES UNIVERSITÉS DE FRANCE
publiée sous le patronage de l'ASSOCIATION GUILLAUME BUDÉ

PLINE L'ANCIEN

HISTOIRE NATURELLE

LIVRE XXXI

TEXTE ÉTABLI, TRADUIT ET COMMENTÉ

PAR

Guy SERBAT

Professeur
à l'Université de Paris IV

PARIS
SOCIÉTÉ D'ÉDITION « LES BELLES LETTRES »
95, BOULEVARD RASPAIL, 95
1972

Conformément aux statuts de l'Association Guillaume Budé, ce volume a été soumis à l'approbation de la commission technique qui a chargé M. J. André d'en faire la révision, en collaboration avec M. G. Serbat.

© *Société d'édition* « *Les Belles Lettres* », 1972.

INTRODUCTION

Le livre 31 forme une vaste parenthèse dans la série des cinq livres de l'*Histoire Naturelle* que Pline consacre aux remèdes tirés des animaux. Les livres 28 à 30 traitent principalement de l'homme, de la femme, des animaux exotiques et sauvages. Le livre 32 s'attache aux animaux marins. Quant au livre 31, il est occupé par des observations sur les sources, sur l'eau en général, sur l'eau de mer, le sel, le nitre, les éponges. Pline annonce pourtant, à la dernière ligne du livre 30 et à la première ligne du livre 31, qu'il va parler des *aquatilia* (*Nunc ad aquatilia praeuertemur. Aquatilium secuntur in medicina beneficia*). Or le sens à peu près constant de *aquatilia* est celui de « faune aquatique » ; on peut en juger par les exemples que cite le *Thesaurus linguae latinae*, et par tel ou tel autre, comme *N.H.* 11, 188 : *pauca eum* (scil. : *pulmonem*) *habent aquatilia* ; ou comme le titre de la Table des matières pour le livre 9, *Aquatilium naturae,* « caractères des animaux aquatiques ». Si tel est le sens qu'il convient d'accorder dans tous les cas à *aquatilia,* on sera fondé à trouver très déroutante la composition du livre 31, puisqu'il serait envahi par une immense digression, les animaux aquatiques n'apparaissant qu'aux neuf derniers paragraphes (123-131), sous l'espèce des éponges, présentées expressément comme des êtres vivants (123, *in fine*).

Le désordre si souvent observé dans l'énoncé plinien

affecte, à notre avis, plutôt le détail de la narration que le plan d'ensemble de l'œuvre. Dans le premier cas, il résulte de la méthode de compilation sur fiches. Dans le second, une anomalie apparente doit s'expliquer par un dessein de l'auteur. Il faut prendre garde que l'acception de « faune aquatique » n'est pas rigoureusement la seule que possède *aquatilis*. Pline peut écrire, *N.H.* 19, 186 : *aquatiles* (*suci*) *cucumeris*, pour traduire ὑδαρής de Théophraste, *H.P.* 1, 12, 1. On objectera qu'ici l'adjectif n'est pas substantivé. C'est exact. Mais comment comprendre la phrase de transition de 31, 72 : *Et hactenus de aquis, nunc de aquatilibus. Ordiemur autem, ut in reliquis, a principalibus eorum, quae sunt salsa ac spongea* ? Si les éponges font bien partie de la faune, on ne saurait y admettre les *salsa*. L'opposition est nette ici entre « les eaux » (*aquae*) et « ce qui a rapport avec l'eau » (*aquatilia*), qu'il s'agisse en ce dernier cas du sel et des autres produits qu'on peut tirer de l'eau, ou des animaux qui y vivent. C'est pourquoi nous admettrons avec Littré et A. Ernout (*N.H.* 30, 149, trad. et n. 2) qu'il faut accorder ici à *aquatilia* une extension beaucoup plus large que d'habitude. L'ambiguïté tient à ce que Pline dispose d'un seul mot, que les *aquatilia* soient vivants ou non, et qu'il n'opère pas la distinction qu'on peut observer par exemple chez Galien, *Simpl.* 11, 2 : « Les animaux qui naissent dans la mer et dans l'eau ont été traités plus haut, à propos des animaux ; mais tout ce qui naît dans les eaux ou des eaux, sans appartenir au règne animal, sera traité maintenant. » Et Galien étudie, entre autres produits, le sel, le nitre, le bitume, la saumure (mais aussi, il est vrai, les éponges, manquant sur ce point à son programme).

L'ordonnance d'ensemble de l'œuvre plinienne, du livre 30 au livre 32, apparaît ainsi très clairement :

1. Le livre 30 termine l'exposé des remèdes tirés des animaux terrestres.

2. A la dernière ligne du livre 30, Pline annonce qu'il va traiter des *aquatilia*, c'est-à-dire des ressources des eaux.

3. Mais, après le préambule du livre 31, il estime nécessaire d'exposer d'abord la puissance des eaux : *ante omnia ipsarum potentiae exempla ponemus* (§ 3). Cette digression, ou plutôt cette introduction indispensable à ses yeux, va s'étendre jusqu'au § 72.

4. Mettant un point final à cet excursus (*hactenus de aquis*, § 72), il aborde les *aquatilia*, mais avec le souci fermement exprimé d'étudier d'abord, parmi eux, les principaux (*principalia*), c'est-à-dire *salsa ac spongea*.

5. Enfin, à la dernière ligne du livre 31, il déclare qu'il se tourne désormais vers les animaux marins (*marina animalia*), qui seront effectivement le sujet du livre 32.

La progression est donc très nette dans les grandes lignes, dont de brèves transitions explicites soulignent les articulations. Dans cette optique, on est fondé à considérer le vaste développement sur les eaux (§§ 1-72), non plus comme une digression oiseuse, un vagabondage d'érudit, mais comme un exposé nécessaire fondé en méthode. C'est ainsi que Pline a conçu son plan, croyons-nous ; et la fragilité de tant d'assertions anciennes, au regard de la science moderne, ne doit pas empêcher de discerner une démarche estimable. L'attitude de l'auteur en paraîtra sympathique, que l'on sent animé par le désir avoué d'établir d'abord ce qu'il estime primordial (*ante omnia*), ou fondamental (*principalia*), c'est-à-dire ce sur quoi repose son exposé.

Les 131 §§ du livre 31 s'ordonnent en quatre sections. Après un préambule sur l'importance de l'eau dans la nature (1-3), Pline traite des eaux (4-72), puis du sel (75-105), du nitre (106-122), enfin des éponges (123-131).

Dans l'introduction, véritable exorde, d'une langue

éloquente très châtiée, il s'émerveille devant le rôle que joue l'eau dans le monde. Avec Thalès de Milet, il reconnaît à cet élément une prééminence sur les autres. Quant aux quatre sections qui forment le corps de l'ouvrage, on aura remarqué qu'elles sont d'importance très inégale. Leur longueur décroît constamment. La première occupe 69 §§, la deuxième 33, la troisième 17, la quatrième 9. Elles ne s'organisent pas toujours comme le laisse croire la *Table des matières*. Ainsi la première section, sur les eaux, ne saurait se diviser en deux parties, *Medicinae* jusqu'au § 20, et *Miracula*, §§ 21 et suivants. Le contenu en est à la fois plus mêlé et plus vaste. Les faits merveilleux côtoient souvent les recettes thérapeutiques ; des développements importants traitent d'autres sujets, comme l'eau potable, les aqueducs, l'eau de mer, etc... Aussi sera-t-il utile de restituer l'articulation réelle de l'exposé plinien.

Première section : Les eaux (4-72).

4-30 : Énumération de sources, lacs ou fleuves dont l'eau est douée de propriétés très diverses : bénéfiques, dangereuses, surprenantes, toxiques.

31-40 : Le problème de l'eau potable ; critères de salubrité. Cette question conduit naturellement aux deux parties suivantes :

41-42 : Histoire et description de deux aqueducs romains, l'*Aqua Marcia* et l'*Aqua Virgo*.

43-49 : Problèmes posés par la recherche de l'eau. Principes géologiques. Indices de la présence de l'eau. A la fin (49) digression sur les dangers auxquels sont exposés les puisatiers.

50-56 : Variations dans les caractères des eaux (température, douceur, débit, etc.).

57-58 : Technique de l'adduction d'eau (tuyauterie, pente, regards, etc.).

59-61 : Les sources thermales.
62-72 : L'eau de mer.

Deuxième section : Le sel (73-105).

73-76 : Énumération de lacs, fleuves, sources, où se forme spontanément du sel.

77-80 : Sel gemme.

81-83 : Sel obtenu par des procédés divers : marais salants, déversement d'eau dans des mines de sel. Sel noir issu de plantes carbonisées.

84-89 : Observations sur les mérites comparés de différents sels, sur leurs qualités physiques, leurs usages médicaux et culinaires. Aux §§ 88 (fin) et 89, rappel de l'importance actuelle du sel, et de l'importance que lui accordaient les anciens.

90-92 : La fleur de sel : origines, qualités, usages.

92-97 : *Salsugo, garum, allex* ; leurs usages médicaux.

98-105 : Nature, propriétés, qualités thérapeutiques du sel.

Troisième section : Le nitre (106-113).

106-113 : Sa formation. Énumération de plusieurs lieux de production. L'écume de nitre.

114-122 : Caractères physiques ; usages thérapeutiques du nitre.

Quatrième section : Les éponges (122-131).

Diverses sortes d'éponges : usage médical des éponges et de la cendre d'éponges.

Même en la considérant d'assez haut, l'ordonnance de chaque section est loin d'être pleinement satisfaisante. Pour prendre la première en exemple, la description de deux aqueducs romains (41-42) jure dans un exposé

principalement géologique et médical. Les deux §§ sur
la technique de l'adduction (47-48) auraient trouvé une
place plus commode à la suite du § 42 ; ils sont maladroitement insérés entre une histoire de fleuves qui
changent de couleur et l'exposé sur les sources thermales,
gaucherie que dissimule mal un pesant *ceterum* de liai-
son.

On ne discerne pas la cause de ces coq-à-l'âne quand
il s'agit de développements d'importance moyenne. Mais
elle se dévoile très clairement si l'on observe le désordre
à plus petite échelle, de phrase à phrase. Il tient, on l'a
souvent noté, à la méthode de travail suivie par Pline.
Celui-ci associe des faits que rapproche sur ses fiches une
ressemblance menue ; parfois même on ne constate aucune
similitude intrinsèque, mais les faits en question ont été
rapportés par le même auteur, ou bien se sont produits
dans la même région. D'où la marche zigzagante du dis-
cours. Tout y est prétexte à brusque crochet. Au § 6,
Pline signale que les eaux sont bonnes pour beaucoup de
maux, et notamment pour les affections oculaires. Parmi
celles-ci, on compte une source jaillissant sur la propriété de Cicéron à Cumes. Et voilà l'occasion d'un premier crochet : on nous cite in extenso le poème que Laurea Tullius, l'un des affranchis de Cicéron, avait composé
à la gloire de ces eaux et de son maître. Deuxième crochet : par raison de proximité géographique, sont alors
mentionnées d'autres eaux de Campanie (§ 8), qui traitent la stérilité des femmes et la folie des hommes,
d'autres encore qui guérissent la pierre. Troisième crochet (§ 9) : cette fois c'est la maladie — la pierre — qui
oriente vers une source et un fleuve de Syrie qui ont
la même vertu.

Parfois l'auteur mis en fiche sert lui-même de plaque
tournante : Théophraste, nous dit-on aux §§ 13 et 14,
émet telle et telle opinion sur les eaux douées de propriétés colorantes ; *il dit aussi* qu'à Lusi des rats de terre

vivent dans une source. Remarque tout à fait déplacée, puisque le § suivant (15) traite de l'action de certaines eaux sur les facultés mentales. Autre exemple typique : au § 47 Pline étudie l'affinité de l'eau avec les diverses couches géologiques. Il observe qu'en un site aquifère les outils des terrassiers doivent s'enfoncer de plus en plus aisément. Digression : les puisatiers sont exposés à de graves dangers du fait des gaz (49). On voit quelles ressources offrait à l'auteur son fichier à entrées multiples et à nombreux renvois.

Le mérite principal du livre 31, c'est de nous offrir l'information la plus riche que nous ait laissée l'antiquité sur les questions des eaux médicinales, du sel et du nitre. Si Pline n'y a rien mis, ou presque rien, de son cru, il a du moins totalisé l'acquis de son temps et réalisé une synthèse très dense, tout à fait précieuse pour la connaissance du monde ancien. Nous ne traiterons pas ici la question controversée des relations entre Pline et les sources qu'il a utilisées. Dans le commentaire, nous nous sommes efforcé d'indiquer l'origine de chaque assertion, et de mettre Pline à sa place dans la longue chaîne qui va d'Hippocrate ou de Théophraste à Isidore ou à Oribase. De son propre aveu, Pline, pour la majeure partie du livre 31, s'est principalement inspiré de Théophraste, qu'il cite nommément plusieurs fois. La plupart des notations sur l'usage thérapeutique du sel, du nitre et des éponges figurent aussi chez les médecins, et notamment chez Dioscoride. On remarquera ici — le fait n'est pas particulier au livre 31 — que des noms figurent à l'index des auteurs sans être cités dans le texte : par exemple Sornatius. En revanche, on se demandera légitimement pourquoi Pline ne cite pas Vitruve, qu'il connaît bien (cf. les *indices* des livres 35 et 36 par ex.), et dont il semble résumer plusieurs pages, dans les chapitres sur l'art de trouver l'eau (§§ 43 et suivants). On conclura une fois de plus que notre auteur, si estimable d'avoir

bien voulu citer ses sources, n'a pas été tout à fait conséquent.

Une autre remarque éclaire moins la pratique de Pline
dans son travail que son attitude intellectuelle devant
les *obseruationes* que lui livrent ses fiches, et dont beaucoup défient le bon sens. Quelle est véritablement l'adhé-
sion de Pline aux *miracula* qu'il énumère si consciencieu-
sement ? Les prend-il à son compte, ou marque-t-il une
certaine distance ? Un trait curieux est susceptible de
nous orienter sur ce point. Quand il s'agit de *mirabilia*
exposés au scepticisme de quelques lecteurs (et Pline en
a conscience, puisqu'il écrit, § 21 : *Quod si quis fide
carere ex his aliqua arbitratur*, etc.), les références précises pleuvent dru. Mais elles manquent presque totalement dans les passages considérés comme sérieux. On
relève dans les §§ qui précèdent l'admonestation du § 21
et qui sont pleins de faits fantastiques, les noms de Varron (3 fois), Callimaque, Ctésias, Cassius de Parme, Cicéron, Eudicus, Théophraste (3 fois), Eudoxus, Théopompe
(2 fois), Mucien (2 fois), Polyclitus, Lycos, Juba (2 fois),
soit vingt références *ad auctorem* pour dix-sept §§ ! Un
peu plus loin, les *miracula dira* des eaux mortelles provoquent une nouvelle grêle de précautions bibliographi-
ques : Ctésias, Théophraste, Lycos et autres sont appelés
en renfort ; cinq noms, plus trois mentions indéfinies
(*dicunt, audiui, dicitur*) en quatre §§. En revanche, les
deux §§ (29 et 30) sur le phénomène bien établi des eaux
pétrifiantes ne sont assortis d'aucune garantie. bien que
Pline n'ait pas vu personnellement les sites qu'il énumère. Pas de références non plus dans le développement
sur l'art de trouver l'eau (§§ 43 et 44), ni dans celui qui
expose les changements saisonniers de régime de certaines sources (50-51). Il s'agit ici de phénomènes assu-
rés, dont on peut rendre compte objectivement (Pline
ne disant rien de l'art mystérieux des sourciers). Mais
à la fin du même § 51, par un de ces crochets qui lui

sont familiers Pline en vient à citer un fait ahurissant : *quaedam terrae imbribus sicciores fiunt*, fait qui suscite aussitôt un *auctor*, en la personne de Cicéron : *quod admirandis suis inseruit M. Cicero.*

Le lecteur amusé sourira peut-être de voir se dessiner, sous le fatras des remarques apparemment toutes livresques et incontrôlées, le visage d'un homme moins crédule qu'avisé et prudent.

On retrouvera dans le livre 31 d'autres traits que connaissent bien les lecteurs de Pline ; par exemple son enthousiasme d'érudit insatiable quand il aborde un domaine nouveau, ou qu'il domine le fouillis des faits, et qu'une vue panoramique du sujet lui donne le frisson des synthèses audacieuses (§§ 1-3) ; ou lorsque son regard, tourné vers le passé, lui fait mieux mesurer l'importance d'une vérité depuis longtemps établie (rôle du sel, par exemple, § 88). D'autres fois, la délicate précision de l'observation invite à penser qu'il rapporte une expérience personnelle. Ainsi au § 12 quand il parle de la source de Tongres en Belgique : « Son eau pétille d'une quantité de bulles brillantes, elle a un goût ferrugineux, sensible seulement quand on finit de boire... Mise sur le feu, elle devient trouble et, pour finir, rougit. »

Le texte proposé a été établi après collationnement de huit manuscrits, *RVFTdxEa*, *X* comblant les lacunes de *x*, *r* désignant le correcteur de *R*. Ces manuscrits ont été présentés par A. Ernout dans l'Introduction générale de cette collection (t. I), à laquelle on voudra bien se reporter. Nous les avons tous étudiés sur photocopies ou microfilms, à l'exception de *xX*, pour lequel nous avons consulté l'original, à la Bibliothèque Nationale de Luxembourg. Nous nous sommes efforcé de rester au plus près des manuscrits qui semblent refléter la tradition la plus ancienne (surtout *RV*). Quand c'était impossible, par suite d'erreurs ou d'omissions, nous avons dû souvent adopter les leçons de *r*, de *d* ou de *E* ; mais nous avons

eu parfois l'impression pénible que ces leçons compré-
hensibles résultaient d'un travail de restauration, comme
les humanistes de la Renaissance devaient le pratiquer,
travail méritoire mais dans certains cas trop peu soucieux
de paléographie, et qui avait peu de chances de restituer
l'original. Quand nous avons cru pouvoir avancer une
correction, nous avons tenté de retrouver, à partir des
formes dénuées de sens, et sans tenir compte des arran-
gements commodes ultérieurs, un texte primitif qui ren-
dît compte des erreurs des *uetustiores* et s'accordât aux
habitudes de Pline.

L'apparat critique a été allégé d'un grand nombre de
remarques, utiles peut-être pour l'histoire de la tradition
manuscrite, mais qu'il ne pouvait être question de repro-
duire en bas de page (flottements orthographiques habi-
tuels, leçons aberrantes et isolées). Les rubriques ont été
rédigées de façon à rendre compte de tous les manuscrits
considérés. Pour des raisons de place, cette règle d'un
apparat positif a été parfois négligée. Mais il s'agit toujours alors de variantes qui n'appartiennent qu'à un ou
deux manuscrits. Il est bien spécifié qu'en ce cas les
manuscrits non cités dans l'apparat offrent tous la leçon
retenue dans le texte.

Le présent ouvrage a bénéficié des avis éclairés de M.
P. Wuilleumier, à qui j'exprime toute ma gratitude. L'*Ini-
titut de Recherche et d'Histoire des Textes* m'a fourni avec
une extême obligeance la plupart des reproductions dont
j'avais besoin. Enfin M. J. André a été pour moi un con-
seiller et un ami, dont l'aide précieuse s'est étendue bien
au-delà de la révision qu'il a bien voulu assumer.

TABLE DES MATIÈRES

2

AUTEURS

EX AVCTORIBVS

ÉTRANGERS

EXTERNIS

LIVRE XXXI

SIGLA

Codd. :

R   Codex Florentinus Riccardianus 488, s. X-XI.
V   Codex Leidensis Vossianus f. 61, s. XI.
F   Codex Leidensis Lipsii n. 7, s. X.
T   Codex Toletanus 47-14, s. XIII.
d   Codex Parisinus Latinus 6797, s. XIII.
x   Codicis Luxemburgensis B.N. 136 pars prior, s. XII.
r   Codicis R corrector.
E   Codex Parisinus Latinus 6795 s. IX-X.
a   Codex Vindobonensis 234. s. XIIe-XIIIe.
X   Codicis Luxemburgensis B.N. 136 pars altera, s. XII.

Editt. et uaria :

Barb.   Hermolai Barbari, Castigationes Pilnia-
            nae, Rome 1492.
Caes.   Io. Caesarii editio Coloniensis, 1524.
Dal.   Dalecampii editio Lugdunensis, 1587.
Detl.   D. Detlefsen, ed. de Pline, Berlin, 1866.
Gel.   S. Gelenii editio Basileensis, 1554.
Gronov.   Gronouii in libros C. Plinii Secundi notae,
            1669.
Hard.   Hardouin, ed. Parisina, 1655.
Jan   L. von Jan, éd. de Pline, Leipzig, 1854.
Jones   W.H.S. Jones, éd. de Pline, t. VIII,
            Londres, 1963.
Mayh.   C. Mayhoff, éd. de Pline t. V, Leipzig,
            1897.

C. F. W. Müller   Kritische Bemerkungen zu Plinius Nat. Hist., Breslau, 1888.

Önnerfors   A. Önnerfors, Pliniana, In Plinii Maioris Naturalem historiam studia grammatica, semantica, critica, Upsal, 1961.

Sill.   J. Sillig, éd. de Pline, t. IV, Leipzig, 1857.

Url.   C.L. Urlichs, Vindiciae Plinianae, t. II, Erlangen, 1866.

LIVRE XXXI

1   I (1). Voici maintenant les services que rend en
médecine ce qu'on tire de l'eau [1] : même en ce domaine,
la nature ne relâche pas son activité créatrice [2], et à
travers les ondes et les flots, les marées alternées [3] et
les rapides courants des fleuves, inlassablement elle
déploie son énergie, avec une puissance plus grande
que nulle part ailleurs — si nous voulons bien reconnaître la vérité — car cet élément est celui qui com-
2   mande [4] à tous les autres. Les eaux engloutissent les
terres, tuent les flammes, s'élèvent dans les hauteurs [1],
s'arrogent aussi le ciel, et, tendant devant lui [2] un rideau
de nuages, elles étouffent le souffle vital [3], ce qui provoque le jaillissement des foudres [4], effet du conflit [5] qui
divise intimement le monde. Peut-il y avoir merveille
plus grande [6] que des eaux se maintenant dans le ciel ?
Bien plus, comme si c'était trop peu d'atteindre une
altitude pareille, elles y entraînent avec elles des bancs
de poissons, souvent même des pierres ; et elles s'élèvent
3   malgré les poids étrangers qu'elles transportent. Ce sont
elles encore qui, en tombant, sont à l'origine [1] de tout ce
qui naît de la terre, propriété tout à fait merveilleuse,

LIBER XXXI

I (1). Aquatilium secuntur in medicina bene- 1
ficia, opifice natura ne in illis quidem cessante et
per undas fluctusque ac reciprocos aestus amnium-
que rapidos cursus inprobas exercente uires, nusquam potentia maiore, si uerum fateri uolumus,
quippe hoc elementum ceteris omnibus imperat.
Terras deuorant aquae, flammas necant, scandunt 2
in sublime et caelum quoque sibi uindicant ac nubium
obtentu uitalem spiritum strangulant, quae causa
fulmina elidit, ipso secum discordante mundo. Quid
esse mirabilius potest aquis in caelo stantibus ? At
illae, ceu parum sit in tantam peruenire altitudinem,
rapiunt eo secum piscium examina, saepe etiam
lapides, subeuntque portantes aliena pondera.
Eaedem cadentes omnium terra enascentium causa 3

1 opifice *rEaXTd* : opice *VFR* ‖ ne : nec *F* ‖ fluctusque
rEaXTd : -tisque *VFR* ‖ cursus *VFRTdX* : -sos *Ea* ‖ exercente
VFRd : excer- *T* exerente *Ea* exor- *X* ‖ uires *rEaXTd* : uirus
VF²R urus *F¹* ‖ maiore *REaXTd* : meaiure *VF*.
2 aquae *REaXTd* : aeque *VF* ‖ scandunt *rEaXTd* : -dant
VFR ‖ obtentu *EaX* : -tum *cett.* ‖ fulmina *rX* : -min *R* -men
Td² flumin *VF* -mina *Ea* fuim *d¹* ‖ elidit *VFREaX* : eledit *Td* ‖
ipso *rEaXTd* : ipse *VFR* ‖ aquis *rEaXTd* : aquas *VFR* ‖ caelo
rEaXTd, om. VFR ‖ at *EaXTd* : ad *VFR* ‖ tantam *REaXTd* :
-tum *VF* ‖ examina *Td* : -mine *X* exanima *VFR* -mae *a* -me *E* ‖
lapides *rEaXTd* : in lap- *VFR* ‖ subeuntque *VFRTd* subeunt *rEa*
subuehunt *X, Colon.* ‖ pondera *VFRXTd* : -re *Ea*.
3 eaedem *REaXTd* : aedem *VF* ‖ omnium *EaXTd* : omium *R*
omnia *VF* ‖ terra *VFrEaXTd* : -re *R* -rae *Sill.* ‖ enascentium
VF : nasc- (-tum *R*) *cett.*

si l'on veut bien considérer que, pour faire naître les céréales, pour faire vivre arbres et plantes, les eaux se déplacent, gagnent le ciel et en rapportent aux herbes elles-mêmes l'âme qui les fait vivre : l'opinion commune est surpassée [2] que toutes les vertus de la terre aussi n'existent que par la grâce des eaux. C'est pourquoi nous proposerons avant tout des exemples de leur pouvoir. Quel mortel pourrait, en effet, les dénombrer toutes ?

4 II (2). Elles jaillissent, généreuses, et de tous côtés [1] en mille pays, ici froides, là chaudes, ailleurs chaudes et froides [2], comme chez les Tarbelles [3], peuple d'Aquitaine, et dans les Pyrénées [4] — où elles ne sont séparées que par une faible distance —, ailleurs tièdes et tempérées [5]. Proposant des secours contre les maladies et sortant du sol pour le seul profit des hommes entre tous les êtres vivants, elles accroissent sous divers noms le nombre des dieux [6] et fondent des villes [7], comme Pouzzoles [8] en Campanie, Statielles [9] en Ligurie, Aix [10] dans la province narbonnaise. On n'en trouve pourtant nulle part abondance plus grande qu'au golfe de Baïes [11], ni qui aient plus de vertus médicales : les unes [1] agissent

5 par la vertu du soufre, d'autres par celle de l'alun, du

fiunt, prorsus mirabili natura, si quis uelit reputare,
ut fruges gignantur, arbores fruticesque uiuant, in
caelum migrare aquas animamque etiam herbis
uitalem inde deferre, confessione uicta omnes terrae quoque uires aquarum esse beneficii. Quapropter
ante omnia ipsarum potentiae exempla ponemus.
Cunctas enim enumerare quis mortalium queat ?

II (2). Emicant benigne passimque in plurimis 4
terris alibi frigidae, alibi calidae, alibi iunctae,
sicut in Tarbellis Aquitanica gente et in Pyrenaeis
montibus tenui interuallo discernente, alibi tepidae
egelidaeque. Auxilia morborum profitentes et e
cunctis animalibus hominum tantum causa erumpen-
tes, augent numerum deorum nominibus uariis
urbesque condunt, sicut Puteolos in Campania,
Statiellas in Liguria, Sextias in Narbonensi prouin-
cia. Nusquam tamen largius quam in Baiano sinu nec
pluribus auxiliandi generibus : aliae sulpuris u*i*, aliae 5

reputare *VFRa²Td* : refut- *rEa¹X* ‖ ut *EaX* : ui *VFRd¹* unde
Td² ‖ arbores *om. a* ‖ fruticesque *VrEaXTd* : fructices *FR* ‖
uiuant *rEaXTd* : uiuunt *VFR* ‖ deferre *VFRTd* : ferre *rEaX* ‖
confessione uicta *V,Sill.* : c- iacta *R* uicta c- *FTd, uett.* uita
c- *rEaX* c- inuita *C.F.W. Müller* iusta c- *Col. Mayh.* ‖ terrae :
terraeque *T* ‖ beneficii *VFREaX* : -cium *Td* ‖ ante *om. aX* ‖
potentiae *uett.* : -tia *codd.* ‖ queat *rEaXTd* : quear *VFR.*
    4 plurimis *rEaX* : -ribus *VFRTd* ‖ alibi *rEaX* : ale *VF* alie
RTd aliae *Sill.* ‖ frigidae *REXTd* -di *a* fridae *VF* ‖ alibi *rEaX* :
aliae *VFRTd, Sill.* ‖ iunctae *Ea* : -te *rX* iniunctae (-te *R*) *VFR*
inuincte *Td* ‖ in *rEaX* : *om. VFRTd* ‖ aquitanica *rEaTd* : in
a- *X* aquitania *VF* ‖ aquitanica - pyreneis *om. R* ‖ et *VFRTd* : ex
EaX ‖ pyreneis *VFrTd* : cir- *EaX* ‖ montibus *VFRTd* : genti-
rEaX ‖ discernente *rEaXTd* : discendente *VF* des- *R* ‖ alibi
rEaX : aliae *VFRTd* ‖ profitentes *VFRTd* : confi- *Ea* confe-
rentes *X, uett. a. Hard.* ‖ narbonensi *rEaXTd* : -niensa *VFR* ‖
baiano *rEaX* : balano *VFTd* (*R* ?) ‖ sinu nec *REaXTd* : sinunce
VF.
    5 ui aliae *Detl.* : ut aliae *VFR* utiliae *E* -lae *a* -le *r* aliae *TdX*
uett.

sel, du nitre ou du bitume, quelques-unes aussi par l'effet d'un mélange acide ou salé ; certaines sont utiles par leur seule température, et leur efficacité est si grande qu'elles chauffent les bains et font même bouillir l'eau froide dans les baignoires. Celles qu'on appelle à Baïes *Posidiennes*, — nom que leur donna un affranchi [2] de l'empereur Claude — cuisent [3] aussi les aliments. On voit bouillonner au sein même de la mer celles que possédait Licinius Crassus [4], et, au milieu des flots, jaillit quelque chose de salutaire pour la santé.

6   III. Suivant leur genre, elles sont utiles [1] pour les nerfs, les pieds ou les hanches, d'autres pour les luxations ou les fractures ; elles dégagent le ventre, guérissent les plaies ; elles sont bonnes en particulier pour la tête, pour les oreilles, et, les eaux cicéroniennes, pour les yeux. L'histoire vaut d'être rappelée : quand on va du lac Averne à Pouzzoles, il y a une villa bâtie sur la côte, renommée pour son portique et son parc ; Cicéron l'appelait « Académie » [2] à l'exemple de celle d'Athènes ; il y avait composé ses livres du même nom et s'y était même élevé un monument — comme s'il ne l'avait pas fait 7 aussi dans le monde entier. A l'entrée de cette maison, peu après la mort de Cicéron — Antistius Vetus [1] en

aluminis, aliae salis, aliae nitri, aliae bituminis, nonnullae etiam acida salsaue mixtura, uapore ipso aliquae prosunt, tantaque est uis ut balineas cale- faciant ac frigidam etiam in soliis feruere cogant. Quae in Baiano Posidianae uocantur, nomine accepto a Claudi Caesaris liberto, obsonia quoque percocunt. Vaporant et in mari ipso quae Licini Crassi fuere, mediosque inter fluctus existit aliquid ualetudini salutare.

III. Iam generatim neruis prosunt pedibusue 6 aut coxendicibus, aliae luxatis fractisue, inaniunt aluos, sanant uulnera, capiti, auribus priuatim medentur, oculis uero Ciceronianae. Dignum memo- ratu, uilla est ab Auerno lacu Puteolos tendentibus inposita litori, celebrata porticu ac nemore, quam vocabat M. Cicero Academiam ab exemplo Athe- narum, ibi compositis voluminibus eiusdem nomi- nis, in qua et monumenta sibi instaurauerat, ceu uero non et in toto terrarum orbe fecisse*t*. Huius in parte 7 prima exiguo post obitum ipsius Antistio Vetere

aluminis *rEaXTd* : lum- *VFR* ‖ aliae salis *VFRTd* : aliae soliis *rEX* aliis *a* ‖ acida *REaTd* : agi- *V²F* ali- *V¹* asci- *X* ‖ tantaque *REaX* : itantatio *V* itatantio *F* tantatio *d¹* tantat his *d²* tanta hiis *T* ‖ balineas *VFR* : balneas *cett.*, *Mayh.* ‖ soliis *X* : solis *cett.* ‖ feruere *VrEaX* : ferue *F¹R* feruore *F²Td* ‖ baiano *r* : baiaiano *a* banaiano *EX* bala *Td* bale *VF* ba *R* ‖ posidianae *edd.* : possi- *VFRX* posidiano *rEa* ‖ claudi *VFR* : -dii *cett.*, *Mayh.* ‖ uaporant *om.* *EX* ‖ licini *VFR* : -cinii *ErdT* -cenii *X* ‖ mediosque *rEaX* : medios *Td* quemmediisque *VFR*.

6 generatim *rEaX* : -tis *cett.* ‖ aut — fractisue *om.* *F* ‖ luxatis *EaX* : elux- *rTd* elox- *V* eloxatisue *R* ‖ fractisue *om.* *R* ‖ priuatim *EaXTd* : -ti *VFR* ‖ dignum *Td* : -nu *VFR* -no *rEaX* -nae *Detl.* ‖ memoratu *rEaXTd* : -to *VFR* ‖ porticu *VFRTd* : -ca *EaX* ‖ uoca- bat *VFRTd* : euoc- *rEa* et uoc- *X* ‖ M. *om.* *VTd* ‖ nominis *Td* : -nibus *cett.* ‖ in qua : in aqua *E* ‖ et *r* : ex *EaX*, *om.* *VFRTd* ‖ toto *rEaX* : eo toto *Td* eoto *VFR* ‖ fecisset *uett.* : -cisse *codd.*

7 exiguo *rEaXTd* : *om.* *VFR*.

était alors propriétaire — jaillirent des sources chaudes extrêmement salubres pour les yeux ; elles ont été célébrées par Laurea Tullius [2], l'un des affranchis de Cicéron, dans un poème où l'on peut reconnaître d'emblée l'inspiration que ses gens eux-mêmes devaient à ce génie majestueux. Et je vais citer le texte même de ce poème, afin qu'on puisse le lire en tout lieu et non pas seulement sur place :

8 « Très illustre champion de la langue romaine, à l'endroit où l'on fait pousser plus forte ta verte forêt où Vetus répare et embellit maintenant ton domaine célébré sous le nom d'Académie, apparaissent aussi des eaux qu'on n'avait pas trouvées auparavant, des eaux qui soulagent les yeux malades baignés de leur rosée. Oui, cette terre elle-même a rendu à son cher Cicéron cette marque d'honneur quand elle a ainsi mis des sources au jour : puisqu'on le lit sans fin dans le monde entier, il fallait aux yeux, plus nombreuses, des eaux pour les guérir [1]. »

IV. Dans la même contrée de Campanie, les eaux de Sinuessa [1], mettent fin, dit-on, à la stérilité chez les 9 femmes et à la folie chez les hommes ; V. dans l'île d'Aenaria [2], elles guérissent les malades de la pierre, ainsi que l'eau appelée « Acidule » — froide celle-ci —

possidente eruperunt fontes calidi perquam salubres
oculis, celebrati carmine Laureae Tulli, qui fuit e
libertis eius, ut protinus noscatur etiam ministeriorum
haustus ex illa maiestate ingenii. Ponam enim ipsum
carmen ⟨ut⟩ ubique et non ibi tantum legi ⟨queat⟩ :

Quo tua, Romanae uindex clarissime linguae,   8
   silua loco melius surgere iussa uiret
atque Academiae celebratam nomine uillam
   nunc reparat cultu sub potiore Vetus,
hoc etiam apparent lymphae non ante repertae,
   languida quae infuso lumina rore leuant.
Nimirum locus ipse sui Ciceronis honori
   hoc dedit, hac fontes cum patefecit ope,
ut, quoniam totum legitur sine fine per orbem,
   sint plures oculis quae medeantur aquae.

IV. In eadem Campaniae regione Sinuessanae
aquae sterilitatem feminarum et uirorum insaniam
abolere produntur, V. in Aenaria insula calculosis   9
mederi et quae uocatur Acidula ab Teano Sidicino

calidi *rEXTd* : -da *a* ualidi *VFR* ‖ perquam *rEaXTd* : perque *R*
inquam *VF* ‖ salubres *REaXTd* : -bre *VF* ‖ laureae *VrTd* :
-ree *Ea* -reaae *F* -reo *X* (*R nou legitur*) ‖ fuit — ut *om. T* ‖ haustus
RTd : -tis *VF* eius *rEaX* ‖ ingenii *Td* : -nam *VFR, del. r, om.*
EaX, uett.a.Hard. ‖ carmen *VFrTdE²* : camen *R* carnem *E¹* ‖ ut
ubique et *Mayh.* : ubique et *codd.* uti queat *Jan* dignum ubique
et *uett.* ‖ non ibi tantum *rEaX* : ibi tantum non *cett.* ‖ legi queat
Mayh. : legi *codd., uett.*

8 quo *Td* : quod *cett., Hard.* ‖ tua romanae *rEaXTd* : mane
uarro *VFR* ‖ clarissime *VFRTd* : -ma *EaX* ‖ uiret *rEaX* : -re
R -rer *VF* -res *Td* ‖ academiae *Vr in ras., EaXd* : cad- *F* academiam *T* ‖ cultu *edd.* : -tus *rEaXTd* -tos *VFR* ‖ rore *REaX* : re
VF iam re *Td* ‖ patefecit *VFRTdX* : -facit *rEa* ‖ sinuessanae
VFrE²a : -ni *R* siuessane *E¹X* sinu esse sane *Td* ‖ et uirorum
om. X ‖ insaniam *REa* : -nia *V* infania *F* saniem *Td, om. X.*

9 aenaria *VFRTd* : aeraria *rEaX* ‖ mederi et : medetur *Td* ‖
quae *rEaX* : quo *VFR* qui *Td* ‖ ab *VFRTd* : ob *EaX* ‖ teano
VFEaXTd : trano *R* tatrano *r* ‖ sidicino *VFRTd* : dicino *Ea*
doc- *X*.

à quatre mille pas de Teanum Sidicinum [2] ; de même dans la région de Stabies [3] celle qu'on appelle « Dimidia », et près de Venafrum [4] l'eau qui coule de la fontaine Acidule. Le même effet se produit si l'on boit au lac Velinus [5], de même à une source de Syrie près du mont Taurus [6], selon Varron, et au fleuve Gallos [7] en Syrie, d'après Callimaque. Mais ici il est nécessaire de boire modérément, de peur que cette eau ne rende fou, ce qui arrive en Éthiopie à ceux qui boivent à la fontaine

10 Rouge [8], comme l'écrit Ctésias [9]. VI. Près de Rome, les eaux Albules [1] guérissent les blessures ; elles sont tempérées ; mais celles de Cutilies [2] en Sabine, vu leur fraîcheur extrême, sont agressives [3] et exercent sur le corps une sorte de succion, si bien qu'on croirait presque une morsure ; elles conviennent parfaitement pour l'estomac, les nerfs, le corps tout entier. VII. La fontaine de Thespies [4] rend sans délai les femmes fécondes, de même en Arcadie le fleuve Elatum [5] ; la source Linus [6], elle, toujours en Arcadie, retient le fœtus et empêche l'avortement. A l'inverse, un fleuve de Pyrrha [7], appelé Aphro-

11 disium, cause la stérilité. VIII. Varron signale que le lac de l'Alphée [1] enlève les taches blanches du vitiligo, et que cette maladie donnait à l'ancien préteur Titius [2] un visage de statue de marbre. Le Cydnus [3], fleuve de

$\overline{IIII}$ p. — haec frigida—, item in Stabiano quae Dimidia uocatur et in Venafrano ex fonte Acidulo. Idem contingit in Velino lacu potantibus, item in Syriae fonte iuxta Taurum montem auctor est M. Varro et in Phrygiae Gallo flumine Callimachus. Sed ibi in potando necessarius modus, ne lymphatos agat, quod in Aethiopia accidere his qui e fonte Rubro biberint Ctesias scribit. VI. Iuxta Romam Albulae 10 aquae uolneribus medentur, egelidae hae, sed Cutiliae in Sabinis gelidissimae suctu quodam corpora inuadunt ut prope morsus uideri possit, aptissimae stomacho, neruis, uniuerso corpori. VII. Thespiarum fons conceptus mulieribus repraesentat, item in Arcadia flumen Elatum, custodit autem fetum Linus fons in eadem Arcadia abortusque fieri non patitur. E diuerso in Pyrrha flumen quod Aphrodisium uocatur steriles facit. VIII. Lacu Alphio 11 uitiligines tolli Varro auctor est Titiumque praetura functum marmorei signi faciem habuisse propter id

$\overline{IIII}$ *R* : IIII *cett.* ‖ p *VFRTd* : pro *EaX* ‖ uenafrano *EaX* : uinaf- *r* uenenaf- *VFR* uenenof- *Td* ‖ acidulo *rEaX* : -los *VFR* -lus *Td* ‖ idem *VFRTd* : item *rEaX* ‖ contingit *VFRTdX* : -tigit *Ea* ‖ phrygiae *rEaXTd* : phigie *R* phiae *VF* ‖ potando *REaXTd*[2] : potanto *d*[1] putando *VFr* ‖ ne *rEaX* : ne in *VFRTd* ‖ quod in *rEaXTd* : quod *VF* qu *R* ‖ qui e *VFTd* : qui *R uett.* quae *EaX* ‖ ctesias *RTd* : thesias *EaX* esias *V* esaias *F*.

10 egelidae *VFREar* : he (hee *T*) gelide *Td* pregelide *X* ‖ hae *Gel.* : haec *rEa, om. cett.* ‖ cutiliae *Gel.* : -tille *VRTd* subcutillae *EaX* sicumille *F* ‖ suctu *VREaTd* : suitu *F* suco *X* ‖ quodam *edd.* : quiddam *VFr* quidam *cett.* ‖ corpora *VFRTdX* : in corp- *Ea* ‖ corpori *rEaXTd* : -re *VFR* ‖ thespiarum *VFRTd* thesia-*Ea* ethesia- *X* ‖ flumen elatum *rEaXTd* flumina latum *VFR* ‖ fetum *Hard.* : flatum *codd., excl., Mayh.* ‖ eadem *rEaXTd* : edem *VFR* ‖ abortusque *VFRTd* : -tus *rEaX* ‖ pyrrha *Barb.* : -ra *Td* pirra *VFR* pyrrea *rX* pir- *Ea* ‖ flumen *rEaXTd* : non patitur flumen *VFR* ‖ aphrodisium *VFRTD* afrond- *EaX*.

11 lacu *VFRTd* : lacus *rEaX* ‖ alphio *Sill.* : aphio *rEaX* apio *R* opio *VFTd* ‖ tolli *VFRTd* : tollit *EaX*.

Cilicie, guérit la goutte, comme on le voit par une lettre
de Cassius de Parme [4] à Marc-Antoine. A Trézènes [5] au
contraire tout le monde souffre des pieds par la faute
12 des eaux. La cité gauloise de Tongres [1] possède une
source remarquable : son eau pétille d'une quantité de
bulles brillantes, elle a un goût ferrugineux, sensible
seulement quand on finit de boire. Elle est purgative,
chasse les fièvres tierces, dissipe les affections calculeu-
ses. La même eau, mise sur le feu, devient trouble et ,
pour finir, rougit. Les sources Leucogées [2] entre Pouzzoles et Naples sont bonnes pour les yeux et les blessures. Cicéron a noté dans son recueil des *Choses admirables* [3] que seuls les marais de Réate [4] faisaient durcir le
sabot des bêtes de somme.

13   IX. Eudicus [1] rapporte qu'il y a dans l'Hestiéotide [2]
deux fontaines, Cerona et Néleus [3] : les brebis qui boivent à Cérona deviennent blanches, noires à Néleus,
pies à l'une et à l'autre. A Thurii [4], selon Théophraste,
le Crathis blanchit les bestiaux, le Sybaris [5] les noircit ;
14 X. il ajoute que les humains aussi en ressentent les
effets différents : ceux qui boivent de l'eau du Sybaris
sont plus foncés, plus durs, ils ont les cheveux frisés ;
ceux qui boivent l'eau du Crathis sont blancs de teint,
plus tendres, ils ont une longue chevelure. De même en

uitium. Cydnus Ciliciae amnis podagricis medetur,
sicut apparet epistula Cassi Parmensis ad M. Anto-
nium. Contra aquarum culpa in Troezene omnium
pedes uitia sentiunt. Tungri ciuitas Galliae fontem 12
habet insignem plurimis bullis stellantem, ferruginei
saporis, quod ipsum non nisi in fine potus intellegitur. Purgat hic corpora, tertianas febres discutit,
calculorum uitia. Eadem aqua igne admoto turbida
fit ac postremo rubescit. Leucogaei fontes inter
Puteolos et Neapolim oculis et uulneribus medentur.
Cicero in admirandis posuit Reatinis tantum palu-
dibus ungulas iumentorum indurari.

IX. Eudicus in Hestiaeoti*de* fontes duos tradit 13
esse, Ceronam, ex quo bibentes oues nigras fieri,
*N*elea, ex quo albas, ex utroque uarias ; Theophrastus
Thuriis Crathim candorem facere, Sybarim nigri-
tiam bubus ac pecori, X. quin et homines sentire 14
differentiam eam : nam qui e Sybari bibant, nigrio-
res esse durioresque et crispo capillo, qui e Crathi
candidos mo*lli*oresque ac porrecta coma. Item in

uitium *VFRTd* : uinum *rEaX* ‖ cydnus *VrEaTdX* : cynus *R*
cydinus *F* ‖ cassi *VFRTd* : cassia *rEa*.
12 stellantem *Ea Gelen.* : stilla- (stila- *F*) *cett.*, *Sill. Mayh.*‖
calculorum *VFRaTd* : -rumque *rEX* ‖ eadem *rEaXTd* : -dest
VF adem *R* ‖ admoto *rEaXTd* : -ta *VFR* ‖ leucogaei *rEaTd* :
leocogei *VFR* ceuco- *X* ‖ puteolos *rEaXTd* : poteoles *VF* -los
R ‖ neapolim *VFRX* : -poli *EaTd* ‖ oculis *rEaX* : ocoles *VFR*
muculis *d¹* musc- *d²T*.
13 eudicus *Ea* : heud- *VFRTd* lud- *X* ‖ hestiaeotide *Gelen.* :
-eotice *R* -eodice *EaX* -eutice *Td* -euticae *VF* ‖ ceronam
RVFTdEa : -nem *X* -na *Urlichs* ‖ nelea *Hard.* : mellea *VFR*
-lam *Td* -le *rEaX* melan *Colon.* ‖ ex utroque *VFRTd* : utroque
EaX ‖ uarias *VFRXTd* : -ria *a* -rieas *E* ‖ thuriis *VFRTd* : -ris
r duris *EaX* ‖ facere *VFRTdX* : face *rEa* ‖ bubus *REaX* : bobus
d² ambobus *VFTd¹*.
14 e *VFRTd* : et *raX, E non legitur* ‖ e crathi *VFTd* : echa-
tari *rEaX* etrati *R* ‖ mollioresque *uett. Mayh.* : madidiores *codd.*,
om. X.

Macédoine, dit-il, ceux qui veulent qu'il leur naisse des bêtes blanches mènent leurs troupeaux à l'Haliacmon [1], ceux qui en veulent des noires ou des brunes, à l'Axius [2]. Le même auteur dit qu'en certains lieux tout ce qui naît est de couleur brune, même les céréales, comme chez les Messapiens ; et qu'à Lusi [3] en Arcadie il y a une source où des rats de terre vivent à demeure. A Erythres le fleuve Aleos [4] fait venir du poil sur le corps.

15 XI. En Béotie, près du sanctuaire de Trophonios [1] à côté du fleuve Hercynna [2], deux sources donnent l'une la mémoire, l'autre l'oubli ; de là viennent leurs noms. XII. En Cilicie, aux abords de la ville de Cescus, coule un ruisseau, le Nous [3], dont l'eau, au dire de Varron, affine le jugement de ceux qui en boivent ; dans l'île de Chio [4] en revanche il y a une source qui émousse l'entendement, une autre à Zama [5] en Afrique, qui rend la voix

16 harmonieuse. XIII. Eudoxe [1] dit qu'on prend le vin en dégoût si l'on boit de l'eau du lac de Clitor [2], et Théopompe [3] qu'on s'enivre aux sources que nous avons nommées ; Mucien [4] qu'à Andros [5] la fontaine de Liber pater laisse couler du vin pendant les sept jours consacrés chaque année à ce dieu, mais que ce vin prend le goût de l'eau si on l'emporte hors de la vue du temple ;

Macedonia qui uelint sibi candida nasci, ad Haliacmonem ducere, qui nigra aut fusca, ad Axium.
Idem omnia fusca nasci quibusdam in locis dicit et
fruges quoque, sicut in Messapis, at in Lusis Arcadiae quodam fonte mures terrestres uiuere et conuer-
sari. Erythris Aleos amnis pilos gignit in corporibus.

XI. In Boeotia ad Trophonium deum iuxta flu- 15
men *H*ercynn*a*m e duobus fontibus alter memoriam,
alter obliuionem adfert, inde nominibus inuentis.
XII. In Cilicia apud oppidum *C*escum riuus fluit
Nous, ex quo bibentium subtiliores sensus fieri
M. Varro tradit, at in C*h*i*a* insula fontem esse, quo
hebetes fiant, Zamae in Africa, ex quo canorae
uoces. XIII. Vinum taedio uenire his qui ex Clito- 16
rio lacu biberint a*i*t Eudoxus, et Theopompus ine-
briari fontibus his quos diximus ; Mucianus Andri e
fonte Liberi patris statis diebus septenis eius dei
uinum fluere, si auferatur e conspectu templi, sapore

haliacmonem *Sill.* : halacm- *rEaX* alialm- *Td* halialm-
uett. allimo *VF* ha monem *R* || ducere— nasci *om. VF* ducere—
quibus[dam *om. R* || nasci *VFREaX* : nasci ab alialmo *Td* ||
quodam *VFdT* : quondam *REaX* || terrestres *VFRd* : tres *EaX*
terrestres mures *T* || uiuere *RTd* : bibe- *EaX* uiuire *V* inuire *F.*
|| aleos *REaX* : alios *RVF* -ius *Td.*

15 hercynnam *ego, cf. adn.* : hercynnum *Sill.* ercyn- *r, Detl.*
ercin- (-nun *a) Ea* arcinnume *X* erinum *R* eryc *VF* erycnum
Td || e duobus fontibus alter *om. VF* || cescum *Gelen.* : uiscum
VFRa uisgum *rEX* iusgum *uett.* crescum *Dalec.* || nous *ego, cf.*
adn. : nus *Gelen.* nuus *rEa, Mayh.* nouus *VFR* unus *X, uett.* ||
M. *Ea* : P. *in marg. r* (*R legi non potest*) et *X, om. VFTd* || chia
ego : cea *codd.* || fiant *VFRXTd* : fieri *Ea* || ex quo *rEaX* : es
VF om. Td, R legi non potest || canorae *VFRTd* : -res *Ea* -ras
X.

16 uenire *REaX* : -niret *VFd*[1] -nit *Td*[2] || his *rEaXTd* : is *VF*
iis *uett., R non legitur* || ait *Hard.* : att *Ea* at *TdX* ad *VFR* ||
theopompus *EaXT* : teup- *VF* theup- *R* thep- *d* || his *codd.,*
Jones : iis *uett., Mayh.* || mucianus : asserunt mucianus *Td* || andri
e *VFX* : andriae *REa* adrie *Td* || statis *rEa* : stratis *X, om. cett.* ||
dei *rEaX* : det *VF,R*(?) || fluere *rEaXTd* : -ri *VF, R non legitur.*

17 XIV. Polyclitus [1] affirme que le Liparis [2], près de Soles [3]
en Cilicie, est lubrifiant ; Théophraste attribue la même
vertu à une source éthiopienne du même nom ; selon
Lycos [4] il existe chez les Indiens « Oratae » [5] une fontaine dont l'eau brûle dans les lanternes ; le même phénomène se voit, dit-on, à Ecbatane [6]. Théopompe dit
qu'il y a chez les gens de Scotusa [7] un lac qui guérit
18 les plaies. XV. Juba [1] rapporte que, chez les Troglodytes [2], un lac, appelé Lac Insane [3] à cause de ses propriétés malfaisantes, devient amer et salé, puis redevient
doux trois fois dans la journée, et autant de fois la nuit ;
il grouille de serpents blancs longs de vingt coudées ;
selon le même auteur, une source d'Arabie jaillit avec
tant de violence qu'il n'est pas d'objet pesant [4] qu'elle
19 ne rejette quand on l'en frappe. XVI. Au dire de Théophraste, la source de Marsyas [1] en Phrygie, près de la
ville de Celaenae [2], évacue des pierres. Non loin d'elle
se trouvent deux sources, Claeon et Gelon [3], ainsi nommées en grec d'après l'effet qu'elles produisent. A Cyzique [4] est une fontaine qu'on appelle fontaine de Cupi-
don : ceux qui en boivent cessent d'aimer, à ce que croit
Mucien [5].

in aquam transeunte ; XIV. Polyclitus *Li*pari 17
iuxta Solos Ciliciae ungui, Theophrastus hoc idem in
Aethiopia eiusdem nominis fonte, Lycos < in > Indis
Ora*ti*s fontem esse cuius aqua lucernae luceant ;
idem Ecbatanis traditur. Theopompus in Scotusaei*s*
lacum esse dicit qui uolneribus mede*a*tur, XV. Iuba 18
in Trogodytis lacum Insanum malefica ui appella-
tum ter die fieri amarum salsumque ac deinde dulcem totiensque et nocte, scatentem albis serpenti-
bus uicenum cubitorum ; idem in Arabia fontem
exilire tanta ui ut nullum non pondus inpactum
respuat ; XVI. Theophrastus Marsyae fontem in 19
Phrygia ad Celaenarum oppidum saxa egerere. Non
procul ab eo duo sunt fontes Cl*a*eon et Gelon ab
effectu Graecorum nominum dicti. Cyzici fons Cupi-
dinis uocatur, ex quo potantes amorem deponere
Mucianus credit.

aquam *REaX* : aqua *VFTd*.
17 lipari *Url.* : experi *R* expleri *cett.* ex lipari *Detl.* ‖ ciliciae
REaX : -cia *VFTd* ‖ ungui *rEaX* : congui *VFR* congruit *Td* ‖
theophrastus (heo- *X*) *rEaX* : theophilarastus *VFRTd* ‖ hoc
rEaX : huc *VFR* ac *Td* ‖ fonte *EaX* : -tem *cett.* ‖ in indis oratis
Detl. : inditis oraeis *EXa²* *in ras.* -tis traeis *r* -tis traeius *VTd*
inditristaeius *F* indistraei *R* ‖ fontem *EaX* : pontem *VFR*
potentem *Td* ‖ lucernae *om.* *VFR* ‖ luceant *Ea²* : -at *VFRa¹Td*
ardeant *X*, *uett.* ‖ ecbatanis *edd.* : ebathanis *VF²RTd* -nus *F¹* et
bathanis *rEaX* ‖ scotusaeis *Jan* : -tusei *VF* -tussaei *R* -thussaei
r -thissei *E* -tissei *aX* scotiis ei *d* sociis ei *T* ‖ dicit *REaTd* : ducit
VF, *om.* *X* ‖ medeatur *C.F.W. Müller* : -detur *codd.*
18 ui *EaX* : uia *VRTd* ia *F* ‖ ter fieri die *Td* ‖ dulcem *VFrEaX* :
-ce *RTd* ‖ et *rEaXTd* : ei *VF*, *R non legitur* ‖ nocte *Td* : -ti *VFR*
-tu *raX*, *E non legitur* ‖ arabia *VFRTd* : -biae *rEaX* ‖ exilire
rEaXTd : -liae *VF* -lie *R* ‖ nullum non *VFREaX* : nulla mora
Td.
19 saxa egerere *VFRTd* : *om.* *EaX*, *del.* *r* ‖ ab eo *REaXTd* :
habeo *VF* ‖ claeon *Barb.* : cleon *EaX* cyllon *cett.* ‖ et *VFRTd* :
e *Ea* et e *X* ‖ gelon *FrEaX* : gelom *VR* gyllon *Td* ‖ effectu — nominum *om.* *Td* ‖ dicti *uett.* : dicit (cit *Td*) *codd.* ‖ cyzici *VFTd* :
ce *REaX* ‖ quo *VFRaTd* : qua *EX* ‖ credit *rEaXTd* : -det *VFR*.

20 XVII. A Crannon [1], il y a une source, qui est chaude sans bouillir tout à fait : son eau, mélangée à du vin conserve durant trois jours le breuvage chaud dans des récipients. Il y a aussi, en Germanie, les sources chaudes de Mattiacum [2] au-delà du Rhin : ce qu'on y puise bouillonne pendant trois jours, mais sur les bords les eaux forment un dépôt de pierre ponce.

21 XVIII. Si quelqu'un tient pour incroyables certains de ces faits, qu'il apprenne qu'en aucune partie de la nature ne se rencontrent plus grandes merveilles — nous en avons pourtant relaté un grand nombre au début de cet ouvrage —. Ctésias [1] rapporte qu'il y a aux Indes un étang appelé Sila [2], où rien ne surnage et où tout s'enfonce ; Caelius dit que chez nous, dans l'Averne [3], les feuilles mêmes s'enfoncent ; et, selon Varron, les

22 oiseaux que leur vol y a portés meurent. Inversement, en Afrique, dans le lac Apuscidamus [1], tout flotte, rien ne s'enfonce ; il en est de même dans la fontaine Phintia [2] en Sicile, au rapport d'Apion [3], et chez les Mèdes, dans le lac et le puits de Saturne [4]. Mais la source d'Apollon de Sura [5], à Myra en Lycie [6], est sujette à se déplacer pour gagner un emplacement proche, phénomène qui est un présage ; autre merveille, elle se déplace avec ses poissons ; les habitants du pays leur demandent des oracles [7] en leur jetant à manger : ils saisissent vivement

XVII. Crannone est fons calidus citra summum 20
feruorem, qui uino addito triduo calorem potionis
custodit in uasis. Sunt et Mattiaci in Germania fontes
calidi trans Rhenum, quorum haustus triduo feruet,
circa margines uero pumicem faciunt aquae.

XVIII. Quod si quis fide carere ex his aliqua 21
arbitratur, discat in nulla parte naturae maiora
esse miracula, quamquam inter initia operis abunde
multa rettulimus. Ctesias tradit Si*lan* uocari stagnum in Indis in quo nihil innatet, omnia mergan-
tur ; Caelius apud nos in Auerno etiam folia subsi-
dere, Varro aues quae aduolauerint emori. Contra 22
in Africae lacu Apuscidamo omnia fluitant, nihil mer-
gitur, item in Siciliae fonte Phintia, ut Apion tradit,
et in Medorum lacu puteoque Saturni. ⟨Apollinis⟩
*aut*em *Su*rii fons Ly*ciae* Myrae transire solet in loca
uicina portendens aliquid ; mirumque quod cum

20 crannone *ego* : cranone *Barb.*, *edd.* cranon (?) *d*¹ cannone
VFrEaX canone *R* -ni *T* canon *d²* ‖ uino *VFRXTd* : in uino
Ea ‖ addito triduo *EaX* : triduo addito *cett.* ‖ mattiaci *rEaX* :
-ati *RVFd* mattriati *T* ‖ fontes *rEaXTd* : -tis *VF,R* (?) ‖ haustus
rEaXTd : -tum *VF* austo *R* ‖ faciunt *VFRXTd* : -cient *Ea*.

21 ex his *rEaXTd* : extis *VF* ex s *R* ‖ arbitra]tur—na[turae
om. *VF* discat—naturae *om.* *RTd* ‖ naturae *VFRXTd* : -ra
rEa ‖ maiora *rEaTd* : maiore *X* maior *VFR* ‖ ctesias *rEaTd* :
etesias *VFX*, *R non legitur* ‖ silan *Mayh.* : siden *ra* side *EX* side-
rin *VFR* syderim *Td* ‖ in quo *VFRXTd* : quo *Ea* ‖ auerno
VFRTd : uerno *EaX* ‖ etiam *VFRaTd* : autem *EX* ‖ aduolauerint *VFRaT²d* : -rit *E* auolauerint *X* euol- *T¹*.

22 apuscidamo *RVF²TdEaX* : op- *F¹* ‖ siciliae *rEaX* : -lia
RVFTd ‖ phintia ut *ego* : -thi aut *EaX* phitia ut *Td* pinthi aut
RVF phinthia ut *Mayh.* ‖ medorum *EaX* : mediorum *VRFTd* ‖
puteoque *rTdEaX* : poteo- *VFR* ‖ apollinis autem surii *ego*,
cf. adn. : temthuni *r* them- *VFTd* . emtuni *R* templum *EaX*
neptuni *uett.* item fluuii *Mayh.* ‖ lyciae myrae *ego* : lymirae *R*
limyrae *VF* lymsiae *Td* limare *EaX* ‖ mirumque *RVFTdE*, *Gel.*
Jones : mirumquoque *X*, *Mayh.* m-quaeque *EaX* ‖ quod *RTdEaX* :
quo *VF*.

la nourriture, si leur réponse est favorable, mais, si elle
est négative, ils la repoussent de la queue. Le fleuve
23 Olcas [1] en Bithynie baigne Brietium [2] — c'est le nom
que porte le temple et aussi le dieu — dont les parjures [3]
ne peuvent, dit-on, supporter le gouffre, qui les brûle
comme une flamme. En Cantabrie aussi on tient pour
divinatoires les sources du Tamaris [4]. Il y en a trois, à
huit pieds de distance, qui confluent en un seul lit en
24 formant un gros cours d'eau. Chaque jour, elles se trouvent à sec à douze, parfois à vingt reprises [1], sans la
moindre trace d'eau, alors qu'une source proche d'elles
conserve sans interruption un large débit. Sinistre présage si elles ne coulent pas quand on veut les voir,
comme tout récemment Larcius Licinius [2] légat propréteur : sept jours plus tard, il mourait. En Judée,
un ruisseau tarit tous les sabbats [3].

25   XIX. Il y a d'ailleurs d'autres merveilles, aux effets
terribles. Ctésias écrit qu'il est en Arménie [1] une fontaine dont les poissons noirs provoquent une mort immé-
diate, si on en mange. Même chose se produit, ai-je ouï
dire, dans la région où naît le Danube, jusqu'à ce qu'on

piscibus transit. Responsa ab his petunt incolae
cibo, quem rapiunt adnuentes, si uero euentum
negent, caudis abigunt. Amnis Olcas in Bithynia 23
Brietium adluit — hoc est templo et deo nomen —,
cuius gurgitem periuri negantur pati uelut flam-
mam urentem. Et in Cantabria fontes Tamarici in
auguriis habentur. Tres sunt octonis pedibus dis-
tantes, in unum alueum coeunt uasto amne. Singulis 24
siccantur duodecies diebus, aliquando uicies, citra
suspicionem ullam aquae, cum sit uicinus his fons
sine intermissione largus. Dirum est non profluere
eos aspicere uolentibus, sicut proxime Larcio Licinio legato pro praetore : post septem dies occidit.
In Iudaea riuus sabbatis omnibus siccatur.

XIX. E diuerso miracula alia dira. Ctesias in 25
Armenia fontem esse scribit, ex quo nigros pisces
ilico mortem adferre in cibis. Quod et circa Danuuii

his *rEaXTd* : is *VFR.*
incolae *Td²EaX* : responsa incolae *Rd¹VF* ‖ adnuentes
RVF : ann- *EaX* abn- *Td* ‖ caudis *rEaX* : gaudis *VFR* -diis *d.*
23 amnis *RVFTd* : om- *EaX* ‖ olcas *R* : oleas *Td* olchas *r*
holchas *VF* olacas *EaX* alcas *Mayh.* alces *Detl.* ‖ brietium *RTd* :
-thium *VF* -tcum *rEa* brycum *X* brietum *uett. a. Hard.* bryazum
Hard. Mayh. Jones ‖ adluit *RVFTd* : aluit *a* allunt *EX* ‖ est
codd. Jan : et *Dal.* est et *uett. Mayh.* ‖ gurgitem *RVFTd* : -te *rEaX*
‖ negantur *RVFTd* : necan- *aX, E non legitur* ‖ pati *VFTd* :
pat *R* parthi *rEaX* rapti *Detl.* ‖ et in *RVFTd* : in *aX, E non legitur*
‖ tamarici *uett.* : ricae *X* -ritiae *Ea* tamamarice *RTd* -cae *VF* ‖
amne *X* : -es *r in ras.* ammes *Ea, om. VFTd.*
24 singulis *EaX* : singuli amne *VFTd* -li amnes *r in ras.* ‖
duodecies *REaX, Detl.* : -deci eas *F,* -decim eas *V,* -decim *Td*
Hard. -denis *Jan Mayh.* ‖ uicies *rEaX, uett. Detl.* : -ciens *VF*
-tiens *R* -cenis *Td, Jan Mayh.* ‖ uicinus *rEaX* : -nos *RVFT* -nios
d ‖ his *r* : is *RVFTd* illis *EaX* ‖ largus *RVFdEaX* : -gius *T* ‖
dirum *rEaX* : mi- *RVFTd* ‖ uolentibus *RVFTd* : non uol- *rEaX* ‖
pro praetore *Detl. e coni. Sill.* : post praeturam *codd., uett.* ‖
licinio *rEaX* : -ne *RVFT* -nae *d* ‖ occidit *R, Sill.* : accidit *cett.*
25 dira *REaX* : -rae *V* -re *FTd* ‖ ctesias *RTd* : ete- *VF* pte-
EaX ‖ nigros *rEaX* : -gre *RVF* -gri *Td* ‖ quod *EaX* : *om. cett.* ‖
danuuii *RVF* : ubi *EaXTd.*

arrive à une source située près de son lit, que ne dépasse
pas cette espèce de poissons ; et pour cette raison l'opinion publique y voit l'origine de ce fleuve. On rapporte
aussi les mêmes faits de l'étang des Nymphes [2] en Lydie.

26 En Arcadie, près du Phénée, une source coule des rochers
on l'appelle Styx [1] ; elle tue instantanément, comme nou
l'avons dit, mais, d'après Théophraste, elle contient de
petits poissons — mortels eux aussi —, ce qu'on ne voit

27 pour aucune autre sorte de fontaines fatales. Des eaux
sont mortelles, au dire de Théopompe [1], en Thrace également, près de Cychri [2], selon Lycos [3] à Léontini [4] deux
jours après en avoir bu, d'après Varron à une source
près du Soracte [5], qui a quatre pieds de large. Au soleil
levant, dit-il, elle déborde comme si elle bouillait, les
oiseaux qui y ont goûté gisent morts à côté. Circons-
tance insidieuse, il en est même qui ont un aspect
attrayant, comme à Nonacris [6] en Arcadie : absolument aucune propriété [7] ne vous en détourne. Pour cette
dernière, on pense que son excessive fraîcheur la rend
malfaisante, attendu qu'en coulant elle se pétrifie spon-

28 tanément [8]. Il en est autrement en Thessalie aux environs du Tempé [1], car le poison y inspire une terreur
générale : on rapporte que cette eau-là attaque même
les objets de bronze et le fer. Elle coule, nous l'avons

exortum audiui, donec ueniatur ad fontem alueo
adpositum, ubi finitur id genus piscium, ideoque ibi
caput amnis eius intellegit fama. Hoc idem et in
Lydia in stagno Nympharum tradunt. In Arcadia 26
ad Pheneum aqua profluit e saxis Styx appellata,
quae ilico necat, ut diximus, sed esse pisces paruos
in ea tradit Theophrastus, letales et ipsos, quod non
in alio genere mortiferorum fontium. Necare aquas 27
Theopompus et in Thracia apud Cychros dicit,
Lycos in Leontinis tertio die quam quis biberit,
Varro ad Soracten in fonte, cuius sit latitudo quattuor
pedum. Sole oriente eum exundare feruenti similem,
aues quae degustauerint iuxta mortuas iacere. Namque et haec insidiosa condicio est, quod quaedam
etiam blandiuntur aspectu, ut ad Nonacrim Arcadiae, omnino nulla deterrent qualitate. Hanc putant
nimio frigore esse noxiam, utpote cum profluens
ipsa lapidescat. Aliter circa Thessalica Tempe, 28
quoniam uirus omnibus terrori est, traduntque aëna
etiam ac ferrum erodi illa aqua. Profluit, ut indi-

ideoque *rEaX* : ad- *cett.* ‖ amnis *RVFTda* : agnis *X*.
26 arcadia *Barb.* : achaia *RTdEaX*, *Hard.* achia *VF* ‖ pheneum *RVFTd* : appaneum *r* apa- *EaX* ‖ e *EaX* : ex *cett.*, *Sill.* ‖
appellata *rEaX* : -tur *cett.*, *Hard.* ‖ quae *rEaX* : *om. cett.*, *Jan* ‖.
27 necare *Td*, *Mayh.* : -ri *RVFEaX*, *Jones* ‖ aquas *RVFTd* :
aquis *EaX*, *Jones* ‖ cychros *RVF* : chicros *EaX*, ci- *Td* ‖ die
RVFTd : *om. EaX* ‖ quam quis *RVFTd* : quisquam *Ea* si quisquam *X* ‖ soractem *uett.* : -te *R* -tae *VF²* oractae *F¹* soraten *Ea*
socratem *TdX* ‖ fonte *rEa* : -tem *X* fon *RFV* fons *Td* ‖ eum
EaTd : cum *RVFX* ‖ degustauerint *RVFTd* : gust- *EaX* ‖ mortuas *RVFTdX* : -tuos *rEa* ‖ conditio *RVFTdX* : conditiosa *Ea* ‖
nonacrim *RVFTd* : -cri *Ea* -chym *X* ‖ arcadiae *RTDEa²X* : -tiae
VF arcaiae *a¹* ‖ ipsa *RVFEaX* : -se *Td* ‖ lapidescat *EaX* : lapides
ciat *RVFTd* -des at *r*.
28 aliter *RVFEaX* : alter *Td* ‖ quoniam *RVFEaX* : qui *Td* ‖
uirus *rEaX* : *om. RVFTd* uisus *uett.* ‖ aena *Sill.* : ena *Ea* aen
RV en *F* es *TdX* ‖ erodi *RVFEaX* : erudi *Td* ‖ aqua *RVFEaX* :
qua *Td* ‖ indicauimus *r in ras.*, *EaTdX* : -cauis *VF*.

indiqué, sur une brève distance et, chose merveilleuse,
un caroubier sauvage embrasse cette source de ses
racines, toujours couvert de fleurs vermeilles. Il y a
même une espèce d'herbe particulière qui verdoie sur
les bords de la fontaine. En Macédoine, non loin du
tombeau du poète Euripide [2], s'unissent deux ruisseaux,
l'un très sain à boire, l'autre mortel.

29 XX. A Perpérène [1], il y a une source qui change la
terre en pierre [2] partout où elle la baigne ; de même les
eaux chaudes d'Aedepsos [3] en Eubée. De fait, là où
tombe le filet d'eau, les rochers croissent en hauteur.
A Eurymènes [4], des couronnes jetées dans la fontaine
deviennent de pierre. A Colossae [5], il y a un fleuve d'où
l'on retire pétrifiées les briques qu'on y a jetées. Dans
la mine de Scyros [6], tous les arbres que baigne le cours
30 d'eau se pétrifient avec leurs branches. Les gouttes aussi
qui tombent une à une se solidifient en pierre [1] dans
les grottes coryciennes [2] (...), à Mieza [3] en Macédoine,
lorsqu'elles pendent encore aux voûtes, dans la caverne

cauimus, breui spatio, mirumque, siliqua siluestris
amplecti radicibus fontem eum dicitur semper flo-
rens purpura. Et quaedam sui generis herba in labris
fontis uiret. In Macedonia, non procul Euripidis
poetae sepulchro, duo riui confluunt, alter saluber-
rimi potus, alter mortiferi.

XX. In Perperenis fons est, quamcumque rigat, 29
lapideam faciens terram, item calidae aquae in
Euboeae Aedep*so*. Nam qua cadit riuus, saxa in
altitudinem crescunt. In Eur*y*menis deiectae coro-
nae in fontem lapideae fiunt. In Colossis flumen est
quo lateres coniecti lapidei extrahuntur. In Scyretico metallo arbores quaecumque flumine adluun-
tur saxeae fiunt cum ramis. Destillantes quoque 30
guttae lapide durescunt in antris Cor*y*ci*is* † ideo
nam † Mie*z*ae in Macedonia etiam pendentes in

---

amplecti *rEaXTd* : -pleti *RVF* ‖ semper *REaX* : s- eum dicit *VF*
s- eumdio *d*¹ s- eumdo *d*² s- eundo *T* ‖ herba in *RTdEaX* : herbam
VF ‖ euripidis *rE,a in ras.* : ab eur- *X* corripidis *VFTd* ‖ poetae
RVEaX : pote *Td* -tae *F* ‖ sepulchro *RVFTda²X* : pulcro *E*¹ -chro
a¹E² ‖ riui *r in ras.* : et *cett.*

29 quamcumque *REa* : qui quam- *X* quacumque *VE* quaec-
Td ‖ lapideam *r in ras.*, *EaX* : -dem *VFTd* ‖ faciens *VFTd* :
facit *r in ras.*, *EaX* ‖ terram *r in ras.*, *EX* : terra *a* ter *VFTd* ‖
aedepso *Sill.* : aedampro *VF* ad- *Td* ead- *R* debio *rEaX* delio
Gel. Mayh. adepso *Jones* ‖ qua *RVTd* : que *F* quae *rEaX*, *Gel.*,
Mayh. ‖ cadit *VTdF²Ea* : cadrit *F*¹ adit *rEa*, *Gel. Mayh.* adluit
X ‖ altitudinem *EaX* : -nis *VFRTd* ‖ eurymenis *uett.* : eurim-
VFTdEaX eum rimenis *R* ‖ deiectae *REaXTd* : diiec- *VF* ‖ in
rEaXTd : deiectam *R* diiecte in *VF* ‖ lapideae *RVFTd* : -des
EaX ‖ fiunt *rEaTdX* : fiant *RVF* ‖ quo *Td* : co *VF* quod *REa*
in quo *X* ‖ lapidei *r in ras.*, *Td* : -des *VEaX* -de *F* ‖ scyretico *r*
in ras., *EaX* : sire- *VF* sirie- *Td* ‖ metallo *rEaX* : -tello *RVFTd* ‖
quaecumque *rEaX* : quac- *RVFTd* ‖ saxeae *Td* : -xe *R* -xae
VFEa -xa *X*.

30 destillantes *RVFEaTd* : dis- *rX* ‖ guttae *rEaX* : -tis
RVFTd ‖ lapide *RVFTd* : -deae *rEaX* in lapides *uett. a. Sill.* ‖
coryciis *uett.* : coricis *codd.* conchatis *Mayh.* ‖ ideo *codd.*, *Mayh.*
Jones : *del. uett.* ‖ nam *RVFTdEX*, *Mayh.*, *om. Jones* : mam *a* ‖
miezae *Barb.* : mioze *RTdEX* -zae *VFa.*

de Corinthe [4] en revanche lorsqu'elles sont tombées ;
dans certaines, de l'une et de l'autre sorte, et elles forment des colonnes [5] comme à Phausia dans la Cherso-
nèse de Rhodes [6], dans une vaste grotte où elles ont
même des couleurs variées. Voilà suffisamment d'exemples pour l'instant.

31   XXI (3). La question se pose chez les médecins de
savoir quelles sortes d'eaux sont d'un meilleur usage [1].
Ils condamnent à juste titre les eaux stagnantes et
paresseuses [2], jugeant meilleures les eaux courantes, car
leur mouvement et leur agitation mêmes les affinent et
les améliorent. Aussi je m'étonne que certains donnent
la préférence à l'eau des citernes [3]. Mais ceux-ci allè-
guent pour raison que l'eau la plus légère est l'eau de
pluie [4], puisqu'elle a pu s'élever et rester en suspens dans
32 l'air. La même raison leur fait aussi préférer la neige,
et même la glace à la neige, dans la pensée que la subti-
lité y est comprimée à l'extrême. Car ces éléments sont
plus légers, et la glace beaucoup plus légère que l'eau.
Il importe à l'humanité que leur opinion soit réfutée [1].
En premier lieu, en effet, la légèreté dont ils parlent ne

ipsis camaris, at in Corint*h*io cum cecidere, in quibusdam speluncis utroque modo columnasque faciunt, ut in Phausia Cherrhonesi Rhod*iorum* in antro magno etiam discolori aspectu. Et hactenus contenti simus exemplis.

XXI (3). Quaeritur inter medicos cuius generis 31 aquae sint utilissimae. Stagnantes pigrasque merito damnant, utiliores quae profluunt existimantes, cursu enim percussuque ipso extenuari atque proficere ; eoque miror cisternarum ab aliquis maxime probari. Sed hi rationem adferunt, quoniam leuissima sit imbrium, ut quae subire potuerit ac pendere in aere. Ideo et niues praeferunt, niuibusque etiam 32 glaciem uelut ad infinitum coacta subtilitate. Leuiora enim haec esse et glaciem multo leuiorem aqua. Horum sententiam refelli interest uitae. In primis enim leuitas illa deprehendi aliter quam

camaris *RVFd* : -mmaris *Ea* -meris *T*, *om.* *X* || at *Td* : ad *RVFEaX* || corinthio *R*, *Jan Jones* : -tio *VFTd* -cio *EaX* corycio *Mayh.* || phausia (-cia *E*[1]) *E*[2]*aX* : ipsaia *R* ipsa usi a *VFTd* || rhodiorum *Barb. cf.* § 55 : rhodo *RVFEaX* sodo *Td* rhodi *Detl.* aduersae rhodo *Mayh. Jones* || contenti *VFTda* : -tis *R* conten *E* conteximus *X*.

31 quaeritur *RVFEa* : quer- *TdX* || medicos *r in ras.*, *EaXTd* : -cus *VF* || pigrasque *RVTdX* : -gras quae *F* -graque *Ea* || profluunt *RVFEaX* : fluunt *Td* || existimantes *RVFTdX* : -mant *Ea* || percussu *rTdX* : -cursu *a*, *E non legitur* pecussoque *RVF* || cisternarum *rE*[1]*TdX* : -natum *E*[2] cistanarum *RVF* || aliquis *RVFEaX* : -quibus *Td* || hi *Ea* : hii *rTdX* i *RVF* || leuissima *rEaX* : breu- *RVFTd* || ut quae *rEaX* : quae *RVFTd*.

32 praeferunt *RVFTd* : -runtur *EaX* || niuibus *RVFTd* : nubibus *EaX* || ad infinitum *VFTd* : ad finitum *EaX* infinitum *r*, *om. R* || coacta *EaXTd* : -to *VF*, *om. R* || leuiorem *r in ras.*, *EaX* : meliorem *Td* -oraem *VF* || aqua *VFEaX* : -am *R* -ae *Td* || refelli *VFTd* : -lle *E* -llere *aX*, *om. R* || uitae *r in ras.*, *EaX* : -tuae *VFTd* || leuitas *RVFTdX* : -tia *a* leutus *E* || deprehendi *EaX* : repre- *RVFTd*[2] reprehendendi *d*[1] || aliter *rEaX* : -te *R* -tem *VF* alitate *d*[1] agilitate *Td*[2].

peut guère s'apprécier d'autre manière que subjective-
ment, les eaux ne présentant entre elles à peu près
aucune différence de poids [2]. Pour l'eau de pluie, ce n'est
pas non plus une preuve de légèreté qu'elle se soit élevée au ciel, puisqu'on voit que les pierres mêmes s'y
élèvent [3], et qu'en tombant l'eau se souille d'exhalaisons terrestres ; aussi est-ce dans l'eau pluviale qu'on
remarque le plus de saletés [4] et, pour cette raison, c'est
33 l'eau pluviale qui s'échauffe le plus rapidement. Quant
à la neige et à la glace, je m'étonne qu'on y voie la forme
la plus subtile de cet élément, en avançant comme argument la grêle, qui fournit, de l'aveu général, une boisson
très malfaisante. D'ailleurs, parmi les médecins eux-
mêmes, il n'en manque pas qui, à l'opposé, déclarent
très insalubres les boissons fournies par l'eau de dégel
ou l'eau de neige, puisque en a été éliminé [1] ce qui était
le plus subtil [2]. En tout cas on constate que tout liquide
se réduit sous l'effet de la congélation [3], qu'un excès de
rosée [4] provoque la rouille, la gelée blanche la brûlure,
sous l'effet de causes apparentées à celles de la neige.
34 Quant aux eaux pluviales, on convient qu'elles se cor-
rompent très vite [1], et qu'elles se conservent très peu
quand on navigue. Cependant Epigène [2] soutient
qu'une eau gâtée et purifiée sept fois ne se corrompt
plus. Les médecins reconnaissent que l'eau de citerne
non plus n'est pas bonne pour le ventre et la gorge à
cause de sa dureté, et même qu'aucune autre ne contient davantage de vase ou d'insectes répugnants.

sensu uix potest, nullo paene momento ponderis aquis
inter se distantibus. Nec leuitatis in pluuia aqua
argumentum est subisse eam in caelum, cum etiam
lapides subire appareat, cadensque inficiatur halitu
terrae, quo fit ut pluuiae aquae sordium plurimum
inesse sentiatur citissimeque ideo calefiat aqua
pluuia. Niuem quidem glaciemque subtilissimum 33
elementi eius uideri miror adposito grandinum
argumento, e quibus pestilentissimum potum esse
conuenit. Nec uero pauci inter ipsos e contrario ex
gelu ac niuibus insaluberrimos potus praedicant,
quoniam exactum sit inde quod tenuissimum fuerit. Minui certe liquorem omnem congelatione deprehenditur et rore nimio scabiem fieri, pruina uredinem, cognatis et niuis causis. Pluuias quidem aquas 34
celerrime putrescere conuenit minimeque durare in
nauigatione. Epigenes autem aquam quae septies
putrefacta purgata sit, perhibet amplius non putrescere. Nam cisternas etiam medici confitentur inu-
tiles aluo duritia faucibusque, etiam limi non aliis
inesse plus aut animalium quae faciunt taedium.

sensu Td^2 : -sus $RVFd^1$ sexu $rEaX$ ‖ paene RTd : pene aX
-nae E poenae VF ‖ distantibus $rEaTdX$: -ntur RVF ‖ cum $om.$
VF ‖ lapides $om.$ EaX ‖ subire $RVFTd$: -bisse rEa -bisse eam
X ‖ cadensque (-quae R) $RVFEraX$: -dentesque Td ‖ infician-
tur Td ‖ plurimum $RVFTd$: -rium EaX ‖ aqua $RVFd$: aque
T quia a qua EX.

33 elementi EX : -tum *cett.* ‖ miror $rEaTd^2X$: miror uideri
$RVFd^1$ ‖ adposito rTd : -ta EaX -tum RVF ‖ ipsos : -sas Td ‖
gelu $EaTdX$: -lo RVF ‖ insaluberrimos r in $ras.$, $EaXTd$: -mis
VFd^1 ‖ congelatione $EaXTd$: -nem r in $ras.$, VF ‖ et $RVFEaX$:
ex Td ‖ uredinem $RVFT$: uridine EaX ‖ et $RVFEaX$: ex $Td.$

34 celerrime $RVFTdX$: celeber- *ra*, E *non legitur* ‖ minimeque $TdaX$, E non $legitur$: mineque R mireque VF ‖ epigenes
raX, E non $legitur$: -gnes RVF ‖ putrefacta $rEaTdX$: pute-
RVF ‖ perhibet X, *Detl.* : *om. cett.* ait Jan $Mayh.$ tradit $Jones$ ‖
duritia $VFTd$: -cia R -cias raX -tias E ‖ aut TdX : ut VF autem
r in $ras.$, $Ea.$

35 Il leur faut encore reconnaître que celle des rivières n'est pas pour autant la meilleure, non plus que celle d'aucun torrent, tandis que la plupart des lacs ont une eau saine [1]. Quelles eaux, et de quelle espèce, sont donc les plus propres ⟨à boire⟩ ? Cela dépend des lieux. Les rois parthes ne boivent que l'eau du Choaspès et de l'Eulaeus, c'est elle qui les accompagne si loin qu'ils aillent [2]. Mais elle ne leur agrée évidemment pas en tant qu'eau de rivière, puisqu'ils ne boivent celle ni du Tigre, ni de l'Euphrate, ni de tant d'autres fleuves.

36 XXII. La vase dénature l'eau [1]. Pourtant si une rivière, tout en étant vaseuse, est pleine d'anguilles [2], on y voit un signe de salubrité, comme on tient pour un indice de fraîcheur que des petits vers naissent dans une source. Mais on condamne avant toutes autres les eaux amères et celles qui emplissent l'estomac aussitôt qu'on les absorbe, ce qui arrive à Trézène [3]. Quant aux eaux nitreuses et saumâtres, ceux qui dans les déserts vont vers la mer Rouge les rendent bonnes en moins de deux heures en y ajoutant de la polente, et cette polente même leur sert de nourriture [4]. On condamne en premier lieu les eaux qui font un dépôt bourbeux dans la source et celles qui donnent mauvais teint à

⟨Iidem⟩ confitendum habent nec statim amnium 35
utilissimas esse, sicuti nec torrentium ullius, lacusque
plurimos salubres. Quaenam igitur et cuius generis
aptissimae ? Aliae alibi. Parthorum reges ex *Ch*oaspe
et Eulaeo tantum bibunt, hae quamuis in longinqua
comitantur illos. Sed horum placere non quia sint
amnes apparet, quoniam neque e Tigri neque
Euphrate neque e multis aliis bibunt.

XXII. Limus aquarum uitium est. Si tamen idem 36
amnis anguillis scateat, salubritatis indicium habe-
tur, sicuti frigoris taenias in fonte gigni. Ante
omnia autem damnantur amarae et quae sorbentem
statim implent, quod euenit Troezene. Nam nitrosas
atque salmacidas in desertis Rubrum mare petentes
addita polenta utiles intra duas horas faciunt ipsaque
uescuntur polenta. Damnantur in primis quae fonte
caenum faciunt quaeque malum colorem bibenti-

---

35 iidem *ego* : at iidem *Jones e coni. Mayh.* item *Mayh., om.
codd.* ∥ confitendum *r* : -tentum *EaX* -tentes *RVF* -tentur *d²T* ∥
ullius *uett.* : uilius *RVFTd* illius *EaX* ∥ plurimos *RVFTd* : -mo
Ea -morum *X* ∥ cuius *RVFTd* : huius *EaX* ∥ alibi *REaX* : alibi
id *Td* a libido *VF* ∥ choaspe et *uett.* : quo asphe et *Ea* coasphe
et *X* quo. aspecto *R* quod asphecto *VF* quot aspectu *Td* ∥ eulaeo
VFrE : -leo *RaX* -lo *Td* ∥ hae *VFE, Jones* : he *Ra* hee *X* he *a*
haec *Td* eae *Mayh.* ∥ illos *RVFEaTd* : illo *r* eos *X* ∥ sed : et *EaX* ∥
sint *rEaXd²VF* : sit *d¹* sunt *RT* ∥ apparet *rEaX* : -rent *RVFTd* ∥
e *VFX* : ex *Td, om. REa* ∥ euphrate neque *r in ras., EaX* : *om.
VFTd* ∥ e *REaX* : ex *Td* o *VF.*
36 taenias *Hard.* : tenias *r* taeneas *VFE, Jones* ten- *Tda* tin-
X teneans *R* ∥ in fonte *r TdEX* : in fronte *RVF, om. a* ∥ autem
om. TdX ∥ damnantur *VF* : dampnantur *RTd* -pnatur *E* damna-
tur *aX* ∥ amarae *VFTd* : -re *R* mare *rEaX* ∥ sorbentem *RVF* :
-bent *r* -bem *Ea* scrobem *X, Col.* cum sorbentur *Td, Hard.* ∥
euenit *RVFTd* : uenit *EaX* ∥ troezene *EaX* : roe- *r* troegene
RVFTd ∥ salmacidas *r* : -adicas *VF* -andicas *Td* -aticas *R* secli-
natidas *a* -acidas *E* sedinacidas *X* ∥ quae *rTd* : que *RVF* qui
Ea, om. X ∥ fonte *RVFTd* : -tes *rEa* -tes qui *X*.

ceux qui en boivent [5] ; il importe aussi ⟨de voir⟩ si elles laissent une trace sur les vases de bronze ou si elles tardent à cuire les légumes secs [6], si, décantées doucement, elles laissent un résidu terreux, et si elles recouvrent les récipients de croûtes épaisses [7] quand on les fait réduire par

37 ébullition. C'est encore un défaut pour l'eau, non seulement d'avoir une odeur mauvaise, mais en général une odeur quelconque [1], même si celle-ci est agréable, plaisante et se rapproche, comme il arrive souvent, de celle du lait. Une eau, pour être saine, doit ressembler autant que possible à l'air. Il y a dans le monde entier une seule source dont l'eau ait, dit-on, une odeur agréable, celle de Chabura [2] en Mésopotamie. La raison qu'en donne la légende, c'est que Junon s'y est baignée. Au reste les eaux, pour être saines, ne doivent avoir aucun goût ni aucune odeur.

38   XXIII. Certains jugent de leur salubrité en les pesant [1] ; recherche décevante, car il est très rare que telle eau soit plus légère qu'une autre. Il est un procédé plus pénétrant et plus sûr : entre des eaux semblables la meilleure est celle qui s'échauffe et se refroidit le plus vite [2]. Bien plus, tirée dans des récipients qu'on pose par terre, sans laisser pendre les mains [3], on assure qu'elle devient tiède. Quelle sorte d'eau sera donc la plus recommandable ?

bus ; refert et si uasa aerea inficiunt aut si legumina
tarde percocunt, si liquatae leniter terram relin-
quunt decoctaeque crassis obducunt uasa crustis.
Est etiamnum uitium non fetidae modo, uerum 37
omnino quicquam resipientis, iucundum sit illud
licet gratumque et, ut saepe, ad uiciniam lactis
accedens. Aquam salubrem aëris quam simillimam
esse oportet. Vnus in toto orbe traditur fons aquae
iucunde olentis in Mesopotamia Chabura. Fabulae
rationem adferunt, quoniam eo Iuno perfusa sit. De
cetero aquarum salubrium sapor odorue nullus esse
debet.

XXIII. Quidam statera iudicant de salubritate, 38
frustrante diligentia, quando perrarum est ut
leuior sit aliqua. Certior subtilitas, inter pares
meliorem esse quae calefiat refrigereturque celerius. Quin et haustam uasis ne manus pendeant
depositisque in humum tepescere adfirmant. Ex
quonam ergo genere maxime probabilis continget ?

uasa *RVFTd* : uas *EaX*. || aerea *Hard.* : aere *EaX* era
r in ras., *VF* atra *Td* || aut *rEaX* : et *RVFTd* || tarde
r in ras., *EaXTd²* *in ras.* : trade *VF* || percocunt (-quunt
X) *r in ras.*, *EaXdT* : rerco- *Vd¹* reco- *F* || leniter *rTdEaX* : -ter
tam *VF* linu terram *d¹* rren.. *R*.

37 etiamnum *RTd* : -nunc *X* etiannum *VFEa* || fetidae *REaX* :
fae- *VF* setide *d* secide *T* || et *om.* *VF* || ut saepe *Td* : ut sepe
RF ut saepae *V* tusae *EaX* tuse *r* || uiciniam *rEaX* : uicenam *R*
-na *VFTd* || salubrem *rEaXTd* : -bris *RVF* || aeris *r in ras.*,
EaXTd : -rem *VF* -ri *uett. Mayh.* || iucunde *r in ras.*, *TdX* -dae
Ea -di *VF* || olentis *RVFTd* : lentis *EaX* || mesopotamia
RE²aTdX : -miae *E¹* mesophotamia *VF* || chabura *RVFTd* : cha-
bylle *r* -billae *Ea* -bille *X* || eo *RVFd¹EaX* : ea *Td²*.
38 frustrante *TdX* : -tante *RVFEa* || perrarum *rEaXTd* : ferra-
VF fera- *R* || aliqua *rVFTdEaX* : -quando *R* || quin et *RVFTd* :
qui ne *EaX* || uasis *codd. Jones* : uasis portatis *Mayh.* || manus
codd. Jones cum cruce desper. : manu *Dal. Mayh.* || humum
VFTdEaX : unum *R* || probabilis *VF²* *in ras.*, *Td* : -les *R* -le
EaX.

Celle des puits assurément, — je constate que l'usage
en est général dans les villes —, mais de ces puits qui
bénéficient de l'agitation due aux fréquents puisages [4]
39 et de cette finesse que donne un filtre de terre. Voilà
qui suffit pour la salubrité ; pour la fraîcheur, il faut à
la fois que les eaux aient de l'ombre et qu'elles voient
le ciel. On doit avant tout observer un point — dont
dépend aussi la continuité de l'écoulement —, c'est que
la veine jaillisse du fond et non pas des côtés [1]. Pour
ce qui est d'avoir une eau fraîche au toucher, on y arrive
aussi artificiellement, si on la fait jaillir sous pression
pour qu'elle s'élève, ou si on la fait tomber de haut, de
sorte qu'elle se pénètre de l'air qu'elle fouette. Ceux qui
nagent trouvent, quant à eux, la même eau plus froide
40 s'ils retiennent leur souffle. C'est une invention de
l'empereur Néron [1] de faire bouillir l'eau, de la mettre
dans des flacons de verre et de la refroidir dans la neige.
On a ainsi le plaisir de la fraîcheur sans les inconvénients de la neige. En tout cas on s'accorde pour reconnaître que toute eau bouillie est meilleure, et aussi —
invention très subtile — que l'eau se refroidit davantage
après avoir été chauffée [2]. On corrige une eau malsaine
en la faisant bouillir jusqu'à réduction de moitié [3]. On
arrête une hémorragie par ingestion d'eau froide [4]. En
en gardant dans la bouche, on prévient le coup de chaleur aux bains [5]. Des eaux très fraîches à boire ne le
sont pas également au toucher, cet avantage se mani-
festant tantôt d'une façon, tantôt d'une autre, comme
bien des gens en jugent par une expérience familière.

puteis nimirum, ut in oppidis uideo constare, sed
his quibus et exercitationis ratio crebro haustu
continget et illa tenuitas colante terra. Salubritati 39
haec satis sunt ; frigori et opacitas necessaria utque
caelum uideant. Super omnia una obseruatio —
eadem et ad perennitatem pertinet —, ut illa e uado
exiliat uena, non e lateribus. Nam ut tactu gelida
sit, etiam arte contingit, si expressa in altum aut e
sublimi deiecta uerberatum corripiat aëra. In
natando quidem spiritum continentibus frigidior
sentitur eadem. Neronis principis inuentum est 40
decoquere aquam uitroque demissam in niues refrigerare ; ita uoluptas frigoris contingit sine uitiis
niuis. Omnem utique decoctam utiliorem esse conuenit, item calefactam magis refrigerari, subtilissimo
inuento. Vitiosae aquae remedium est, si decoquatur
ad dimidias partes. Aqua frigida ingesta sistitur sanguis. Aestus in balineis arcetur, si quis ore teneat.
Quae sint haustu frigidissimae, non perinde et tactu
esse, alternante hoc bono, multi familiari exemplo
colligunt.

constare *raX* : -trare *E, om. R* constare uideo *VFTd* ‖
his *VFTd, Jones* : is *EaX, om. R* iis *Mayh.* ‖ quibus et *rEaX* :
quibus *VFTd, om. R* ‖ exercitationis *VFEraXT²* : citionis *T¹*
-citationibus *E¹, om. R* ‖ crebro *EaXTd* : cere- *VF, om. R* ‖
continget *EaX, Jones* : -get *rVFTd, om. R.*
39 salubritati *rEaXTd* : -te *RVF* ‖ pertinet *rEaX* : -nentua
R -nentia *VF* -nent qua *Td* ‖ illa e *Brot.* : ille *RVFEaX* ile *Td* ‖
si *RVFTd* : si etiam *rEaX* ‖ aut e *VFTd* : autem *R* autem e
rEaX ‖ uerberatum *RVFTda* : -tu *rE* -to *X* ‖ corripiat *RF²Td* :
-pia *F¹* -piac *EaX.*
40 uitroque *rEaXT* : ultro- *RVFd* ‖ refrigerare *RVFEaXT* : -ri
d ‖ uoluptas *rEaX* : -tates *RVFTd* ‖ refrigerari *EaX* : -re
RVFTd ‖ inuento *RVFTd* : iumento *EaX* ‖ ingesta *RVFd* : iniecta
EaXT ‖ balineis *RVF, Mayh.* : baln- *EaXTd, Jones* ‖ aestus in b-
RVFEaX : in b- estus *Td* ‖ sint *rEaX* : sunt *VFTd, om. R* ‖
haustu *REaXTd* : -ti *V²* *in ras., F* ‖ esse *VFTd* : esset *REaX.*

41 XXIV. L'eau de toutes la plus renommée dans le monde entier, celle à qui Rome donne la palme de la fraîcheur et qu'elle proclame la plus saine, c'est l'aqua Marcia [1], faveur qu'entre toutes les autres les dieux ont accordée à Rome. On l'appelait jadis Aufeia et la source même Pitonia. Elle naît chez les Péligniens, à l'extrémité de la chaîne montagneuse, traverse le pays marse et le lac Fucin, se dirigeant sans hésiter vers Rome [2]. Puis elle plonge dans une canalisation souterraine pour émerger dans la région de Tibur, et un aqueduc de neuf mille pas sur arches achève son adduction. Le premier [Ancus Marcius, l'un des rois, puis] Q. Marcius Rex entreprit de l'amener à Rome durant sa préture, et

42 M. Agrippa reprit l'ouvrage et le restaura. XXV. C'est lui aussi qui a amené l'aqua Virgo [1] à partir du chemin secondaire de la huitième borne, à deux mille pas de la via Prenestina. Le ruisseau d'Hercule [2] se trouve à côté ; l'aqua Virgo le fuit, ce qui lui a valu son nom de Vierge. La comparaison des deux cours d'eau fait saisir la différence dont nous parlions ci-dessus : autant Virgo est supérieure au toucher, autant Marcia est meilleure à boire ; mais de l'une comme de l'autre Rome a perdu depuis

XXIV. Clarissima aquarum omnium in toto orbe, 41
frigoris salubritatisque palma praeconio urbis, Marcia est, inter reliqua deum munera urbi tributa.
Vocabatur haec quondam Aufeia, fons autem ipse
Pitonia. Oritur in ultimis montibus Paelignorum,
transit Marsos et Fucinum lacum, Romam non dubie
petens. Mox in specus mersa in Tiburtina se aperit, ita
nouem milibus passuum fornicibus structis perducta.
Primus eam in urbem ducere auspicatus est [Ancus
Marcius, unus e regibus, postea] Q. Marcius Rex in
praetura, rursusque restituit M. Agrippa. XXV. 42
Idem et Virginem adduxit ab octaui lapidis diuerti-
culo duo milia passuum Praenestina uia. Iuxta est
Herculaneus riuus, quem refugiens Virginis nomen
obtinuit. Horum amnium comparatione differentia
supra dicta deprehenditur, cum quantum Virgo
tactu praestat, tantum praestet Marcia haustu,
quamquam utriusque iam pridem urbi periit uolup-

---

41 deum *uett.* : adeum *R VF* ad eum *EaTdX* || urbis *uett.* :
urbe *Td* turbe *R VF, del. r, om. EaX* || aufeia *r in ras., EaX* :
aufeta *Td* aut foeta *VF* || marsos *R EaX* : marisos *VFTd* || romam
EaXTd : -ma *R VF* || dubie *R VaTd* : -biae *F* tubiae *EX* || mox
in *R VFTd* : mons *r EaX* || specus *r EaX* : spectus *R VFTd* || tibur-
tina *r VFTdEX* : tibut- *R* tibert- *a* || aperit ita *Mayh.* : aperint
a *R VF* aperuit a *Td* aperit *EaX, Detl. Jones* aperit a *Sill.* || pas-
suum *r EaXTd* : -sum *R VF* || fornicibus *EaX* : formi- *R VFTd* ||
structis *Td* : instructis *EaX* trustis *R VF* || perducta *Td* : perduc
VF perduo *R* perinduotam *r* -ductam *Ea* -ductum *X* || primus
r EaX : -mum *R VFTd* || in *R VFTd* : *om. EaX* || ancus —postea *secl.*
ego || unus— marcius *om. T* || marcius : *R VFdE²a* : -cus *E¹X* ||
Q. *E* : que *RdX* quae *VF, om. aT* || praetura *r EaXTd* : -rarum
R VF.

42 passuum *r EaTdX* : -sum *R VF* || diuerticulo *R VFTdX* :
deu- *Ea Sill.* || obtinuit *EX* : opt- *aTd* obten- *R* obtenuit ut *VF* ||
differentia *R VFTdX* : -tiae *Ea* || dicta *r EaX* : *om. R VFTd* ||
praestet *R VF²Td* : -stiet *F¹* praeter *r EaX* || marcia *R VFTd* :
-cium *EaX* || periit *uett.* : perit *R VFTd, Jones* perito *aX, E non*
legitur.

longtemps le plaisir, car la prétention et la cupidité [3] détournent dans les domaines et les résidences suburbaines ce qui est la santé de tous.

43 XXVI. Il ne sera sans doute pas déplacé d'ajouter comment on procède à la recherche de l'eau [1]. On la trouve principalement dans les vallées, et pour ainsi dire là où s'articule la pente, ou au pied des montagnes. Beaucoup ont cru qu'en tous lieux les versants nord sont aquifères ; sur ce point il conviendrait d'exposer la diversité des conditions naturelles. Dans les monts d'Hyrcanie [2], il ne pleut pas du côté du midi ; c'est pourquoi ils ne portent de forêts qu'au nord. En revanche, l'Olympe, l'Ossa, le Parnasse, l'Apennin, les Alpes sont de tous côtés revêtus de forêts et arrosés de cours d'eau, d'autres le sont au midi, comme, en Crète, les Montagnes Blanches. En cette matière on jugera donc qu'il n'y a aucune règle constante.

44 XXVII. Les indices de l'eau [1] sont le jonc ou l'herbe dont nous avons parlé [2], et la grenouille, si à tel endroit elle reste longtemps posée sur le ventre. En effet le saule sauvage, l'aulne, le gattilier, le roseau, le lierre, qui poussent tout seuls, et grâce aux eaux pluviales qui se rassemblent en ruisselant des hauteurs vers les terrains plus bas sont un indice trompeur. Un présage beaucoup plus sûr, c'est une exhalaison vaporeuse, visible d'assez loin avant le lever du soleil. Certains pratiquent cette observation d'un point élevé, à plat ventre, le menton

tas, ambitione auaritiaque in uillas ac suburbana detorquentibus publicam salutem.

XXVI. Non ab re sit quaerendi aquas iunxisse **43** rationem. Reperiuntur in conuallibus maxime et quodam conuexitatis cardine aut montium radicibus. Multi septentrionales ubique partes aquosas existimauere, qua in re uarietatem naturae aperuisse conueniat. In Hyrcanis montibus a meridiano latere non pluit ; ideo siluigeri ab aquilonis tantum sunt. At Olympus, Ossa, Parnasus, Apenninus, Alpes undique uestiuntur amnibusque perfunduntur, aliqui ab austro, sicut in Creta Albi montes. Nihil ergo in his perpetuae obseruationis iudicabitur.

XXVII. Aquarum sunt notae iuncus aut herba de **44** qua dictum est, multumque alicui loco pectore incubans rana. Salix enim erratica et alnus aut uitex aut harundo aut hereda sponte proueniunt et conriuatione aquae pluuiae in locum humiliorem e superioribus defluentis, augurio fallaci, certiore*que* nebulosa exhalatione ante ortum solis longius intuentibus, quod quidam ex edito speculantur proni terram

auaritiaque *RTd²EaX* : -quae *VFd¹*.

43 ab re sit *VFdX* : abs re sit *T* abrepsit *rEa* abserit *R* ‖ rationem *rEaX* : causas *Td, om. RVF* ‖ reperiuntur *RVFTdX* : -riunt *rEa* ‖ quodam *RVFEaX* : quondam *Td* ‖ ubique *raXTd* : ubi *VF* ‖ aperuisse *VFdEaX* : appe- *r* appar- *RT* ‖ at *Ea²* in *ras., XTd* : ad *RVF* ‖ apenninus *RTd* : apern- *VF* at apenn-*E* at apenninis *a* et apenn- *X* ‖ sicut *Td* : sicuti *RVFTd* sic et *rEaX* ‖ albi *VF* : alibi *REaXTd*.

44 aquarum *RVFTdX* : quarum *rEa* ‖ iuncus *rVFTdaE²* : incus *R* iunctus *E* ‖ aut harundo *post* iuncus *habent codd., secl. Detl.* ‖ aut *RVFX* : et *EaTd, Detl. Mayh.* ‖ herba *RVFEaX* : -bae *d* -be *T* ‖ rana *TdX* : -nas *RVFEa* ‖ e *RVFTdX : om. Ea* ‖ certioreque *ego* : certiorpe *RVF* certior multo *EaX uett.* certior est *Td* certiore multo *Sill. Mayh.* ‖ exhalatione *RVFEaX* : exalatio *Td* exhal- est *uett.* ‖ edito *EaX* : hed- *RVF* editu *Td*.

45 touchant la terre ³. Il est un autre procédé particulier
d'appréciation ¹ connu seulement des gens experts : on
l'applique au moment des chaleurs les plus ardentes,
aux heures du jour les plus brûlantes, en observant la
façon dont brillent les rayons réfléchis en chaque endroit.
En effet si ces reflets ont quelque chose d'humide, bien
que le sol soit assoiffé, c'est une garantie, une promesse
46 incontestable. Mais il faut une observation si tendue que
les yeux deviennent douloureux. Pour l'éviter, on a
recours à d'autres expériences ¹ : en creusant le sol à
une profondeur de cinq pieds, avec des pots de terre
crue, ou un bassin de bronze huilé que l'on recouvre ;
ou bien avec une touffe de laine et une lampe allumée
sous une voûte de feuillage et de terre ; si l'on trouve la
poterie humide ou cassée, ou le bronze couvert de buée,
ou encore la lampe éteinte sans que l'huile ait fait défaut
ou la touffe de laine mouillée, c'est pour l'eau une assu-
rance sans équivoque. Certains brûlent aussi au préa-
lable le terrain pour le dessécher ², ce qui rend d'autant
plus concluante la preuve que fournissent les récipients.
47 XXVIII. La terre suffit d'ailleurs à en donner la promesse ¹ quand elle présente des taches blanches ou si
elle est tout entière d'une couleur glauque. Car dans la
terre noire l'écoulement n'est généralement pas constant. La terre de potier ôte toujours toute espérance.

adtingente mento. Est et peculiaris aestimatio peri- 45
tis tantum nota, quam feruentissimo aestu secuntur
dieique horis ardentissimis, qualis ex quoque loco
repercussus splendeat. Nam si terra sitiente umidior
est ille, indubitata spes promittitur. Sed tanta ocu- 46
lorum intentione opus est ut indolescant. Quod
fugientes ad alia experimenta decurrunt, loco in altitudinem pedum quinque defosso ollisque e figlino
opere crudis aut peruncta pelui aerea cooperta ⟨uel
lanae uellere⟩ lucernaque ardente concamarata fron-
dibus, dein terra ; si figlinum umidum ruptumue aut
in aëre sudor uel lucerna sine defectu olei restincta
aut etiam uellus lanae madidum reperiatur, non dubie
promittunt aquas. Quidam et igni prius excocunt locum, tanto efficaciore uasorum argumento.

XXVIII. Terra uero ipsa promittit candicantibus 47
maculis aut tota glauci coloris. In nigra enim scaturigines non fere sunt perennes. Figularis creta sem-

---

45 nota *rVFEaXTd*[2] : notam *R* nata *d*[1] ‖ horis *REaXTd* :
oris *VF* ‖ umidior *RVF*[2]*Td* : umichor *F*[1] utilior *raX, de E non
constat* ‖ est *codd. Jones* : sit *Mayh.* ‖ ille *TdaX, rE non leguntur* :
illae *RVF*.

46 oculorum *RVEaTd* : -los *F, om. X* ‖ fugientes *RVFTd* : -te
EaX ‖ alia *RVFTd* : aliqua *EaX* ‖ pedum *REaXTd* : pedu *VF* ‖
defosso *rEaXTd* : -fossi *RVF* ‖ ollisque *VFTd* : oliis- *R* aliis-
rEaX ‖ e *EaXTd* : ef *RVF* ‖ figlino *VF* : fligino *R* fliglino *rEaX*
figulino *Td*[2] figuno *d*[1] ‖ pelui *VFTdEaX* : pelle *R* peluia *r* ‖
cooperta uel lanae uellere *ego* : cooperto *codd., uett. Jones* lanae
uellere cooperto *Mayh.* ‖ concamarata *REaTd* : concamer- *VFX* ‖
figlinum *a* : -gulinum *Td* fliginum *R* tliginum *VF*[2] tlignum *F*[1]
fliglinum *rX* ‖ in *RVFTd* : si in *Ea* ‖ etiam *RVFTdX* : si etiam
Ea ‖ madidum *rEaXTd* : mod- *RV* med- *F* ‖ aquas *REaX* : aquis
VF, om. Td ‖ excocunt *RVFTd* : exquolunt *r* -colunt *EaX* ‖
efficaciore *VFTd* : -ciorem *r in ras., EaX*.

47 candicantibus *VFTd* : candidan- *r in ras., EaX* ‖ glauci
REaXTd : clauci *VF* ‖ coloris *RVFTd* : cal- *EaX* ‖ scaturigines
r in ras., TdX : stat- *Ea* eat- *V* cat- *F* ‖ fere *REaXTd* : ferre *F*
ferrae *V* ‖ figularis *RVFTda* : figuris *EX*.

et on ne creuse pas un puits plus avant si l'on observe que les strates du sol se succèdent de haut en bas dans l'ordre indiqué ci-dessus à partir d'une couche noire [2].

48 L'eau est toujours douce dans la terre argileuse, plus froide dans le tuf [1]. D'ailleurs, le tuf aussi est apprécié, car il la rend douce, très légère et, en la filtrant, il retient les impuretés. Le sable promet de minces filets limoneux, le gravier n'annonce pas à coup sûr de nappes d'eau, mais elle y a bon goût ; le sable mâle, le sable *carbunculus* [2] garantissent sûrement des veines perennes et saines ; les roches rouges font attendre d'une façon très certaine des eaux excellentes, la base pierreuse des montagnes et le silex en promettent aussi qui, par surcroît, sont glacées. Il faut d'autre part qu'en creusant on rencontre un sol constamment plus humide et que les outils

49 s'y enfoncent plus facilement. Dans les puits profonds [1], les puisatiers sont tués s'ils rencontrent des vapeurs de soufre ou d'alun. Le moyen de contrôler ce risque, c'est d'y descendre une lampe allumée et de voir si elle s'éteint [2] ; alors on creuse à côté du puits à droite et à gauche des soupiraux chargés de recueillir ces dangereuses exhalaisons. Même sans ces inconvénients, la profondeur suffit à rendre l'air plus pesant, défaut que l'on corrige par ventilation, en agitant sans cesse des linges [3].

per adimit spes, nec amplius puteum fodiunt coria
terrae obseruantes, ut a nigra descendat ordo supra
dictus. Aqua semper dulcis in argillosa terra, frigi- 48
dior in tofo. Namque et hic probatur, dulces enim
leuissimasque facit et colando continet sordes. Sabulum exiles limosasque promittit, glarea incertas
uenas, sed boni saporis, sabulum masculum et harena
carbunculus certas stabilesque et salubres, rubra
saxa optimas speique certissimae, radices montium
saxosae et silex hoc amplius rigentes. Oportet autem
fodientibus umidiores adsidue respondere glaebas
faciliusque ferramenta descendere. Depressis puteis 49
sulpurata uel aluminosa occurrentia putearios necant.
Experimentum huius periculi est demissa ardens
lucerna si extinguitur; tunc secundum puteum
dextra ac sinistra fodiuntur aestuaria, quae grauiorem illum halitum recipiant. Fit et sine his uitiis altitudine ipsa grauior aër, quem emendant adsiduo
linteorum iactatu euentilando. Cum ad aquam uen-

descendat *rVFTdEa* : -datur *X* -dit *R*.
  48 dulcis in *RVFTd* : *om. EaX* ‖ tofo *uett.* : tofa *EaX* tosto
RVF² *in ras.*, *Td* ‖ hic *RVFEaX* : id *Td* ‖ leuissimasque *RVFTd* :
leuisque *Ea* -uesque *X* ‖ exiles *RVFTdX* : -le *Ea* ‖ promittit
rEaXTd : praem- *R* prim- *VF* ‖ glarea *rEaX* : -ria *RVTd* gloria
F ‖ masculum *VFTd* : -culu *R* -culinum *r EX*, *om. a* ‖ certas
VFTdEX : -ta *R*, *om. a* ‖ optimas *FTd* : obt- *RV* obtumas *X*
optima *Ea* ‖ certissimae *EaXTd* : -mas *RVF* -ma *r* ‖ montium
EaXTd : -tium quae *R* -tium que *VF* ‖ saxosae *rEaXTd* : -sas
RVF ‖ silex *RVFTdX* : -lix *Ea* ‖ oporteat *REa* : -tet *VFTdX* ‖
fodientibus *RVFTdX* : -tes *Ea*.
  49 uel *RVFTdX* : uelut *Ea* ‖ ardens *REaXd²* : -dent *VF*,
om. Td ‖ lucerna *rVFEaXd* : -na ardens *T* dilucerna *R* ‖ exstinguitur *codd. Jones* : -guatur *X*, *uett. Mayh.* ‖ fodiuntur *REaXTd* :
-diunt *VF* ‖ grauiorem *rVFa* : -uorem *R* -uiores *Td* gra *E* hic
deficiens ‖ a *uerbo* gra]uiorem *usque ad uerbum* gallionem § 62
lacunam codicis X expleuit x ‖ grauior aer *VFTdx* : grauiora aer
R grauiorem et *ra* ‖ adsiduo *VFTdax* : -due *R* ‖ iactatu *RVF²Tdx* :
-tantu *F¹* -tat *a*.

Lorsque on a atteint l'eau, on élève un ouvrage sans ciment, pour éviter d'obstruer les veines [4].

50 Certaines eaux sont plus froides tout au début du printemps : elles ne proviennent pas des profondeurs, car elles sont formées des pluies d'hiver ; certaines autres au lever du Chien [1] ; on voit ainsi l'un et l'autre phénomènes à Pella en Macédoine [2]. En effet, devant la ville, au début de l'été, l'eau du marais est froide, puis, au plus fort de la chaleur, dans les parties les plus élevées de la ville, l'eau est glacée. Ce fait se produit aussi à Chios avec une semblable relation entre le port et la ville. A Athènes, la fontaine Enneacrunos [3], quand l'été est nuageux, est plus froide que le puits du jardin de Jupiter [4] ; lui, en revanche, par temps de sécheresse, est glacé. (4). Mais on voit généralement les puits [5] manquer d'eau aux environs de l'Arcture [6], non pas en plein été, et tous se trouvent à sec durant ces quatre jours, et même pour beaucoup tout l'hiver, comme aux alentours d'Olynthe [7],

51 les eaux ne revenant qu'au printemps. En Sicile, d'ailleurs, dans la région de Messine et de Mylae [1], les sources tarissent totalement l'hiver, débordent l'été et forment des cours d'eau. A Apollonia dans le Pont [2], une fontaine près de la mer ne coule que l'été et surtout vers le lever du Chien, moins abondante si l'été se trouve plus froid. Certaines terres deviennent plus sèches sous l'effet de

tum est, sine harenato opus surgit, ne uenae obstruantur.

Quaedam aquae uere statim incipiente frigidiores 50
sunt, quarum non in alto origo est — hibernis enim
constant imbribus—, quaedam a canis ortu, sicut in
Macedoniae Pella utrumque. Ante oppidum enim
incipiente aestate frigida est palustris, dein maximo
aestu in excelsioribus oppidi riget. Hoc et in Chio
euenit simili ratione portus et oppidi. Athenis
Enneacrunos nimbosa aestate frigidior est quam
puteus in Iouis horto, at ille siccitatibus riget (4).
Maxime autem putei circa Arcturum, non ipsa
aestate deficiunt omnesque quatriduo eo subsidunt,
iam uero multi hieme tota, ut circa Olynthum,
uere primum aquis redeuntibus. In Sicilia quidem 51
circa Messanam et Mylas hieme in totum inarescunt
fontes, aestate exundant amnemque faciunt. Apolloniae in Ponto fons iuxta mare aestate tantum
superfluit et maxime circa canis ortum, parcius si
frigidior sit aestas. Quaedam terrae imbribus sic-

50 aquae *raxTd* : aqua *RVF* ‖ uere *raxTd* : -rae *FV* -ra *R* ‖
constant *raxTd* : -tat *RVF* ‖ quaedam *raxTd* : quadam *RVF* ‖
a *ra* : *om. rVFTdx*, Hard. ‖ ortu *axTd* : -tus *RVF* ‖ macedoniae
Gelen. : -nia *codd.* ‖ pella *a* : appella *RFTdx* apellant *V* ‖ aestate
axTd : haeste *R* astae *VF* ‖ palustris *raxd* : -tri *RVF* -tris enim
T^1 -tris enim dein T^2 ‖ aestu *axTd* : -tui *RVF* ‖ oppidi *a* : oppidis *Tdx* opi- *RVF* ‖ riget *raxTd* : -git *RVF* ‖ in Chio *RVaxTd* :
in duo F^2 nduo F^1 ‖ enneacrunos *uett.* : -crunus *VF* -cynnos
Tdx hethneacrunos *r in ras.*, etne- *a* ‖ est quam *RVFTdx* : est
palustris dein maximo aestu quam *ra* ‖ at *raTdx* : ad *RVF* ‖
arcturum rad^2 : auctor- *RVF* auctumnum d^1 autumnum *Tx* ‖
uerba deficiunt — fontes aestate § 51 *om. a* ‖ ut *Tdx* : u *RVF*,
del. r ‖ olynthum *VF* : olin- *r* olim hum *R* olympum *Tdx*.
51 fontes *VFxTd* : -te *R* ‖ mare *axTd* : marsea *RVF* ‖ circa
a : *om. cett.* ‖ ortum $RVFad^1$: ortu Td^2x.

la pluie, comme dans la région de Narnia [3]. Cicéron a
inséré le fait dans ses *Choses admirables* [4], disant que la
sécheresse y produit de la boue, la pluie de la poussière.

52 XXIX. Toute sorte d'eau est plus douce l'hiver, moins
en été, très peu en automne, et moins en période de
sécheresse. Et en général, l'eau des rivières n'a pas un goût
constant, en raison des différences importantes que présente leur lit, car la qualité des eaux est fonction du terrain
où elles coulent [1] et des sucs des plantes qu'elles baignent.
Par conséquent, une rivière donnée se trouve insalubre sur
telle ou telle partie de son cours. Les affluents modifient
également le goût des fleuves — comme pour le Borysthène [2] —, ils se soumettent et s'y diluent. Certains
changent aussi par l'effet de la pluie. Il est arrivé trois
fois au Bosphore que tombent des pluies salées qui
tuaient les céréales, autant de fois des pluies ont rendu
amers aussi les champs irrigués par le Nil, grand désastre
pour l'Égypte [3].

53 XXX. Quand on a abattu des forêts, on voit souvent
naître des sources [1] qu'elles consommaient pour nourrir
les arbres ; par exemple sur le mont Haemus, lorsque
les Gaulois assiégés par Cassandre eurent coupé les bois
pour en faire un rempart. Mais souvent les eaux ruis-
sellent et s'unissent en torrents dévastateurs, lorsqu'on
a ôté des collines la forêt qui normalement retient et
disperse les pluies d'averse [2]. Il est important aussi,
pour l'eau, que la terre soit travaillée et ameublie et que
la croûte superficielle soit brisée. Du moins on rapporte

ciores fiunt uelut in Narniensi agro, quod admirandis suis inseruit M. Cicero, siccitate lutum fieri
prodens, imbre puluerem. XXIX. Omnis aqua 52
hieme dulcior est, aestate minus, autumno minime,
minusque per siccitates. Neque aequalis amnium
plerumque gustus est magna aluei differentia,
quippe tales sunt aquae qualis terra per quam
fluunt qualesue herbarum, quas lauant, suci. Ergo
iidem amnes parte aliqua reperiuntur insalubres.
Mutant saporem et influentes riui, ut Borysthenen,
uictique diluuntur. Aliqui uero et imbre mutantur.
Ter accidit in Bosporo ut salsi deciderent necarent-
que frumenta, totiens et Nili rigua pluuiae amara
fecere, magna pestilentia Aegypti.

XXX. Nascuntur fontes decisis plerumque siluis, 53
quos arborum alimenta consumebant, sicut in Haemo,
obsidente Gallos Cassandro, cum ualli gratia siluas
cecidissent. Plerumque uero damnosi torrentes conriuantur detracta collibus silua, continere nimbos ac
digerere consueta. Et coli mouerique terram cal-
lumque summae cutis solui aquarum interest. Pro-

---

fiunt *RVFaT* : sunt *dx* ‖ uelut *RVFTdx* : uel *a* ‖ narniensi
raxTd : -se *VF* arniensi *R* ‖ quod *VFTdx* : quodam *r in ras.,*
a ‖ admirandis *r in ras., axTd* : *om. VF* ‖ suis *om. VF* ‖ inseruit
Raxd :- runt *T, om. VF* ‖ M. *om. VF* ‖ luctum *R* ‖ prodens
RVFTdx : -dest *ra.*

52 aqua *axTd* : aque *RVF* ‖ autumno *RaTd* : autem aut-
VF ‖ minime *r in ras., axTd* : meme *VF* ‖ minusque *VFTdx* :
persisque *r in ras., a* ‖ siccitates *RVFTdx* : -tis *ra* ‖ plerumque
raTdx : plur- *RVF* ‖ diluuntur *raxTd* : diluntur *RVF*², *om. F*¹ ‖
ter *VFTdx* : et *r a* etiam *R* ‖ bosporo *Brot.* : -foro *r in ras.* -phoro
cett. ‖ nili rigua *a* : niligna *RVF* in ligna *Tdx.*

53 haemo *Tda* : aemo *R* hemo *x* hiemo *VF* ‖ gallos *RaxTd*
-lus *VF* ‖ uero *om. Td* ‖ conriuantur *a* : corrigan- *r in ras., VFTdx* ‖
nimbos *r in ras., axTd* : -bus *VF* ‖ mouerique *raxTd* : muneri-
que *V*²*F* -reque *V*¹.

qu'en Crète, lorsque une ville appelée Arcadia eut été
prise d'assaut, les sources et les rivières, nombreuses en
ce site, tarirent ; mais que la ville ayant été rebâtie six
ans après, elles reparurent au fur et à mesure que les
54 pièces de terre revenaient en culture. (5) Les tremble-
ments de terre aussi font couler des eaux ou les engloutissent : ainsi il est avéré que cela s'est produit à cinq
reprises aux environs du Phénée en Arcadie. Une rivière
jaillit aussi de la sorte sur le mont Corycus [1], qu'on se
mit ensuite à cultiver. On s'étonne devant une transfor-
mation dont n'apparaît aucune cause visible : par exemple
à Magnésie [2], où une eau chaude devint froide sans que
se modifiât son goût salé ; et en Carie [3], là où est le
temple de Neptune, une rivière auparavant douce se
55 changea en sel. Voici d'autres faits très merveilleux :
Aréthuse [1], à Syracuse, sent le fumier durant les fêtes
Olympiques, phénomène vraisemblable, puisque l'Alphée
coule sous la mer jusqu'à cette île. Une source dans la
Chersonnèse des Rhodiens rejette des immondices tous
les huit ans [2]. L'eau change aussi de couleur : par exemple, à Babylone [3], un lac a des eaux rouges l'été pendant
56 onze jours ; et le Borysthène coule bleu à époques fixes,
bien que son eau soit la plus légère de toutes et que pour
cette raison elle surnage sur celle de l'Hypanis [1] ; il y a
ici une autre merveille : lorsque soufflent les vents du
sud, c'est l'Hypanis qui passe par dessus. Mais il y a

ditur certe in Creta, expugnato oppido quod uocaba-
tur Arcadia, cessasse fontes amnesque qui in eo situ
multi erant, rursus condito post sex annos emersisse,
ut quaeque coepissent partes coli (5). Terrae quoque   54
motus profundunt sorbentque aquas, sicut circa
P*h*eneum Arcadiae quinquies accidisse constat. Sic
et in Coryco monte amnis erupit posteaque coeptus
est coli. Illa mutatio mira, cu*i*us causa nulla euidens
apparet, sicut in Magnesia e calida facta frigida, salis
non mutato sapore ; et in Caria, ubi Neptuni templum est, amnis, qui fuerat ante dulcis, mutatus in
salem est. Et illa miraculi plena, Arethusa*m* Syra-   55
cusis fimum redolere per Olympia, uerique simile,
quoniam Alpheus in ea*m* insula*m* sub mari permeet.
Rhodiorum in Cherroneso fons nono anno purga-
menta egerit. Mutantur et colores aquarum, sicut
Babylone lacus aestate rubras habet diebus XI ; et   56
Borysthenes statis temporibus caeruleus fertur,
quamquam omnium aquarum tenuissimus ideoque
innatans Hypani, in quo et illud mirabile, austris
flantibus superiorem Hypanim fieri. Sed tenuitatis

---

certe *axTd* : cercerte *R* certae *VF²* ergo *F¹* || condito *RVFdx* :
-ta *ra* -tos *Td* || quae *VFTdax* : quaeque *r in ras.*
54 motus *RaxTd* : modus *VF* || pheneum *uett.* : fenium *R*
finium *VF* preneum *a* apenninum *Tdx* || arcadiae *aTdx* : aquas
arcadie *R* aquas aream die *VF* || sic *aTdx* : sicut *RVF* || coryco
ad¹ : corry- *VF* corri- *R* corisco *d²x* coriso *T* || posteaque *RVFTdx* :
-quam *ra* || coeptus *Rx* : caep- *d* cep- *VFT* cetus *a* || cuius *Detl.* :
culus *V* culis *RFTdax* || magnesia e *RVFax* : -side *Td* || amnis
r in ras., *a* : omnis *VFTdx.*
55 arethusam *uett.* : -sa *codd.* || eam insulam *Lugd.* : ea insula
con [ɔ] *R* ea insula *cett.* || sub *VFTda* : sum *R* || mari *rTdax cf.*
Mayh. in app. : ma *RVF* maria *Detl. Mayh.* || rhod- in cherr-
fons *ego* : rh- fons in ch- *codd.*, *Mayh.*
56 statis *Mayh.* : esta- *TRd* aesta- *VFax* || hypani *raTdx* :
hysp- *RVF²* insp- *F¹* || illud *RTdx* : -lut *VF* -lum *a* || flantibus
RVFTdx : flat- *a* || hypanim *a* : -ni *rTdx* hyspani *RVF.*

aussi une autre preuve de légèreté, c'est qu'elle n'émet
aucune exhalaison, pas même une vapeur. Ceux qui se
piquent d'exactitude en ce domaine disent que les eaux
deviennent plus lourdes après le solstice d'hiver.

57   XXXI (6). Au reste, pour une adduction à partir
d'une source, ce qu'il y a de mieux, ce sont des tuyaux
en poterie [1] de deux doigts de diamètre, dont les joints
s'emboîtent, de sorte que celui du haut pénètre ⟨dans
celui du bas⟩, et sont enduits de chaux vive détrempée
d'huile [2]. La pente de l'eau doit être au minimum d'un
quart de pouce pour cent pieds [3] ; si elle passe en tunnel,
il faudra des regards tous les deux *actus* [4]. Si on doit
faire un jet d'eau, que la conduite soit en plomb. L'eau
monte à l'altitude de son point de départ. Si elle est
amenée sur une assez longue distance, qu'on la fasse
monter et descendre fréquemment, afin qu'elle ne perde
58   pas de niveau. La longueur normale des tuyaux est de
dix pieds, et leur poids de soixante livres pour les tuyaux
de cinq, de cent livres pour le huit, cent vingt pour le
dix et ainsi de suite selon le même rapport [1]. On appelle
tuyau de dix celui dont la feuille ⟨de plomb⟩ a dix doigts
de large avant d'être enroulée, tuyau de cinq celui qui
en fait la moitié. Il est indispensable d'employer du cinq
à tous les coudes d'un terrain accidenté pour y maîtri-
ser l'impétuosité de l'eau [2] ; il faut de même construire
des réservoirs, selon les exigences de la situation [3].

59   XXXII. Je m'étonne qu'Homère n'ait pas fait mention des sources thermales, bien qu'il ait d'ailleurs souvent représenté des bains d'eau chaude [1] ; c'est qu'apparemment la médecine n'utilisait pas alors comme elle

argumentum et aliud est, quod nullum halitum, non
modo nebulam, emittit. Qui uolunt diligentes circa
haec uideri, dicunt aquas grauiores post brumam fieri.

XXXI (6). Ceterum a fonte duci fictilibus tubis 57
utilissimum est crassitudine binum digitorum, com-
missuris pyxidatis ita ut superior intret, calce uiua
ex oleo leuigatis. Libramentum aquae in centenos
pedes sicilici minimum erit ; si cuniculo ueniet, in
binos actus lumina esse debebunt. Quam surgere in
sublime opus fuerit, plumbo ueniat. Subit altitudinem exortus sui. Si longiore tractu ueniet, subeat
crebro descendatque, ne libramenta pereant. Fistu- 58
las denum pedum longitudinis esse legitimum est et,
si quinariae erunt, sexagena pondo pendere, si octo-
nariae, centena, si denariae, centena uicena ac deinde
ad has portiones. Denaria appellatur cuius lamnae
latitudo, antequam curuetur, digitorum x est,
dimidioque eius quinaria. In anfractu omni collis
quinariam fieri, ubi dometur impetus, necessarium
est, item castella, prout res exiget.

XXXII. Homerum calidorum fontium mentionem 59
non fecisse demiror, cum alioqui lauari calida frequenter induceret, uidelicet quia medicina tunc non

est $RVFTdax$: esse r ‖ emittit VF, *Sill.* : -tat $RaTdx$.
  57 a $RVFTdx$: e a ‖ duci RVF : dulci $Tdax$ ‖ sicilici $RVFTdx$:
suilici ra ‖ minimum $aTdx$: minis num RVF ‖ cuniculo $VFTdx$:
cutni- R uni cuni- ra ‖ binos $RaTdx$: bonos VF ‖ lumina $RaTdx$:
-ne VF.
  58 sexagena $rTda$: -geno VF -gene R -ginta x ‖ pendere ra :
pond- $RVTdx$ pand- F ‖ denariae : nonagenaria a ‖ denaria
$RVFTdx$: -riae a ‖ appellatur $RVFTdx^2$: -antur ax^1 ‖ anfractu
(amf- a) a : -ti r fractu Tdx -to VF -ti R ‖ collis *uett.* : -li $rVFaTdx$
-le R ‖ quinariam *uett.* : -ria $RVFa$ -rii Tdx ‖ exiget $RVFTdx$:
-git ra, *Detl. Jones.*
  59 non fecisse $RVFTdx$: fec- ra ‖ alioqui $VFRa$: -quin Tdx ‖
induceret $raTdx$: indic- R indic- et VF.

fait aujourd'hui la ressource des eaux. Or l'eau sulfu-
reuse est bonne pour les nerfs, l'eau alumineuse pour
les paralysies et asthénies du même genre, l'eau bitu-
mineuse ou nitreuse — comme celle de Cutilie — en
60 boisson et en purge [2]. Beaucoup de gens tiennent à gloire
d'endurer très longtemps la chaleur des sources chaudes,
ce qui est très néfaste : en effet leur usage ne doit être
guère plus prolongé que celui des bains, il faut le faire
suivre ⟨d'ablutions⟩ d'eau douce fraîche, et ne pas s'en
aller sans se frotter d'huile, pratique qui, aux yeux du
public, est préjudiciable ; aussi n'est-on nulle part plus
exposé aux maladies, car la tête est à la fois envahie
par la puissance de leur odeur et attaquée par le froid [1]
puisqu'elle sue quand le reste du corps est immergé. Par
une erreur semblable on se glorifie d'avaler le plus possible de boisson ; et j'ai vu des gens qui, à force de boire
étaient déjà gonflés au point que la peau recouvrait
leurs bagues, parce qu'ils ne pouvaient rejeter la masse
61 d'eau engloutie [2]. Il ne convient donc pas d'en boire
sans prendre fréquemment du sel. On emploie aussi utilement la boue [1] des sources thermales, mais il faut après
s'en être enduit, la laisser sécher au soleil. On ne doit
d'ailleurs pas croire que toute eau chaude soit médici-
nale : ainsi à Ségeste en Sicile, à Larissa en Troade, à
Magnésie, à Mélos, à Lipara [2]. Si elles altèrent la couleur

erat haec quae nunc aquarum perfugio utitur. Est
autem utilis sulpurata neruis, aluminata paralyticis
aut simili modo solutis, bituminata aut nitrosa,
qualis Cutilia est, bibendo a*t*que purgationibus.
Plerique in gloria ducunt plurimis horis perpeti 60
calorem earum, quod est inimicissimum, namque
paulo diutius quam balineis uti oportet ac postea
frigida dulci, nec sine oleo discedent*es*, quod uolgus
alienum arbitratur, idcirco non alibi corporibus
magis obnoxiis, quippe et uastitate odoris capita
replentur et frigore infestantur sudantia, reliqua
corporum parte mersa. Similis error quam plurimo
potu gloriant*ium*, uidique iam turgidos bibendo in
tantum ut anuli integerentur cute, cum reddi non
posset hausta multitudo aquae. Nec hoc ergo fieri 61
conuenit sine crebro salis gustu. Vtuntur et caeno
fontium ipsorum utiliter, sed ita, si inlitum sole
inarescat. Nec uero omnes quae sint calidae medi-
catas esse credendum, sicut in Segesta Siciliae,
Larisa Troade, Magnesia, Melo, Lipara. Nec decolor

perfugio *ra* : prof- *RVFTdx* || sulpurata *edd.* : sulphu- *Tdax*
sulfur- *RVF* || solutis *VFTdax* : solitos *R* || bituminata *rVFTdax* :
aebitu- *R* || cutilia *RVFTdx* : -la *r* scutila *a* || atque *uett. Jones* :
aque *FTdx* aquae *RVa* itaque *Mayh.*

60 gloria *RVFa* : -riam *d²x* giam *d¹* || balineis *rVF* : a bali-
R balneis *aTdx* || diutius *RVFa* : dulcius *Td* || dulci *ra* : dulcedi
RVF -dine *Tdx* || nec *rVFaTdx* : ne *R* || discedentes *Hard.* : -tis
codd. || capita *VFTd* : -te *Ra* || sudantia *RVFd* : reliqua sud- *a*
suden- *T* || mersa *RVFa* : mesa *Tdx* || gloriantium *Pint.* : -tur
codd., Sill. || turgidos *Ra* : -dus *VFTd* -dis *x* || integerentur *VFTdx* :
-grentur *Ra* || cute *Tdx* : cote *VF* quote *R, del. r, om. a.*

61 caeno *RVFTd* : sceno *ax* || medicatas *RVa²Tdx* : -citas
F -catum *a¹* || in *ra* : *om.rVFTdx* || segesta *rVFa* : -getas *R* -geta
Tdx || siciliae *RVFa* : -lia *Tdx* || larisa *RV²a* : raris a *V¹F* clarisa
Tdx || troade *RaTdx* : -dae *VF* || melo *VFTdx* : et melo *ra* mlo *R* ||
lipara *VFTdax* : -re *R* || nec *RVFTdx* : ne *ra.*

du bronze ou de l'argent ce n'est pas non plus — comme
beaucoup l'ont pensé — la preuve de vertus médicinales,
puisque les sources de Padoue [3] ne possèdent aucun de
ces caractères, et qu'on n'y trouvera même aucune odeur
qui les distingue.

62   XXXIII. Les mêmes thérapeutiques s'appliquent aussi
dans le cas de l'eau de mer [1] : on la fait chauffer pour
les névralgies [2], pour souder les os après fracture [3], pour
les contusions, et aussi pour rendre le corps plus sec,
traitement pour lequel on utilise également l'eau de mer
froide. Il en est encore de multiples autres usages, dont
le principal est la navigation pour les phtisiques [4],
comme nous l'avons dit, ou dans l'hémoptysie [5] : tout
récemment par exemple, — je me souviens — ce traitement fut appliqué par Annaeus Gallion [6] après son con-
63 sulat. En effet, on va en Égypte, non pour l'Égypte
elle-même, mais à cause de la durée du voyage [1]. De plus,
les vomissements mêmes, provoqués par le tangage, portent remède à de très nombreuses maladies de la tête, des
yeux, de la poitrine, et à toutes celles pour lesquelles on
prend de l'ellébore [2]. Quant à l'eau de mer, les médecins
la jugent plus efficace employée seule pour résoudre les
tumeurs [3], mais en y faisant bouillir de la farine d'orge
pour les parotides. On l'incorpore aussi aux emplâtres,
surtout aux emplâtres blancs, et aux cataplasmes [4]. Elle

species aeris argentiue, ut multi existimauere, medica-
minum argumentum est, quando nihil eorum in
Patauinis fontibus, ne odoris quidem differentia aliqua deprehendetur.

XXXIII. Medendi modus idem et in marinis erit, 62
quae calefiunt ad neruorum dolores, feruminan*d*a a
fracturis ossa, contusa, item corpora siccanda, qua
de causa et frigido mari utuntur. Praeterea est alius
usus multiplex, principalis uero nauigandi phthisi
adfectis, ut diximus, aut sanguine egesto, sicut
proxime Annaeum Gallionem fecisse post consula-
tum meminimus. Neque enim Aegyptus propter se 63
petitur, sed propter longinquitatem nauigandi. Quin
et uomitiones ipsae instabili uolutatione commotae
plurimis morbis capitis, oculorum, pectoris medentur, omnibusque propter quae helleborum bibitur.
Aquam uero maris per sese efficaciorem discutiendis
tumoribus putant medici, si illa decoquatur hordeacia farina, ad parotidas. Emplastris etiam, maxime
albis, et malagmatis miscent ; prodest et infusa cre-

existimauere *RTd* : -ue *VF* -uerunt *ra* estimauere *x* ‖ patauinis
RaTdx : patinauinis *VF* ‖ deprehendetur *R, Mayh.* : -deretur
rel. codd. -ditur *uett. Jones.*

62 idem *RaTdx* : id est *VF* ‖ feruminanda *Sill. Mayh.* : -nata
R ferruminata *rVFTdax* ‖ fracturis *RVTdx* : ffrac- *a* fracturi
F ‖ item *RVFa* : ossa item *Td* ‖ siccanda *ra* : adsic- *RVF* assic-
Tdx ‖ adfectis *x, uett.* : -ti *rVFTd* -tu *R* adfreti *a* ‖ sanguine *aTdx* :
-nem *RVF* ‖ egesto *raTdx* : -te *RVF* ‖ *a uerbo* fecisse *denuo
incipiunt EX* ‖ meminimus *r in ras., ETdX* : -nibus *a* meum inim
VF.

63 petitur *RVFdaX* : -tatur *E* ‖ longinquitatem *REaTd* :
lonqui- *VF* longui- *X* ‖ instabili *EaX* : sint ab- *RVF* sint hab-
r sint alibi *Td* ‖ uolutatione *VF²aXTd* : uolata- *F¹* uolupta- *R* ‖
pectoris *RVFEaX* : -risue *Td* ‖ aquam *VFTdX* : aqua *REa* ‖ sese
RVFTdX, Mayh. : se *Ea* ‖ discutiendis *rE* : -entis *a* -endis cauen-
dis *Td* -enti est discauendis *RVF* ‖ si illa *REaX* : stilla *VF* illa
Td ‖ decoquatur *rEaX* : -quetur *R* -quitur *VFTd* ‖ hordeacia
Ea : -acea *RVFTdX.*

64 est également bénéfique en douches répétées [5]. On la boit aussi — non toutefois sans inconvénient pour l'estomac [1] — afin de purger le corps et d'évacuer bile noire ou caillots de sang par le haut ou par le bas. Certains l'ont aussi donnée à boire dans les fièvres quartes [2], dans le ténesme et les affections articulaires, après l'avoir mise de côté pour cet usage, vu que le temps lui fait perdre son amertume [3] ; d'autres la font bouillir ; dans tous les cas, on la puise au large, pure de toute altération due au mélange avec des substances douces. Dans ce traite- ment, on désire provoquer d'abord le vomissement ; alors

65 on mêle aussi à cette eau du vinaigre ou du vin. Ceux qui l'ont prescrite pure ordonnent de manger par des- sus du raifort [1] avec du vinaigre miellé pour provoquer aussi des vomissements. On fait aussi des lavements d'eau de mer tiédie [2] ; on ne lui préfère aucune autre matière pour fomenter les testicules enflés [3], ainsi que les engelures des pieds avant ulcération [4] ; on l'emploie de même dans les prurits [5], la gale et pour soigner le lichen [6]. On traite aussi à l'eau de mer les lentes et la répugnante vermine de la tête [7]. C'est elle encore qui redonne aux meurtrissures bleues leur couleur natu- relle [8]. Dans ces traitements, il est très avantageux de faire suivre la lotion d'eau de mer d'une fomentation de vinaigre chaud. De plus, on reconnaît ses vertus cura- tives pour les piqûres venimeuses [9], comme celles des tarentules et des scorpions, et quand on a été atteint par la bave de l'aspic ptyas. Mais dans ces cas on la

bro ictu. Bibitur quoque, quamuis non sine iniuria 64
stomachi, ad purganda corpora bilemque atram aut
sanguinem concretum reddendum alterutra parte.
Quidam et in quartanis dedere eam bibendam et in
tenesmis articulariisque morbis adseruatam in hoc,
ut uetustate uirus deponentem, aliqui decoctam,
omnes ex alto haustam nullaque dulcium mixtura
corruptam. In quo usu praecedere uomitum uolunt ;
tunc quoque acetum aut uinum ea aqua miscent. Qui 65
puram dedere, raphanos supermandi ex mulso aceto
iubent, ut ad uomitiones reuocent. Clysteribus quoque marinam infundunt tepefactam. Testium quidem tumores fouendo non aliud praeferunt, item
pernionum uitio ante ulcera, simili modo pruritibus,
psoris et lichenum curationi. Lendes quoque et taetra capitis animalia hac curantur. Et liuentia reducit
eadem ad colorem. In quibus curationibus post marinam aceto calido fouere plurimum prodest. Quin et
ad ictus uenenatos salutaris intellegitur, ut phalangiorum et scorpionum et ptyade aspide respersis ;

64 bilemque *rEaTdX* : -quae *R* lemque *VF* ‖ concretum
REaTdX : -tam *VF* ‖ articulariisque *Td* : -risque *RVF, Detl.*
-ribus *rEaX* ‖ ut *RVF* : ex *Td, del. r, om. Ea, Jones* ‖ uetustate
rEaTdX : -sta *RVF* ‖ deponentem *EaX* : -te *RVFTd* ‖ decoctam
rEaTdX : -ta *VF* coctam *R* ‖ ex alto *rEaTdX* : *om. RVF* ‖ nullaque *Td* : ulla- *RVF* nulloque *rEaX* ‖ usu praecedere *RVFTd* :
supra cedere *EaX* ‖ uomitum — dedere § 65 *om. EaX* ‖ ea aqua
Jan Jones : ex aqua *codd.* et aquam *Mayh.* ‖ miscent *uett.* : mit-
tent *codd.*

65 raphanos *REaTdX* : -phonos *VF* ‖ tumores *Td* : -re *RVFa*
-rem *EX* ‖ pernionum *rEaTdX* : -nem *VF* -ne *R* ‖ lendes *RVTdX* :
lin- *Ea* ledens *F* ‖ taetra *VFTd* : taenera *r* ten- *EaX* .. etra *R* ‖
et *TdX, Detl.* : ut *RVFEa, Sill.* ‖ reducit *rEaTdX* : rud- *R* erud-
VF ‖ colorem *X, uett.* : -res *cett., Detl.* ‖ fouere *RVFTdX* : feru-
Ea ‖ et ad *r in ras., EaX* : tad *VFTd* ‖ uenenatos *REaTdX* :- tus
VF ‖ salutaris *REaTdX* : -ria *VF* ‖ phalangiorum *X, uett.* :
-gionum *cett.* ‖ ptyade *Barb.* : pthiade *rEa* -deos *RVF* pthyadeos
Td pythiade *X* ‖ respersis *EaTdX* : -sos *VF* resperersos *R* -sis *r.*

6

66 prend chaude. On l'emploie aussi en fumigations avec
du vinaigre, pour les douleurs de tête [1]. On calme les
coliques et le choléra avec des lavements d'eau de mer
chaude [2]. Ce qui a été chauffé à l'eau de mer se refroidit
plus difficilement. Les bains de mer améliorent l'état des
seins gonflés [3], celui des viscères et l'émaciation [4] ;
la vapeur des eaux marines bouillant avec du vinaigre
corrige la dureté de l'ouïe [5] et les maux de tête. L'eau
de mer enlève très vite la rouille du fer. Elle guérit aussi
la gale des moutons [6] et en assouplit la laine.

67 XXXIV. Je n'ignore pas que ces détails peuvent
paraître superflus aux gens qui habitent au milieu des
terres. Mais la recherche y a pourvu aussi, en trouvant
le procédé qui permette à chacun de faire pour soi de
l'eau de mer [1]. Ce qu'il y a d'étonnant dans cette méthode,
c'est que, si l'on verse plus d'un setier de sel dans quatre
setiers d'eau, l'eau est vaincue et le sel ne se dissout pas.
Au reste un setier de sel pour quatre setiers d'eau assume
pleinement les vertus spécifiques de l'eau de mer la plus
salée. Mais on pense que le plus raisonnable est une proportion de huit cyathes [2] de sel pour la quantité d'eau

calida autem in his adsumitur. Suffitur eadem cum 66
aceto capitis doloribus. Tormina quoque et choleras
calida infusa clysteribus sedant. Difficilius perfri-
gescunt marina calefacta. Mammas sororientes,
praecordia, maciemque corporis piscinae maris corrigunt, aurium grauitatem, capitis dolores cum aceto
feruentium uapor. Rubiginem ferro marinae celerrime exterunt, pecorum quoque scabiem sanant
lanasque emolliunt.

XXXIV. Nec ignoro haec mediterraneis super- 67
uacua uideri posse. Verum et hoc cura prouidit
inuenta ratione qua sibi quisque aquam maris faceret. Illud in ea ratione mirum, si plus quam sextarius salis in IIII sextarios aquae mergatur, uinci
aquam salemque non liquari. Cetero sextarius salis
cum IIII aquae sextariis salsissimi maris uim et
naturam implet. Moderatissimum autem putant
supra dictam aquae mensuram octonis cyathis salis

---

calida *TdX* : -dam *RVF* caudam *rEa*.
66 suffitur *rVEaX* : -tur autem *Td* sufficitur *RF* ‖ cum *EaTdx* :
eum *RV²F* eam *V¹* ‖ choleras *RVFTd*, *cf. app. Mayh.* : -ram *d¹*
-ra *rEaX* ‖ calida *uett.* : -dam *codd.* ‖ infusa *VFX* : -sam *REaTd* ‖
sedant *rEaX* : dant *RVFTd* sedat *Col.* ‖ calefacta *RVFX* :
-tam *E* -ti *Td* ‖ sororientes *RVF* : solorien- *EaX* sorien- *Td* ‖
maciemque *RVFTd²X* : aciem- *Ead¹* ‖ dolores *REaTdX* : -ribus
VF ‖ exterunt *rEaX* : exie- *VF* exe- *Td*.
67 qua *RVFTd* : qui *rEaX* ‖ faceret *Td* : -re *RVFEaX* ‖ illud
in *rEaX* : illud *VF Td* ‖ ea *REaTdX* : ae *VF* ‖ ratione
rVFEaXTd : -nem *R* ‖ sextarius *rEaTdX* : -rium *RVF* ‖ in
RVFTd : cum *EaX* ‖ sextarios aquae *RVFT²d* : aquae sextariis
T¹EaX ‖ uinci *rEaTdX* : unti *RVF* ‖ non liquari *rEaXTd* : non
loqu- *VFd¹* noloqu- *R* ‖ cetero *VFEaTd* : -ros *R* -rum *X* ‖ sextarius *V²F²Td* : -rios *RV¹F¹* -rio *EaX* ‖ sextariis *rEaXTd* : -rios
RVF ‖ uim *rEaX* : sumquam *R* um quam *VF* unquam *Td* ‖
dictam *EaXTd* : -tum *RVF* ‖ cyathis *rEaX* : *om. RVFTd* ‖ salis
VRFTd : malis *EaX*.

susdite, car de la sorte elle échauffe les nerfs sans irriter
la peau.

68   XXXV. On fait vieillir encore ce qu'on appelle *thalassomeli* [1] qui est fait à parts égales d'eau de mer, de
miel et d'eau pluviale. C'est aussi au large qu'on va la
chercher pour cet usage, et on conserve le produit dans
un récipient de terre enduit de poix. Il convient surtout
pour les purges et ne dérange pas l'estomac ; son goût

69   aussi bien que son odeur sont agréables. XXXVI. On
préparait également autrefois de l'hydromel [1] en dosant
un mélange d'eau de pluie pure et de miel, pour en donner aux malades gourmands de vin, dans la pensée qu'il
était moins nuisible à boire ; depuis de nombreuses années
ce breuvage est condamné, car il a les mêmes inconvénients que le vin sans avoir les mêmes avantages.

70   XXXVII. Comme les navigateurs souffrent souvent du
manque d'eau douce, nous exposerons également ci-dessous des moyens d'y parer. On étend autour du navire
des toisons qui s'humectent en absorbant les exhalaisons de la mer, et l'eau qu'on en exprime est douce ;
ou encore on plonge dans la mer avec des filets des
boules de cire creuses ou des récipients vides et bouchés :
l'eau recueillie à l'intérieur est douce [1]. Le fait est que
sur terre l'eau de mer filtrée par l'argile devient douce.

71   Les luxations [1], chez les hommes aussi bien que les
quadrupèdes, se remettent très facilement en nageant
dans quelque eau que ce soit. Entre autres sujets de

temperari, quoniam ita et neruos excalefaciat et cor-
corpus non exasperet.

XXXV. Inueteratur et quod uocant thalassomeli 68
aequis portionibus maris, mellis, imbris. Ex alto et
ad hunc usum aduehunt fictilique uaso et picato
condunt. Prodest ad purgationes maxime sine stomachi uexatione et sapore grato et odore. XXXVI. 69
Hydromeli quoque ex imbre puro cum melle temperabatur quo*n*dam, quod daretur adpetentibus uini
aegris ueluti innocentiore potu, damnatum iam multis annis, isdem uitiis quibus uinum nec isdem uti-
litatibus. XXXVII. Quia saepe nauigantes defectu 70
aquae dulcis laborant, haec quoque subsidia demonstrabimus. Expansa circa nauem uellera madescunt
accepto halitu maris, quibus dulcis umor exprimitur, item demissae reticulis in mare concauae e cera
pilae uel uasa inania opturata dulcem intra se colligunt umorem. Nam in terra marina aqua argilla per-
colata dulcescit.

Luxata corpora et hominum et quadrupedum 71
natando in cuius libeat generis aqua facillime in

---

ita *rEaXT* : ista *RVFd* ‖ exasperet *rEaXTd* : -rat *RVF*.
68 quod *RVFTd* : *om. EaX* ‖ uocant *rVFTd* : -cat *REa* -catur
X ‖ aequis *RVFEaX* : e qui *Td* ‖ imbris *rEaTdX* : -bribus *RVF* ‖
uaso *RVFEaX* : -se *Td* ‖ stomachi *rEaXTd* : -cho *RV²F²* stro-
maco *V¹F¹* ‖ et *rEaX* : *om. RVFTd* ‖ odore *rVFTda²X* : *om.*
ra¹, E non legitur.
69 temperabatur *REaXTd* : -bitur *VF* ‖ quondam *uett.* :
quoddam *R aXTd, E non legitur* quodam *VF* ‖ ueluti *r in ras.*,
EaXT : -lut *VFD* ‖ potu *EaXTd* : -tum *R* -tam *VF*.
70 demonstrabimus *Td* : -auimus *RVFEaX* ‖ accepto *RVFTd* :
-ta *EaX* ‖ item *rEaX* : idem *RTd* id est *VF* ‖ demissae *RVFTd* :
rem- *rEaX* ‖ e *T* : et *RVFTd, del. r, om. EaX* ‖ opturata
RV²EaXTd : obdu- *V¹F* ‖ in terra *REaXTd* : inter *VF*.
71 luxata *d, r in ras.* : -to *T* laxata *EaX* iacta *VF* ‖ et hominum
RVFTd : hom- *EaX* ‖ libeat *RVF Mayh. Jones* : libet *EaXTd*.

crainte, les voyageurs redoutent qu'une eau inconnue ne
porte atteinte à leur santé. Ils parent à ce danger en
buvant, dès leur sortie du bain, l'eau froide suspecte.

72 XXXVIII. La mousse [1] qui peut se trouver dans l'eau
est bonne en application pour la goutte, et aussi, mêlée
d'huile, pour les douleurs et les gonflements des che-
villes. L'écume de l'eau employée en frictions, enlève les
verrues [2], comme le fait le sable du rivage [3], surtout
quand il est fin et éblouissant de soleil ; on en use en
médecine pour dessécher, en le recouvrant, le corps des
malades souffrant d'hydropisie ou de fluxions.

En voilà assez sur les eaux ; parlons maintenant des
produits de l'eau. Mais nous commencerons, comme ailleurs, par les principaux d'entre eux, qui sont les substances salées et les éponges.

73 XXXIX (7). Tout sel [1] est soit artificiel, soit natif [2] ;
l'un et l'autre se forment de plusieurs manières mais
sont dus à deux causes : condensation ou dessication
de l'eau. On l'obtient par dessication dans le lac de
Tarente [3] sous l'effet du soleil d'été, et tout le marais
se change en sel ; il est d'ailleurs peu profond, puisqu'il
ne dépasse pas la hauteur des genoux ; il en est de même
en Sicile [4] d'un lac appelé Cocanicus et d'un autre près
de Géla. Pour ces derniers, seuls leurs bords se dessèchent
comme en Phrygie, en Cappadoce, à Aspendos [5] où la
dessication est plus étendue, allant jusque vers le milieu.
Il y a encore une chose admirable en cela : il se reforme

artus redeunt. — Est et in metu peregrinantium ut
temptent ualetudinem aquae ignotae. Hoc cauent e
balineis egressi statim frigidam suspectam hauriendo.
XXXVIII. Muscus qui in aqua fuerit podagris   72
inlitus prodest, idem oleo admixto talorum dolori
tumorique. Spuma aquae adfrictu uerrucas tollit nec
non harena litorum maris, praecipue tenuis et sole
candens ; in medicina est siccandis corporibus cooper-
tis hydropicorum aut rheumastismos sentientium.

Et hactenus de aquis, nunc de aquatilibus. Ordiemur autem, ut in reliquis, a principalibus eorum,
quae sunt salsa ac spongea.

XXXIX (7). Sal omnis aut fit aut gignitur,   73
utrumque pluribus modis, sed causa gemina, coacto
umore uel siccato. Siccatur in lacu Tarentino aes-
tiuis solibus, totumque stagnum in salem abit, modi-
cum alioqui, altitudine genua non excedens, item in
Sicilia in lacu qui Cocanicus uocatur, et alio iuxta
Gelam. Horum extremitates tantum inarescunt, sicut
in Phrygia, Cappadocia, Aspendi, ubi largius coquitur et usque ad medium. Aliud etiam in eo mirabile,

et *om. EaX* || e *RVFTd* : a *EaX* || balineis *RVF* : baln- *EaXTd* ||
egressi *Ra* : -esi *E* -essis *Td* -issi *VF* || suspectam *rVFTdEa* :
susceptam *R*.
72 podagris *RVFTd* : -gra *rEa* -gre *X* || idem *rVTd* : ideo *R*
item *EaX*, *om. F* || tumorique *r in ras.*, *EaXTd* : tumorque *VF* ||
et *rEaXTd* : set *R* sed *VF* || hydropicorum *EaXTd* : dydro- *VF*
didro- *R* || et hactenus *RVFTdX* : hactenus uero *a*, *E non legi-
tur* || ut *om. EaX* || salsa ac *RVFTd* : salsaci (?) *r* sal ac *EaX*.
73 coacto umore *rEaXTd* : coat.. re *R* -tuum ore *VF* || sic-
cato *rEaXTd* : -cam *RVF* || salem *uett.* : -le *codd.* || abit *Td* :
habet *RVF* id *rEaX* || genua *RVFTd* : ex g- *Ea* et g- *X* || item
non excedens *RVF praua iteratione*, item non cedens *r* || sicilia
in *REaXTd* : -liam *VF* || cocanicus *rVFa²E²X* : conca- *a¹* coca-
nicum *E¹* -nius *R* || phrygia *REaXTd* : prigia *VF²* pigria *F¹* ||
largius *rEaXTd* : -gio *RVF* || medium *RVF* : medium lacum
rEaXTd || eo *rEaXTd* : quo *RVF*.

la nuit la même quantité de sel qu'on en enlève le jour.
Le sel des marais salants est toujours en poudre et jamais
74 en blocs. Une autre espèce de sel est produite spontanément par l'eau de mer sous la forme d'une écume [1]
abandonnée à l'extrême limite du rivage et sur les
rochers. Tout ce sel provient de la condensation des
embruns [2] et celui qu'on trouve sur les rochers est plus
piquant. Il y a encore trois différences naturelles. En
effet à Bactres deux vastes lacs, tournés l'un vers les
Scythes, l'autre vers les Arii [3], débordent de sel ; de la
même façon, près de Citium à Chypre [4] et aux environs
de Memphis [5] on extrait le sel d'un lac, puis on le sèche
75 au soleil. Mais la surface des fleuves aussi se condense
en sel [1], le reste de l'eau coulant comme sous la glace ;
tels, près des portes Caspiennes [2], ceux qu'on appelle
« Fleuves de sel », et aussi du côté des Mardes [3] et des
Arméniens. De plus, en Bactriane encore [4], les fleuves
Ochus [5] et Oxus [6] charrient, des montagnes voisines, des
76 morceaux de sel. Il existe en Afrique aussi des lacs —
lacs d'eau trouble — qui contiennent du sel. En contiennent aussi des sources chaudes, comme celle de Pagasae [1]. Voilà les espèces de sel qui proviennent spontané-
77 ment des eaux. Il existe d'autre part des montagnes de

quod tantundem nocte subuenit quantum die aufe-
ras. Omnis e sta*g*nis sal minutus atque non glaeba est.
Aliud genus ex aquis maris sponte gignitur spuma 74
in extremis litoribus ac scopulis relicta. Hic omnis
rore densatur, et est acrior qui in scopulis inuenitur.
Sunt etiamnum naturales differentiae tres. Namque
in Bactris duo lacus uasti, alter ad Scythas uersus,
alter ad Arios, sale exaestuant, sicut ad Citium in
Cypro et circa Memphin extrahunt e lacu, dein sole
siccant. Sed et summa fluminum densantur in 75
salem, amne reliquo ueluti sub gelu fluente, ut apud
Caspias portas quae salis flumina appellantur, item
circa Mardos et Armenios. Praeterea et apud Bactros amnes Ochus et *Oxus* ex adpositis montibus
deferunt salis ramenta. Sunt et in Africa lacus, et 76
quidem turbidi, salem ferentes. Ferunt quidem et
calidi fontes sicut Pagasaei. Et hactenus habent se
genera ex aquis sponte prouenientia. Sunt et montes 77

---

quod *rEaXTd* : *om. RVF* || e stagnis *Sill.* : est alnis *RVFd* est
alius *T* est omnis *r* est *Ea, del. X.*
74 maris : -ri *Ea* || hic omnis *raVFTd* : hi om- *R* homnis *E* homi-
nis *X* || etiamnum *Td* : -nunc *X* et iannum *REa* etiam non *VF* ||
bactris duo *rEaXTd* : *om. RVF* || alter *rEaXTd* : *om. RVF* || ad
scythas uersus alter *om. R VFTd* || scythas *Ea²x* : cithas *a¹* || ad
arios *VFd* : a clarios *T* ad darios *rEa¹X* ad alios *R* ad dachos *a²* ||
exaestuant *RVTd* : adex- *F* estuat *EaX* || citium *uett.* : scythium
X || e *VFTd* : a *R, om. EaX* || dein *RVFEaX* : deinde *Td.*
75 sed *RVFTd* : sic *EaX* || salem *rEaX* : -le *RVFTd* || amne
TdX : ane *EaX* anem *RVF* || gelu *rEaXTd* : -lus *RVF* || fluente
REaXTd : -tem *VF* || armenios *r in ras., EaX* : amnen- *VFTd* ||
et apud *RVFTd* : apud *rEaX* || bactros *rEaX* : betros *RTd* bae-
VF || amnes *RVFTd* : -nis *EaX* || et oxus ex *Barb.* : ex his *RVFTd*
et yxisses *rX* et ix- *Ea.*
76 turbidi—quidem *om. VF* || habent *REaXTd* : -tes *VF* ||
sponte : ponte *VF.*
77 montes *RVFTdX* : -tibus *Ea.*

sel natif, comme l'Oromenus [1] en Inde, où il se taille
comme dans les carrières de pierre [2], mais il se reforme,
et les rois en tirent un revenu plus important que de
l'or et des perles. On l'extrait aussi de la terre, où il
est évidemment dû à la condensation de l'eau, en Cappadoce [3]. Ici en tout cas on le taille à la façon de la pierre
spéculaire ; les blocs en sont très lourds ; on les appelle
78 communément mica. A Gerra, ville d'Arabie [1], les remparts et les maisons sont faits de blocs de sel soudés à
l'eau. Le roi Ptolémée en trouva aussi près de Péluse [2], en construisant un camp. Suivant son exemple,
on commença à en découvrir ensuite entre Égypte et
Arabie dans les sites arides aussi, après avoir ôté la
couche de sable ; on en a trouvé de même en Afrique
aussi, à travers les pays de la soif jusqu'à l'oracle d'Ham-
79 mon, où il croît la nuit avec la lune. Il faut dire aussi
que les étendues de la Cyrénaïque sont célèbres par le
sel ammoniac [1], ainsi appelé lui-même parce qu'on le
trouve sous le sable. Il est d'une couleur semblable à
celle de l'alun nommé « schiston », formant des blocs
allongés, non transparents, d'un goût désagréable, mais
il est utile en médecine. On estime celui qui est le plus
diaphane et dont le clivage est rectiligne. On rapporte

natiui salis, ut ⟨in⟩ Indis Oromenus, in quo lapicidinarum modo caeditur renascens, maiusque regum uec-
tigal ex eo est quam ex auro atque margaritis.
Effoditur et e terra, ut palam est umore densato,
in Cappadocia. Ibi quidem caeditur specularium
lapidum modo ; pondus magnum glaebis, quas micas
uulgus appellat. Gerris Arabiae oppido muros domos- 78
que massis salis faciunt aqua feruminantes. Inuenit
et iuxta Pelusium Ptolemaeus rex, cum castra faceret.
Quo exemplo postea inter Aegyptum et Arabiam
etiam squalentibus locis coeptus est inueniri detractis
harenis, qualiter et per Africae sitientia usque ad
Hammonis oraculum, is quidem crescens cum luna
noctibus. Nam et Cyrenaici tractus nobilitantur 79
Hammoniaco et ipso, quia sub harenis inueniatur,
appellato. Similis est colore alumini, quod sc*h*iston
uocant, longis glaebis neque perlucidis, ingratus
sapore, sed medicinae utilis. Probatur quam maxime
perspicuus, rectis scissuris. Insigne de eo proditur,

in *add. uett., Mayh.* ‖ oromenus *rEaX* : ornemus *RVFTd* ‖
lapicidinarum *uett.* : lapidici- *rEaX* lapis idinearum *RVF* lapis
idinarum *Td* ‖ regum *RVFTd* : -gium *EaX* ‖ auro *EaXTd* : auro
est *RVF* ‖ et e *r in ras., Mayh.* : e *EaX, Jones, om. VFTd* ‖ ut
rEaX : aut *VFTd, om. R* ‖ densato *EaX* : -tur *RVFTd* ‖ caeditur
rEaX : et editur *RVFTd* ‖ glaebis *rEaTd* : -bris *RVFd*[1].
78 gerris *Hard.* : garris *RVEaX* car- *FTd* ‖ domosque *rEaXTd* :
-musque *RVF* ‖ massis *R,V*[2] *in ras., EaXTd* : marsis *F* ‖ aqua
rEaXTd : aqua *RVF* ‖ coeptus *REX* : cep- *aT* caep- *d* scep-
VF ‖ inuenire *R* ‖ sitientia usque *r in ras.* : sidentia us- *X* sit den-
tia us- *Ea* sitientibusque *VFTd* ‖ oraculum is *rEaXTd* : -culus
R -culum *VF*.
79 nam et *rEaX* : nam *RVFTd* ‖ cyrenaici *EaX* : quiremaici
RVFTd ‖ hammoniaco *rd*[2]*T* : ammon- *EaX* hammoiaco *RVF*
hammonico *d*[1] ‖ quia *rVFTd* : que *R* qui *EaX* ‖ colore *rEaX* :
corpore *RVFTd* ‖ schiston *uett.* : scis- *RFE* scys- *Td* cys- *X* ‖
schiston — utilis *om. a* ‖ ingratus *rEaXTd* : -to *RVF* ‖ insigne
rEaXTd : -gno *RVF* ‖ de eo *rVFaX* : deo *R* de co *E.*

sur ce sel un phénomène remarquable : très léger à l'intérieur des excavations où il se forme, il s'alourdit d'un
poids à peine croyable lorsqu'on l'apporte au grand jour.
La raison en est évidente : l'air humide des galeries soutient les ouvriers qui déplacent les blocs comme l'eau
soutient. On le falsifie avec le sel de Sicile que nous
avons appelé Cocanicus et avec celui de Chypre qui lui
80 ressemble étonnamment. En Espagne citérieure [1] également, à Egelesta, on en taille des blocs presque transparents ; la plupart des médecins lui accordent depuis
longtemps la palme sur toutes les autres espèces de sel.
Tout terrain où l'on trouve du sel est stérile et ne produit rien. Dans l'ensemble les remarques ci-dessus contiennent tout ce qui concerne le sel natif.

81 Quant au sel artificiel, il en existe des espèces variées.
Le sel commun et le plus abondant se forme dans des
salines [1] où l'on a déversé de l'eau de mer sans oublier
d'y amener de l'eau douce ; mais la pluie l'y aide au plus
haut point, et surtout beaucoup de soleil et de lune [2] :
autrement il ne sèche pas. L'Afrique, aux environs
d'Utique, élève des amas de sel en forme de collines :
lorsque le soleil et la lune les ont durcis, l'eau ne peut
plus du tout les dissoudre et le fer même les entaille à
peine. En Crète cependant, on le produit par déverse-

quod leuissimus intra specus suos in lucem uniuer-
sam prolatus uix credibili pondere ingrauescat.
Causa euidens, cuniculorum spiritu madido sic
adiuuante molientes, ut adiuuant aquae. Adulteratur Siculo quem Cocanicum appellauimus, nec non
et Cyprio mire simili. In Hispania quoque citeriore 80
Egelestae caeditur glaebis paene translucentibus,
cui iam pridem palma a plerisque medicis inter
omnia salis genera perhibetur. Omnis locus in quo
reperitur sal sterilis est nihilque gignit. Et in totum
sponte nascens intra haec est.

Facticii uaria genera. Volgaris plurimusque in 81
salinis mari adfuso non sine aquae dulcis riguis, sed
imbre maxime iuuante ac super omnia sole multo
⟨luna⟩que aliter non inarescens. Africa circa Vti-
cam construit aceruos salis ad collium speciem, qui
ubi sole lunaque induruere, nullo umore liquescunt
uixque etiam ferro caeduntur. Fit tamen et in Creta

---

credibili Td^2 : -le $RVFd^1EaX$ ‖ spiritu r in $ras.$, V EaX :
spritu F spiritum Td ‖ madido r in $ras.$, Td : madi VF ad id EaX ‖
sic $rEaXT$: sicut $RVFd$ ‖ adiuuante $rXTd$: -tem Ea -tes RVF ‖
molientes $rEaXTd$: $om.$ RVF ‖ ut $RVFTd$: $om.$ EaX ‖ adiuuant
aquae $RVFTd$: adiuuent aque Ea ad inuentaque X ‖ cocanicum
$RVFTdX$: cacon- d canon- T ‖ cyprio $uett.$: -prium $codd.$
80 egelestae : -laste r ‖ translucentibus $EaXTd$: tral- RVF ‖
cui $VFTdX$: cumi R cum rEa ‖ palma X : -mam Ea palam
$RVFTd$ ‖ a $RVFTd$: $om.$ EaX ‖ salis $rEaXTd$: solis RVF ‖
omnis $rEaXTd$: omni RVF ‖ in quo : a quo F ‖ intra RVF :
inter $EaXTd$ ‖ est $rEaTd$: sunt X, $om.$ RVF.
81 facticii $rEaX$: facti $RVFTd$ ‖ plurimusque $rEaX$: -ibusque
RVF -ibus Td -ralibusque F^1 ‖ aquae (aque TdX) $Jones$: aquis
$RVFEa$, $Mayh.$ ‖ dulcis $codd.$, $Jones$: -cibus $Mayh.$ ‖ riguis
$rEaXTd$: regus R rugis VF ‖ $post$ multo $lacunam$ $indic.$ $Mayh.$ ‖
lunaque ego e $coniect.$ $Mayh.$ in $app.$: que RVF, $om.$ $EaXTd$ ‖
aliter non $RVFEa$: non al- X aliterque non Td ‖ inarescens
$rEaX$: ares- RVF ‖ africa $EaXTd$: -cam RVF ‖ construit :
constituta Td ‖ salis $rEaXTd$: solis RVF ‖ lunaque $rEaX$: lana-
$RVFTd$.

ment d'eau de mer dans les salines, sans adduction
⟨d'eau douce⟩ et, du côté de l'Égypte, par pénétration
spontanée de la mer dans le sol, qui est, je pense, impré-
gné par le Nil. On le produit aussi en apportant aux
82 salines de l'eau de puits [3]. A Babylone, la condensation
donne d'abord un produit concentré sous forme d'un
bitume liquide semblable à de l'huile et dont on se sert
même pour les lampes. Lorsqu'on l'enlève, on trouve le
sel au-dessous [1]. En Cappadoce [2] également, on amène aux
salines l'eau des puits et d'une fontaine. En Chaonie [3],
on fait bouillir l'eau d'une fontaine, et par refroidissement on obtient un sel insipide qui n'est pas blanc.
83 Dans les pays de Gaule et de Germanie [1], on verse de
l'eau salée sur des bûches qui brûlent. XL. Dans une
région d'Espagne, on en tire des puits et on l'appelle
saumure. En tout cas, Gaulois et Germains estiment que
le bois a aussi son importance : le chêne est le meilleur,
car la cendre pure qu'on en tire reproduit par elle-même
les propriétés du sel ; ailleurs on apprécie le coudrier.
Ainsi, lorsqu'on y verse de l'eau salée, l'arbre même se
change en sel. Tout sel fabriqué avec du bois est noir [2].
Je trouve chez Théophraste que les Ombriens [3] avaient
coutume de faire bouillir à l'eau la cendre de roseau et
de jonc jusqu'à ce qu'il ne restât que très peu de liquide.
On l'obtient encore en faisant recuire la saumure des
salaisons, et il retrouve sa forme naturelle quand tout

sine riguis mare in salinas infundentibus et circa
Aegyptum ipso mari influente in solum, ut credo,
Nilo sucosum. Fit et puteis in salinas ingestis.
Prima densatio Babylone in bitumen liquidum 82
cogitur oleo simile, quo et in lucernis utuntur. Hoc
detracto subest sal. Et in Cappadocia e puteis ac fonte
aquam in salinas ingerunt. In Chaonia excocunt
aquam e fonte refrigerandoque salem faciunt iner-
tem nec candidum. Galliae Germaniaeque ardentibus 83
lignis aquam salsam infundunt ; XL. Hispaniae
quadam sui parte e puteis hauriunt muriam appellantes. Illi quidem et lignum referre arbitrantur.
Quercus optima, ut quae per se cinere sincero uim
salis reddat, alibi corylus laudatur. Ita infuso liquore
salso arbor etiam in salem uertitur. Quicumque ligno
confit sal niger est. Apud Theophrastum inuenio
Vmbros harundinis et iunci cinerem decoquere aqua
solitos, donec exiguum superesset umoris. Quin et
e muria salsamentorum recoquitur iterumque con-

---

sine *rEaX* : sunt in e *VFTd* sunt .. ne *R* ‖ mari *X* :
-re *RVFTdEa* ‖ influentem *Ea* ‖ sucosum *rEaXTd* : insu- *RVF* ‖
puteis *RVFTda* : -teus *E* e puteis *X*.

82 babylone *uett.* : -nie *TdX* -niae *RVFEa* -nae *r* ‖ quo
RVFTdX : quod *rEa* ‖ hoc *RVFTd* : *om. EaX* ‖ cappadocia
(capa-) *RVFEad*[1] : -cie *TX* -ciae *d*[2] ‖ e *rEad*[1] : *om. RVFTd*[2]*X* ‖
aquam *uett.* : quam *codd.* ‖ c(h)aonia *RVFTd* : gao- *EaX* ‖ e
Mayh. : ex *uett.* et *rEaX, om. RVFTd* ‖ faciunt *rEaXTd* : -ciant
RVF ‖ nec candidum *rEaXTd* : negan- *RVF*.

83 hispaniae *rEaXTd* : -nia *RVF* ‖ quadam *rEaXTd* : quidam
RVF ‖ e *Td* : *om. cett.* ‖ hauriunt *EaXTd* : -rium *VF* aurium *R* ‖
muriam *rEaX* : -rium *RVFTd* ‖ appellantes *RVFTd* : -tes et *r*
appellant et *EaX* ‖ quae *EaXTd* : qui *RVF* ‖ cinere *RVFTd* :
-rem *rEaX* ‖ sincero *RVFEaX* : -re *Td* ‖ arbor *rEaX, Detl.* :
carbo *RVFTd* ‖ quicumque *RVFTd* : quicum *EaX* ‖ confit
RVFEaX : -ficitur *Td* ‖ umbros *RVTd* : -bro *F* -bres *a* -bra *rE*
cimbros *X* ‖ iunci *EaXTd* : -cis *RVF* ‖ solitos *rEaXTd* : -tus
RVF ‖ umoris *rTd* : -res *RVF* moris *EaX*.

le liquide s'est évaporé ; le plus agréable est, de l'avis commun, celui qu'on tire de la saumure d'anchois.

84 XLI. Parmi les sels marins, le plus estimé est le cypriote de Salamine [1] ; parmi ceux des marais salants, le sel de Tarente et le Phrygien, appelé sel de Tatta [2]. Ces deux derniers sont bons pour les yeux. Celui qu'on importe de Cappadoce en briquettes [3] passe pour donner de l'éclat à la peau. Cependant le sel que nous avons appelé le sel de Citium [4] la fait plus tendue : aussi l'applique-t-on,

85 mêlé de nigelle [5], au ventre après l'accouchement. Plus un sel est sec, plus il est salé. Celui de Tarente est le plus agréable de tous et aussi le plus blanc ; mais par ailleurs un sel très blanc est friable. La pluie adoucit le sel, quel qu'il soit, la rosée le rend cependant plus agréable, tandis que les souffles de l'aquilon le font abondant [1]. Par vent du midi, il n'en naît pas. La fleur de sel [2] ne se produit que par vent d'aquilon. Le sel de Tragasae [3] et le sel d'Acanthus [4], nommés d'après les villes, ne crépitent ni ne sautent au feu, ni aucun sel provenant d'écume ou de raclure, ni le sel fin. Le sel d'Agrigente [5] supporte les flammes mais saute quand on le mouille. Il existe aussi

86 des différences de couleur [1] : rouge à Memphis, le sel est

sumpto liquore ad naturam suam redit, uulgo e menis iucundissimus.

XLI. Marinorum maxume laudatur Cyprius a 84 Salamine, de stagnis Tarentinus ac Phrygius qui Ta*t*-t*a*eus uocatur. Hi duo oculis utiles. E Cappadocia qui in laterculis adfertur, cutis nitorem dicitur facere. Magis tamen extendit is quem Citium appel- lauimus, itaque a partu uentrem eo cum melanthio inlinunt. Salsissimus sal qui siccissimus, suauissi- 85 mus omnium Tarentinus atque candidissimus, *s*et de cetero fragilis qui maxime candidus. Pluuia dul- cescit omnis, suauiorem tamen rores faciunt, sed copiosum aquilonis flatus. Austro non nascitur. Flos salis non fit nisi aquilonibus. In igni nec crepitat nec exilit Tragasaeus neque Acanthius, ab oppido appellatus, nec ullus e spuma aut ramento aut tenuis. Agrigentinus ignium patiens ex aqua exilit. Sunt et colorum differentiae. Rubet Memphi, rufus 86

84 cyprius *RVFT²d* : -prus *T¹* qui prius *rEaX* ‖ salamine *RVFTd* : -nea *raX*, *E non legitur* ‖ de *codd.* : e *Mayh.* ‖ phrygius *Td* : pigrius *R in ras.*, prigius *VF* hrygius *rEaX* ‖ qui *VFEaXTdr* : qua *R* ‖ tattaeus *uett.* : tateus *raTd* thareus *X* tacteus *VF* teus *R*, *E non legitur* ‖ utiles *rEaX* : humiles *RVFTd²* humles *d¹* ‖ e *VFTd* : et *R* ac *rX* a *a*, *E non legitur* ‖ cutis *rEaX* : scu- *RVFTd* ‖ nitorem *rEaXTd* : nifo- *RVF* ‖ appellauimus *VFEaXTd* : -lau- mus *r* -latum *R* ‖ a : ad *X* ‖ partu *aTd* : -tum *r in ras.*, *EX* -te *VF*.

85 salsissimus *rEaXTd* : -mu *R* -mum *VF* ‖ atque : at *T* ‖ set *Mayh.* : et *codd.* est *Urlichs* 698 ‖ de *om. R* ‖ dulcescit *VFTd* *EaX* : -cet *R* ‖ rores *rEaX* : -re *RVFTd* ‖ flatus *REaXTd* : -tis *VF* ‖ igni *rEaXT* : -ne *RVFd* ‖ nec crepitat *rEaXTd* : crep- *RVF* ‖ tragasaeus *RVEaX* : -saeius *F* -geseus *Td* ‖ acanthius *EaX* : achantus *rTd* cantus *R* cantis *VF* ‖ nec *rEaXTd* : ne *RVF* ‖ ullus *RVF* : ullius *rVFTd, Mayh.* ‖ e *d* : ex *T*, *om. cett. Mayh.* ‖ aut *VFTd* aut at *r in ras.*, *EaX* ‖ ramento *codd.* : -tum *uett. Mayh.* -ta *Jones* ‖ aut tenuis *codd.*, *Jones* : tenuis *Detl.* tenuius *Mayh.* ‖ patiens *rEaXTd* : -ties *RVF*.

86 differentiae *REaXTd* : -tiam *VF*.

roux aux abords de l'Oxus, pourpré à Centuripes, à
Géla — toujours en Sicile — il a un tel éclat qu'il réflé-
chit l'image des objets. En Cappadoce, on extrait un sel
couleur de safran, translucide et très odorant. On recommandait surtout autrefois le sel de Tarente pour les
besoins de la médecine [2], et après lui n'importe quel sel
marin, de préférence, en l'espèce, le sel d'écume [3] ; mais
celui de Tragasae et de Bétique pour les yeux [4] des bêtes

87 de somme et des vaches. Pour l'alimentation et pour la
table les plus avantageux sont les sels qui se dissolvent
aisément et qui sont les plus humides, car ils ont moins
d'amertume, par exemple celui d'Attique [1] et d'Eubée.
Un sel piquant et sec, comme celui de Mégare [2], convient
mieux à la conservation des viandes. On l'accommode
aussi en y ajoutant des parfums, et il tient lieu de sauce :
il excite l'appétit, engage à manger des aliments de toute
sorte ; c'est pourquoi son goût spécifique est celui qu'on
saisit parmi d'innombrables assaisonnements ; et c'est
encore lui qu'on cherche quand on consomme du garum [3].

88 Bien plus, rien ne stimule mieux que le sel l'appétit des
moutons, du gros bétail et des bêtes de somme [1] ; leur
lait est plus abondant [2] et leur fromage est même d'une
qualité beaucoup plus agréable. Concluons : sans sel, ma
foi ! on ne peut mener [3] de vie civilisée ; c'est une subs-

est circa Oxum, Centuripis purpureus, circa Gelam
in eadem Sicilia tanti splendoris ut imaginem reci-
piat. In Cappadocia crocinus effoditur, tralucidus
et odoratissimus. Ad medicinae usus antiqui Taren-
tinum maxime laudabant, ab hoc quemcumque e
marinis, ex eo genere spumeum praecipue, iumentorum uero et boum oculis Tragasaeum et *B*aeticum.
Ad opsonium et cibum utilior quisquis facile liques- 87
cit, item umidior ; minorem enim amaritudinem
habent, ut Atticus et Euboicus. Seruandis carnibus
aptior acer et siccus, ut Megaricus. Conditur etiam
odoribus additis et pulmentari uicem implet, exci-
tans auiditatem inuitansque in omnibus cibis ita ut
sit peculiaris ex eo intellectus inter innumera condi-
menta ; item in mandendo quaesitus garo. Quin et 88
pecudes armentaque et iumenta sale maxime solli-
citantur ad pastus, multum largiore lacte multoque
gratiore etiam in caseo dote. Ergo, Hercules, uita
humanior sine sale non quit deg*i*, adeoque neces-

circa oxum *RFVa* : circa uxum *Td* ciroxum *E* cyroxum *X* ||
centuripis *rEaX* : -tum ripis *RVFTd* || purpureus *rEaX* : -reis
RVFTd || eadem *RVFTd* : ea *rEaX* || ut imaginem *RVFTd* :
uti magnitudinem *EaX* || crocinus *RVFad*[1] : -neus *d*[2] cronicus
E || medicinae *rEaXTd* : -na *RVF* || ab *X* : ad *cett.* || quemcumque
RVEaXTd[2] : cumque *F* quemque *d*[1] || boum *RVFTd* : bouum
Ea bouium *X* || baeticum *uett.* : pet- *rVFEaXTd* pit- *R*.
87 ut *Td* : tu *RVF*, *del. r*, *om. EaX* || conditur *RVFTd* : -tus
EaX || additis *rEaXTd* : -tus *RVF* || excitans *rEaXTd* : *om.*
RVF || item *E*[2]*a, Mayh.* : ita *E*[1] ita est *X* iterum *RVFTd, Sill.*
interim *Jan* ciborum item *Jones* || mandendo *rEaXTd* : mad-
RVF.
88 armentaque *X* : -toque *Ea* -to quae *r* -tatio *RVFTd* ||
iumenta *RVFTdX* : -to *rEa* || pastus *REaXTd* : -tis *VF* || multum
RVFEaX, Jones : -lto *Td uett.* -to tum *Mayh.* || largiore *F* : -res
cett. || lacte *REaXTd* : lacto *V*[2]*F* iacto *V*[1] || multoque *rEaXTd* : que
RVF || gratiore *VFTd* : -rem *r in ras, EaX* || ergo *RVFTdX* :
ego *Ea* || uita *RVFTdX* : -tae *Ea* || quit *TdEaX* : quid *RVF* ||
degi *ego ex app. Mayh., cf. adnot.* : degere *RVFEaXd, Mayh.*
digerere *T* || adeoque *rEaX* : adeo ergo *RVFTd.*

tance à ce point nécessaire [4] qu'elle désigne aussi par métaphore les plaisirs intellectuels ; c'est, en effet, le se qui leur donne leur nom [5], et tout l'agrément de la vie, l'extrême gaieté, le délassement après les fatigues n'ont

89 pas de mot qui les exprime mieux. Il est mêlé même aux honneurs et au service des armes, d'où le terme de « salaire » ; il était aussi d'une grande importance chez les Anciens, comme il appert du nom de la *Via Salaria* [1], puisque c'est par elle qu'on était convenu de faire transporter le sel chez les Sabins. Le roi Ancus Marcius [2] accorda au peuple en congiaire 6 000 boisseaux de sel et, le premier, établit des salines. Varron atteste aussi que les Anciens s'en servaient en guise de sauce, et le proverbe [3] montre qu'ils mangeaient du sel avec le pain. Cependant, c'est surtout dans les cérémonies sacrées qu'on en voit l'importance, puisqu'aucune ne s'accomplit sans farine salée [4].

90 XLII. Le trait spécifique principal qui distingue traditionnellement les salines pures de tout mélange, c'est une sorte de cendre de sel, ce qu'il y a de plus léger et de plus blanc en cette matière. On appelle aussi « fleur de sel » [1] une substance totalement différente, naturellement plus aqueuse, d'une couleur safran ou rousse, comme une rouille de sel, et qui, par son odeur désagréable comme celle du garum, se distingue du sel, et non pas seulement de l'écume de sel. L'Égypte l'a décou-

91 verte et on en voit [2] qui est entraînée par le Nil. Cepen-

sarium elementum est, uti transierit intellectus ad
uoluptates animi quoque ; a sale enim appellantur,
omnisque uitae lepos et summa hilaritas laborum-
que requies non alio magis uocabulo constat. Hono- 89
ribus etiam militiaeque interponitur, salariis inde
dictis, magna apud antiquos et auctoritate, sicut
apparet ex nomine Salariae uiae, quoniam illa salem
in Sabinos portari conuenerat. Ancus Marcius rex
salis modios vi in congiario dedit populis et salinas primus instituit. Varro etiam pulmentari uice
usos ueteres auctor est, et salem cum pane esitasse
eos prouerbio apparet. Maxime tamen in sacris
intellegitur auctoritas, quando nulla conficiuntur
sine mola salsa.

XLII. Salinarum sinceritas summam fecit suam 90
differentiam quandam fauillam salis quae leuissima
ex eo est et candidissima. Appellatur et flos salis,
in totum diuersa res umidiorisque naturae et crocei
coloris aut rufi, ueluti robigo salis, odore quoque
ingrato ceu gari dissentiens a sale, non modo a spuma.

---

uti *RVFTd* : ut *rEaX* ‖ uoluptates *RVTFd* : -tem *rEaX* ‖ a
sale enim *ego* : nimia sale (-les *rE²aX* -lesque *E¹*) *codd.* nimias.
sales *Jones* eximias. sales *Mayh.* nimirum a sale *Jan*, nam ita
sales *Hard. uett.* ‖ alio *RVFTdX* : alia *Ea* ‖ uocabulo *RVFTdX* :
-la *Ea.*

89 salariis *X* : -ris *cett.* ‖ et auctoritate *RVFTd* : auc- *EaX*
Jones ‖ salem *RVFXTd* : -le *Ea* ‖ marcius *RVFTd* : mancius
Ea mantius *X* ‖ rex *REaXTd* : sex *VF* ‖ salis (alis *F*) modios
RVF : modios salis *Td* salis modia *EaX* ‖ VI *REa* sex milia *X* :
ut *VFTd* ‖ uice *r in ras.*, *EaXTd* : uite *V* -tae *F* ‖ usos *RVFEaXd²* :
usus *Td¹* ‖ et *RVFTd* : hesitasse *X*, *om. Ea* ‖ salem *rEX* : -le
cett. ‖ esitasse eos *RVFTd* : et caseos *Ea* et -seo *X*.

90 salinarum *rEaX* : sabi- *RVFTd* ‖ quandam *RVFTdX* :
quadam *Ea* ‖ fauillam *codd.* : -la *uett.* ‖ umidiorisque *R* : -resque
rVFEa²Td umioresque *a¹* ‖ ueluti *rEaXTd* : -liti *RVF* ‖ gari
uett. : cari *RVFEaXd* can *T.*

dant, elle surnage aussi dans certaines fontaines. Ce qu'elle a de meilleur, c'est une sorte d'huile grasse qu'on en tire ; car, pour notre étonnement, il y a, jusque dans le sel, une substance grasse. Mais on falsifie la fleur de sel et on la colore avec de la terre rouge ou le plus souvent avec de la brique pilée ; fraude que l'on découvre en enlevant à l'eau cette couleur artificielle, alors que la véritable ne disparaît qu'à l'huile et que les parfumeurs [1] l'utilisent beaucoup pour sa couleur. Dans les récipients la partie blanche [2] est à la surface, mais le

92 milieu est plus humide, comme nous l'avons dit. La fleur de sel est naturellement [1] âcre, échauffante, mauvaise pour l'estomac, sudorifique, purgative dans du vin et de l'eau, bonne pour les médicaments délassants et les liniments détersifs. Elle fait aussi tomber les poils des paupières [2]. On agite le sédiment qui se forme au fond, pour faire reparaître la couleur de safran. Outre ces produits, on donne encore dans les salines le nom de *sal-sugo* [3] (saumure) — d'autres disent *salsilago* — à une substance entièrement liquide, qui se distingue de l'eau de mer par son caractère plus salé.

93 XLIII. Il existe encore une autre espèce de liquide recherché, appelée *garum* [1] : on fait macérer dans du sel des intestins de poissons, et d'autres parties qu'il aurait fallu jeter, si bien que le fameux garum est la sanie de

Aegyptus inuenit uideturque Nilo deferri. Et fon- 91
tibus tamen quibusdam innatat. Optimum ex eo quod
olei quandam pinguitudinem reddit ; est enim etiam
in sale pinguitudo, quod miremur. Adulteratur
autem tinguiturque rubrica aut plerumque testa
trita, qui fucus aqua deprehenditur diluente facti-
cium colorem, cum uerus ille non nisi oleo resolua-
tur et unguentarii propter colorem eo maxime
utantur. Canitia in uasis summa est, media uero pars
umidior, ut diximus. Floris natura aspera, excal- 92
factoria, stomacho inutilis, sudorem ciet, aluum
soluit in uino et aqua, acopis et zmecticis utilis.
Detrahit et ex palpebris pilos. Ima faecis concutiun-
tur, ut croci color redeat. Praeter haec etiamnum
appellatur in salinis salsugo, ab aliis salsilago, tota
liquida, a marina aqua salsiore ui distans.

XLIII. Aliud etiamnum liquoris exquisiti genus, 93
quod garum uocauere, intestinis piscium ceterisque

inuenit *RVFTd* : -nitur *EaX* || nilo *rEaX* : nudo *RVFd* nido
nudo *T* || deferri *uett.* : differi *codd.* || innatat*r EaX* : -tant *RVFTd.*
91 olei *r in ras., EaX* : olet *VFTd* || sale *REaXTd* : -lo *VF* ||
rubrica *RVFTdX* : lub- *r* || trita *RVFTd* : tria *F* tia *Ea* cia
X tusa *r* || aqua *EaXTd²* : -am *RVFd¹* || diluente *rEaX T¹F* :
del- *RVT²d* || colorem *rEaX* : coherent *RVFTd* || ungentari *VF* ||
summa *rEaX* : in summa *RVFTd* || media *rEaXTd* : -dio *RVF* ||
uero *EaXTd* : -ra *RVF.*
92 excalfactoria *RVFEaX* : excalef- *Td* || acopis *RVFTd* :
-piis *rEaX* || zmecticis *Jan* : zmed- *R* zmet- *rVFTd* met- *X* ||
pilos *EaXTd* : philos *RVF* || ima *rEaX* : ime *R* imae *VF* effica-
cissime *Td* || faecis *rEaX* : effecis *R* ficis *VF* feces *Td* || ut *REaXTd* :
ui *VF* || croci *rVFdEaX* : groci *R* coccei *T* || praeter *r in ras.,*
EaX : -terea *VFTd* || salsilago *RVFT²dEX* : sasil- *a* salsul- *T¹* ||
tota *r in ras., EaXTd²* : toto *d¹* tot *VF* || liquida *rTd* : ali- *EaX, om.*
RVF || a marina *VF* (*R* ?) : mar- *cett.* || -salsiore *FTd* : salsior. *R*
-sior *rEaX* sulsiore *V* || ui distans *RVF* : cui dis- *rEaX* distans
uidi *Td.*
93 aliud *RTd* : aliut *V²* aliiud *r* alii ut *EaX* aunt *V¹* aliter
F || etiamnum *VFTd* : -annum *REa* -amnunc *X* || intestinis
RVFTdX : intesinis *Ea.*

matières en putréfaction [2]. On le fabriquait autrefois
avec le poisson appelé *garos* par les Grecs [3], lesquels
signalaient que les fumigations faites avec sa tête brûlée
94 faisaient sortir l'arrière-faix. (8). Le plus raffiné se fait
aujourd'hui à partir du scombre [1] dans les cuves [2] de
Carthago Spartaria [3], on l'appelle le garum de la Compagnie [4] ; mille sesterces permettent d'en obtenir environ
deux conges ; et il n'y a pour ainsi dire pas de liquide,
excepté les parfums, qui ait pris tant de valeur [5], il fait
même la renommée des peuples qui le produisent. La
Mauritanie d'une part, et Carteia [6] d'autre part, en
Bétique, prennent les scombres quand ils entrent venant
de l'Océan ; ils ne servent à rien d'autre. Sont aussi réputés pour leur garum Clazomènes [7], Pompéi et Leptis,
comme pour leur saumure Antibes [8] et Thurii, auxquels
95 s'ajoute maintenant la Dalmatie. XLIV. L'allex [1],
rebut du garum, n'est qu'une lie grossière et mal filtrée.
Cependant on s'est mis à en préparer aussi spécialement
avec un poisson tout petit et sans valeur : nous l'appe-
lons *apua* [2], les Grecs *aphyé*, parce que ce petit poisson
est engendré par la pluie. Les gens de Fréjus le font
avec un poisson qu'ils appellent loup. L'allex est devenu

quae abicienda essent, sale maceratis, ut sit illa
putrescentium sanies. Hoc olim conficiebatur ex
pisce quem Graeci garon uocabant, capite eius usto
suffitu extrahi secundas monstrantes, (8) nunc e 94
scombro pisce lautissimum in Carthaginis spartariae cetaris — sociorum id appellatur —, singulis
milibus nummum permutantibus congios fere binos.
Nec liquor ullus paene praeter unguenta maiore in
pretio esse coepit, nobilitatis etiam gentibus. Scombros
et Mauretania Baeticaeque et Carteia ex oceano
intrantes capiunt, ad nihil aliud utiles. Laudantur
et Clazomenae garo Pompeique et Leptis, sicut
muria Antipolis ac Thurii, iam uero et Delmatia.
XLIV. Vitium huius est allex atque imperfecta nec 95
colata faex. Coepit tamen et priuatim ex inutili
pisciculo minimoque confici. Apuam nostri, aphyen
Graeci uocant, quoniam is pisciculus e pluuia nascatur. Foroiulienses piscem ex quo faciunt lupum
appellant. Transiit deinde in luxuriam, creuerunt-

suffitu *RVFTd* : -to *EaX* || secundas *RVFTdX* : senc- *Ea* ||
monstrantes *RVFTd* : morantes *rEaX*.
94 scombro *rEaX* : scon- *V* scum- *Td* sconpro *F* sumpro *R* ||
lautissimum *R* : lati- *VF* laudati- *EaXTd* || spartariae *rXT²d²* :
sphar- *Ea* sparfariae *RVFT¹d¹* || cetaris *r* : ceteris *cett.* || con-
gios *rEaXTd* -gius *RVF* || fere *RVFTdX* : paene *rEa* || ullus
RVFTdX : nullus *Ea* || in *RVFTd* : *om. EaX* || scombros *rEaXT* :
-bro *RVFd* || intrantes *uett.* : -tis *codd., Sill.* || ad : et *R* || aliud
rEaXTd : -um *RVF* || utiles *uett.* : -le est *codd.* || clazomenae
REa : gla- *X* glau- *VFTd* || pompeique *REaX* : pompei *VFTd* ||
et *rEaTdX* : *om. RVF* || ac *REaXTd* : ae *V* aet *F* || thurii *FX* :
thuri *rVEa* t(h)uria *RTd* || delmatia *Ea* : dal- *r in ras., X* del
matha *VFTd*.
95 est allex (alex *R*) *RVFX* : allex est *Td* est et allex *rEa* ||
colata *RVFEaX* : -te *Td* || faex *rEaXTd* : efex *RVF* || et priua-
tim *r in ras., EaX* : *om. VFTd* || confici *RVFEaXTd* : -ci apiam
T conciq. *R* || quoniam is *EaX* : quoniam *VFTd* quod *R* || nascatur
RVFTd : -citur *rEaX* || foroiulienses *RVFTd* : faro- *r* farro-
EaX || luxuriam *EaX* : -xuria *Td* -xoria *VF* -xorio *R* || creuerunt-
que *RVFTd* : -runt *EaX*.

ensuite un objet de luxe, les espèces s'en sont multi-
pliées à l'infini ; par exemple, il existe un garum ayant
la couleur du vin miellé, si liquide et si agréable qu'on
peut le boire. Il en est une autre espèce, réservée aux
pratiques superstitieuses de la continence et aux cérémonies religieuses des Juifs, que l'on prépare avec des
poissons non dépourvus d'écailles [3]. Ainsi l'allex a étendu
son domaine aux huîtres, aux oursins, aux orties de mer,
aux foies de surmulet, et l'on s'est mis à faire putréfier
le sel de mille façons pour les plaisirs de bouche.

96   Voilà les remarques qu'on peut faire au passage sur
les goûts du siècle. Cependant cette substance n'est pas
sans usage en médecine. On guérit, en effet, la gale des
moutons [1] avec de l'allex que l'on fait couler par une
incision de la peau, il est bon contre les morsures du
chien [2] et du dragon marin ; mais en ce cas on l'appli-
97   que sur de la charpie. Le garum [1], de son côté, guérit
les brûlures récentes, si on le verse sans prononcer le
mot « garum ». Il est utile aussi contre les morsures de
chien et surtout contre celles du crocodile, et dans les
ulcères serpigineux ou sordides. Il est encore d'un merveilleux secours dans les ulcères et les douleurs de la
bouche et des oreilles. La saumure également — ou bien
la *salsugo* dont nous avons parlé — est astringente,
piquante, exténuante, siccative ; elle est bonne pour la
dysenterie, même quand les ulcérations envahissent
l'intestin ; on la donne en lavement dans les cas de sciatique et d'affections céliaques chroniques. On l'applique

que genera ad infinitum, sicuti garum ad colorem
nulsi ueteris adeoque diluta suauitate ut bibi possit.
Aliud uero ⟨est⟩, castimoniarum superstitioni
tiam sacrisque Iudaeis dicatum, quod fit e piscibus
squama ⟨non⟩ carentibus. Sic allex peruenit ad
ostreas, echinos, urtica maris, mullorum iocinera,
innumerisque generibus ad sapores gulae coepit sal
abescere.

Haec obiter indicata sint desideriis uitae. Et ipsa **96**
amen non nullius usus in medendo. Namque et
allece scabies pecoris sanatur infusa per cutem
ncisam, et contra canis morsus draconisue marini
prodest, in linteolis autem concerptis inponitur.
Et garo ambusta recentia sanantur, si quis infundat **97**
ac non nominet garum. Contra canum quoque morsus prodest maximeque crocodili et ulceribus quae
serpunt aut sordidis. Oris quoque et aurium ulceribus aut doloribus mirifice prodest. Muria quoque
siue illa salsugo spissat, mordet, extenuat, siccat,
dysintericis utilis, etiam si nome intestina corripiat, ischiadicis, coeliacis ueteribus infunditur.

---

infinitum *EaXd* : -fitum *RVFT* ‖ ad *RVFTda* : in *EX* ‖ diluta
suauitate *ego* : -tam -tem *codd..*, *uett.* ‖ est *Mayh.* : ad *codd.* ‖
non carentibus *ego* : .... caren .. tibus *R* carent- *rEaXTd*
maceretnentibus *VF* ‖ echinos *r in ras.* : -nas *EaX* -nus
VFTd ‖ urticas *rEaXTd* : *om.R VF* ‖ maris *RVFTd* : camaris
EaX ‖ mullorum *EaX* : multo- *RVFTd* ‖ iocinera *RVFTd* : -re
EaX ‖ sapores *TdX* : -ris *RVFEa* ‖ gulae *EaX* : gile *RVF* cyle *T*.
  96 sint *REaXTd* : sunt *VF* ‖ nullius *Hard.* : nulli (ulli*R*)
codd. ‖ usus *rEaXTd* : -sos *RVF* ‖ medendo *RVFXTd* : -da *Ea* ‖
draconisue *REaX* : -suae *VF* -sque *Td*.
  97 ac *REaTd* : ae *VF* et *X* ‖ morsus *rEXTd* : -sum *RVF* ‖
crocodili *Td* : -doli *R* -dilli *rEa* -dilo *VF* ‖ sordidis *R VFTd* :
-di *EaX* ‖ nome *REaXTd* : -men *VF* ‖ corripiat *Mayh.* : -pit
(-piunt *X*) *codd.*, *Jones* ‖ ischiadicis : iscia- *RVF* sciadicis *rTd*
-ticis *EaX*.

aussi en fomentations à l'intérieur des terres, où elle
tient le rôle de l'eau de mer.

98   XLV (9). Le sel a une nature [1] en elle-même ignée et
en même temps ennemie du feu, qu'il fuit ; il corrode
toute chose ; mais pour le corps, il est astringent, sicca
tif et resserrant ; il préserve même les cadavres de la
décomposition, si bien qu'ils durent ainsi pendant des
siècles. Employé en médecine, il est piquant, caustique
détersif, amaigrissant, résolutif. Il n'est mauvais que
pour l'estomac, sauf pour exciter l'appétit. Il est efficace
contre les morsures de serpents [2] avec de l'origan, du
miel, et de l'hysope ; contre le céraste, avec de l'origan
et de la résine de cèdre, ou avec de la poix ou du miel

99   contre les scolopendres [1], en potion, dans du vinaigre
contre les piqûres de scorpions [2], en application avec un
quart de graines de lin dans de l'huile ou du vinaigre
contre les frelons, les guêpes [3] et insectes semblables dans
du vinaigre ; pour les migraines et les ulcères [4] de la
tête, les pustules ou papules et les verrues naissantes
avec du suif de veau ; on l'emploie de même pour soigner
les yeux [5], contre les excroissances charnues qui s'y forment et contre les végétations sur tout le corps, mais
particulièrement quand il s'agit des yeux : aussi l'ajoute-
t-on aux collyres et emplâtres — à cette fin on apprécie

Fotu quoque apud mediterraneos aquae marinae
uicem pensat.

XLV (9). Salis natura per se ignea est et inimica 98
ignibus, fugiens eos, omnia erodens, corpora uero
adstringens, siccans, adligans, defuncta etiam a
putrescendi ta*be* uindicans, ut durent ita per sae-
cula, in medendo uero mordens, adurens, repu*r*gans,
extenuans, dissoluens, stomacho tantum inutilis,
praeterquam ad excitandam auiditatem. Aduersus
serpentium morsus cum origano, melle, hysopo,
contra cerasten cum origano et cedr*i*a aut pice aut
melle auxiliatur, contra scolopendras ex aceto 99
potus, aduersus scorpionum ictus cum quarta parte
lini seminis et oleo uel aceto inlitus, aduersus cra-
brones uero et uespas similiaque ex aceto, ad hete-
rocranias capitisque ulcera et pusulas papulasue et
incipientes uerrucas cum sebo uitulino, item oculorum remediis et ad excrescentes ibi carnes totius-
que corporis pterygia, sed in oculis peculiariter, ob
id collyriis emplastrisque additus — ad haec maxime

fotu *Td* : -to *RVF* -tum *rEaX* || pensat *rVFEaX* : ponsat *R*
praestat *Td*.
98 a *RVFTd* : ac *rEaX* || putrescendi *RVFEad*[1] : -do *Td*[2]
-centia *X* || tabe *Jan* : ta *VF* ita *rEaX* cto *R, om. Td* || durent
Td : -em *R* -et *VFEaX* || ita *codd.* : ea *uett.* || medendo *RVFTda* :
medo *E* medio *X* || repurgans *uett.* : repugnans *codd.* || extenuans
EaX : -as *RVF* attenuas *Td* || stomacho *EaXTd* : -chum *r* -cum
RVF || cedria *Barb. e Diosc.* : cedro *RVFTd* cera *X* cero *Ea* || aut
melle *EaX* : ac m- *RVFTd*.
99 quarta *rEaX* : qua *RVF* equa *Td* || seminis *rEaX* : -ne
RVFTd || inlitus *rEaXTd* : -tur *RVF* || crabrones *RVFTdX* :
crabo- *Ea* || similiaque *X* : -lique *RVFEa* -liter *Td* || heterocra-
nias *rTEaX* : haecero granias *Rd* haec ergo gra- *VF* ||
papulasue *EaXTd*[2] : -uae *Vr* -osuae *R* pabulasuae *F* papailasue
d[1] || sebo *RVFTd* : seno *EaX* || excrescentes *rXTd* : excrentes
Ea decresc- *RVF* || pterygia *RVX* : -ga *F* -gias *Td* psterigia
Ea || emplastrisque *EaXTd* : -tris quoque *RVF*.

100 surtout le sel de Tatta [6] ou de Caunus [7] — ; pour les yeux
injectés de sang à la suite d'un coup et contusionnés [1],
avec de la myrrhe et du miel à poids égal, ou avec de
l'hysope dans de l'eau chaude ; pour fomenter les yeux,
avec de la *salsugo* — pour cela on choisit celle d'Espagne — ; contre la cataracte, on le broie avec du lait
dans de petits mortiers [2] ; spécialement dans les cas de
contusions on l'applique à plusieurs reprises enveloppé
dans un linge trempé dans l'eau bouillante, sur de la
charpie pour les ulcères de la bouche qui coulent [3] ; on
en frotte les gencives tuméfiées [4] ; égrugé très fin, on

101 l'emploie contre les granulations de la langue. On dit
que les dents [1] ne se carient ni se gâtent si chaque matin
à jeun on garde du sel sous la langue jusqu'à ce qu'il se
dissolve. Il guérit encore lèpres, furoncles [2], lichens, psoriasis [3], avec du raisin sec dont on a enlevé les pépins,
du suif de bœuf, de l'origan et du levain ou du pain.
Pour ces affections et pour les prurits [4], on choisit de
préférence le sel de Thèbes [5]. N'importe quel sel est bon
avec du miel pour les amygdales et la luette [6]; contre
les angines [7] il est plus efficace avec de l'huile et du
vinaigre si en même temps on en fait une application

102 externe sur la gorge avec de la poix liquide. Mêlé à du
vin, il est aussi émollient pour le ventre, et en potion

probatur *Tattae*us aut Caunites —, ex ictu uero 100
suffusis cruore oculis suggillatisue cum murra pari
pondere ac melle aut cum hysopo ex aqua calida,
utque foueantur salsugine — ad haec Hispaniensis
eligitur —, contraque suffusiones oculorum cum
lacte in coticulis teritur, priuatim suggillationibus
in linteolo inuolutus crebroque ex aqua feruenti
inpositus, ulceribus oris manantibus in linteolo
concerpto, gingiuarum tumori infricatus et contra
scabritiem linguae fractus comminutusque. Aiunt 101
dentes non erodi nec putrescere, si quis cotidie
mane ieiunus salem contineat sub lingua, donec
liquescat. Lepras idem et furunculos et lichenas et
psoras emendat cum passa uua exempto eius ligno et
sebo bubulo atque origano ac fermento uel pane ;
maxime Thebaicus ad haec et pruritus eligitur.
Tonsillis et uuis cum melle prodest quicumque, ad
anginas hoc amplius cum oleo et aceto eodem tempore extra faucibus inlitus cum pice liquida. Emol- 102
lit et aluum uino mixto, innoxie et *taeni*arum

tattaeus *Gelen.* : et teus *RVFTd* et deus *EaX* ‖ aut *RVFEa* :
et *TdX* ‖ caunites *VFTdEaX* : couni- *r* cogni- *R.*
100 suggillatisue *Td* : -tissuae *RVF* -tisque *EaX* -tisquae *r* ‖
murra *VF* : myrra *R* -rre *Td* murrae *EaX* ‖ ac *REaXTd* : aut
VF ‖ utque *rEaXT* : autque *RVF* aut quae *d* ‖ hispaniensis
rEaXTd : spa- *RVF* ‖ feruenti *rXTd* : -te *R* -tis *VF* -tur *Ea* ‖
concerpto *uett.* : concrepto *VFTd* correp- *r in ras.*, *aX* ‖ infricatus *raX* : -fractus *RVFTd* ‖ et contra scabritiem (-iam *a*) linguae fractus *raX* : *om. RVFTd.*
101 furunculos *rEaXTd* : -lus *RVF* ‖ psoras *rEXTd* : psaras
RVF sporas *a* ‖ ligno *om. VF* ‖ uuis *EaXTd* : ouis *RVF* ‖ anginas *r in ras.*, *VaXTd* : -guinas *E* aginas *F* ‖ eodem *REaXTd* : de
VF.
102 emollit *rEaXTd* : et mollit *RVF* ‖ uino *Detl. cum Url.*
701 : in uino *codd.* ‖ mixto *RVFEaX* : -tus *Td* ‖ innoxie *RTd* :
-xio *VF*, *Detl.* -xia *rEa* drioxia *X* ‖ taeniarum *Hard.* : tenea-
RVFEaTd tinea- *X.*

dans du vin, il expulse même sans danger les diverses
espèces de vers intestinaux [1]. Placé sous la langue, il
permet aux convalescents de supporter la chaleur des
bains. En sachets, et fréquemment réchauffé à l'eau
bouillante, il soulage les névralgies [2], surtout dans la
région des épaules et des reins ; en potion, et appliqué
chaud dans les mêmes sachets, les maux de ventre, les
coliques [3] et les coxalgies ; broyé avec de la farine dans
du miel et de l'huile, il soulage la goutte [4] ; c'est ici surtout qu'il faut mettre à profit la remarque selon laquelle
il n'est rien pour tout le corps de plus utile que le sel
et le soleil [5] — en tout cas on constate que les pêcheurs
ont le corps dur comme de la corne —, mais c'est pour
les cas de goutte que la présente observation vaut essen-
103 tiellement. Il enlève aussi les cors aux pieds [1] ainsi que
les engelures. Pour les brûlures [2], on l'applique impré-
gné d'huile ou de salive et il empêche les cloques ; mais
pour l'érysipèle [3], les ulcères serpigineux, dans du vinaigre ou de l'hysope ; pour les carcinomes, avec du tamier ;
pour les ulcères phagédéniques, grillé avec de la farine
d'orge [4] en plaçant par dessus un linge trempé de vin.
Ceux qui souffrent de jaunisse [5] reçoivent un secours
contre les démangeaisons qu'ils éprouvent, de frictions
de sel à l'huile et au vinaigre faites devant un feu jusqu'à ce qu'ils suent ; mais les personnes fatiguées [6] se
104 trouvent bien de frictions de sel à l'huile. Beaucoup de
médecins ont traité aussi les hydropiques [1] avec le sel,
en ont fait des onctions à l'huile dans les fièvres brû-

genera pellit in uino potus. Aestus balnearum conua-
lescentes ut tolerare possint, linguae subditus
praestat. Neruorum dolores, maxime circa umeros et
renes, in saccis aqua feruenti crebro candefactus
leuat, colum torminaque et coxarum dolores potus
et in isdem saccis inpositus candens, podagras cum
farina ex melle et oleo tritus, ibi maxime usurpanda
obseruatione quae totis corporibus nihil esse utilius sale et sole dixit — utique cornea uidemus corpora
piscatorum —, sed hoc praecipuum dicatur in podagris. Tollit et clauos pedum, item perniones. Ambus-   103
tis ex oleo inponitur aut commanducatus pusulasque
reprimit, ignibus uero sacris, ulceribus quae ser-
pant, ex aceto aut hysopo, carcinomatis cum uua
taminia, phagedaenis ulcerum tostus cum farina
hordei, superinposito linteolo madente uino. Morbo
regio laborantes, donec sudent ad ignem, contra
pruritus quos sentiunt, ex oleo et aceto infricatus
iuuat, fatigatos ex oleo. Multi et hydropicos sale   104
curauere feruoresque febrium cum oleo perunxere

---

balnearum $EaXd$: baline- RVF bale- T ‖ tolerare E^2a : tollere
E^1 tolerari $rVFTd$ tolle- R ‖ possint rTd : -sit $cett.$ ‖ linguae
$rEaXTd$: -guae positus RVF ‖ dolores $RVFTd$: -rem EaX ‖
maxime $RVFTd$: -me usurpanda (-dam E) obseruatione
$rEaX$ ‖ leuat : lauat VF ‖ isdem $RVFEa$: his X eis- Td ‖
usurpanda Td : usus pranda RVF obseruanda $rEaX$ ‖
obseruatione $RVFTd$: usurpa- $rEaX$ ‖ sale et sole $RVFTd$:
$om.$ EaX ‖ utique Jan : ique R tique VF itaque $rEaXTd$ ‖ hoc
$rEaXTd$: $om.$ RVF.

103 et $om.$ R ‖ clauos $rEaXd^2T$: -uus VF^2 -uis F^1d^1, $om.$ R ‖
pedum item $rEaXTd$: ite p- RV ite permedum F ‖ commanducatus VF^2Ea : cumm- R commanducatis F^1XTd ‖ taminia
$RFEXT^1$: tum- V tamina T^2da ‖ phagedaenis $RVFEaX$: pha-
gad- Td ‖ tostus Td : totus $cett.$ ‖ superinposito EaX : -ta
$RVFTd$ ‖ sudent $EaXTd$: -dant RVF ‖ quos $VFEaTd$: quod RX ‖
infricatus $REaXTd$: -tis VF ‖ fatigatos X : -tus $rVFa$ uatigatus
E foti- R.

lantes, et dissipé la toux chronique [2] en faisant sucer du sel ; ils l'ont donné en lavement [3] aux malades souffrant de sciatique, appliqué aux ulcères bourgeonnants ou putrides, aux morsures de crocodiles [4] mêlé de vinaigre sur des linges, en prenant soin de battre d'abord les plaies avec ces pansements. On le boit aussi contre l'opium [5] dans du vinaigre miellé ; avec de la farine et du miel, on l'applique aux luxations [6] et aux tumeurs.

105 Il est bon pour les maux de dents [1], en fomentations avec du vinaigre, ou en liniment avec de la résine. Mais à toutes fins l'écume de sel [2] est plus agréable et plus efficace. Cependant, on ajoute n'importe quel sel aux remèdes délassants [3], pour donner de la chaleur, et aussi aux détergents pour tendre la peau et la rendre plus lisse. En liniment et donné à lécher, il fait disparaître également la gale des moutons [4] et des bœufs ; on le crache aussi dans les yeux des bêtes de somme. Voilà qui suffit à propos du sel.

106 XLVI (10). Passons sans plus tarder au nitre, peu différent du sel [1], et dont il faut exposer les propriétés avec d'autant plus de soin que les médecins qui en ont traité les ignoraient manifestement, et que personne n'en a fait de rapport plus exact que Théophraste. Il s'en forme un peu chez les Mèdes où les vallées en sont blanches par temps de sécheresse — on l'appelle halmyrax [2] — moins encore en Thrace près de Philippes, où il est souillé de terre, et où on l'appelle nitre sauvage [3].

107 Quant à celui qu'on tire de la cendre de chêne [1], on n'en

et tussim ueterem linctu eius discussere, clysteribus
infudere *isch*iadicis, ulcerum excrescentibus uel
putrescentibus inposuere, crocodilorum morsibus
ex aceto in linteolis ita ut battuerentur ante hi*s*
ulcera. Bibitur et contra opium ex aceto mulso, luxatis inponitur cum farina et melle, item extuberationibus. Dentium dolori cum aceto fotus et inlitus cum 105
resina prodest. Ad omnia autem spuma salis iucun-
dior utiliorque. Sed quicumque sal acopis additur ad
excalfactiones, item zmegmatis ad extendendam
cutem leuandamque. Pecorum quoque scabiem et
boum inlitus tollit datusque lingendus; et oculis
iumentorum inspuitur. Haec de sale dicta sint.

XLVI (10). Non est differenda et nitri natura, 106
non multum a sale distans et eo diligentius dicenda,
quia palam est medicos qui de eo scripserunt igno-
rasse naturam nec quemquam Theophrasto diligentius
tradidisse. Exiguum fit apud Medos canescentibus siccitate conuallibus, quod uocant halmyraga, minus
etiam in Thracia iuxta Philippos, sordidum terra,
quod appellant agrium. Nam quercu cremata num- 107

104 tussim *REaXTd* : iunxim *VF*² unxim *F*¹ ‖ infudere
RFTdX : -fuderer *V* -fundere *rEa* ‖ ischiadicis *uett.* : sciadi-
rVFTdX sciati- *Ea* radi- *R* ‖ uel putrescentibus *om. FX* ‖ battuerentur *rEaTd* : batu- *RVF* battantur *X, cf. adn.* ‖ his *Mayh.*
e Diosc. : hic *RVFTdEa* ictum *rX* ‖ extuberationibus *EaXTd* :
exub- *RVF*.
105 dolori *rEaXTd* : -re *RVF* ‖ autem *RVFTd* : *om. EaX* ‖
sal *RVFTdX* : sol *rEa* ‖ excalfactiones *EX* : excalefac- *Tda*
excalfat- *RVF* ‖ zmegmatis *VFTd* : szmeg- *R* szmegmaticis
rEa sinegma- *X* ‖ extendendam *REaX* : extenuen- *VFTd* lauan-
damque *F* ‖ lingendus *ETdX* : -dos *RVF* -diss *a* ‖ haec *rEaXTd* :
haec est *RVF* ‖ sint *RVFEad* : sunt *TX*.
106 theophrasto *EaXTd*² : thep- *d*¹ theophrastos *r* -tus *RVF* ‖
halmyraga *R* : halmir- *VEaX* halymir- *Td* halmurra *F* ‖ minus
rEaXTd : -nos *R* -nor *VF* ‖ quod *EaX, uett.* : aqua *RVFTd* aqua
quod *r*.
107 nam *RVTd* : namque *FEaX* ‖ quercu *RVFTd* : aqua *EaX*.

a jamais fait beaucoup, et on a depuis longtemps aban-
donné complètement cette fabrication. En beaucoup
d'endroits, on rencontre des eaux nitreuses [2] mais trop
faibles pour se condenser. On trouve en abondance un
nitre très bon à Clitae en Macédoine [3] ; on l'appelle cha-
lestrique [4] : il est blanc et pur, très voisin du sel. Il y a
un lac nitreux, au milieu duquel jaillit une petite source
d'eau douce. La formation du nitre y a lieu vers le lever
du Chien pendant neuf jours, puis s'arrête le même temps ;
alors le nitre se montre à nouveau à la surface de l'eau

108 et ensuite cesse de se former. D'où l'on voit que c'est
la nature du terrain qui produit le nitre, puisqu'il est
établi que ni le soleil ni la pluie ne servent à rien lorsque
sa formation s'arrête. Autre phénomène étonnant : alors
que la petite source jaillit sans cesse, le lac ne grossit
pas et ne s'écoule pas [1]. D'autre part, si, aux jours où le
nitre se forme, des pluies sont tombées, elles le rendent
plus salé ; les vents du nord le détériorent, parce qu'ils
remuent plus fortement la vase.

109 Voilà pour le nitre natif. Mais en Égypte [1], on en
fabrique ; il est beaucoup plus abondant, mais plus mauvais, car il est brun et pierreux. Il se fait à peu près de
la même manière que le sel, si ce n'est que dans les
salines c'est la mer qu'on déverse, et dans les nitrières,
le Nil [2]. Celles-ci, lorsque le Nil se retire, laissent couler
un suc nitreux pendant quarante jours de suite, mais
l'époque n'est pas fixe [3], comme en Macédoine. Si par

quam multum factitatum est et iam pridem in totum omissum. Aquae uero nitrosae plurimis locis repe- riuntur, sed sine uiribus densandi. Optimum copio- sumque in Clitis Macedoniae, quod uocant Chales- tricum, candidum purumque, proximum sali. Lacus est nitrosus exiliente e medio dulci fonticulo. Ibi fit nitrum circa canis ortum nouenis diebus totidemque cessat ac rursus innatat et deinde cessat. Quo appa- 108 ret soli naturam esse quae gignat, quoniam comper- tum est nec soles proficere quicquam, cum cesset, nec imbres. Mirum et illud, scatebra fonticuli sem- per emicante lacum neque augeri neque effluere. Iis autem diebus quibus gignitur, si fuere imbres, sal- sius nitrum faciunt, aquilones deterius, quia ualidius commouent limum.

Et hoc quidem nascitur, in Aegypto autem con- 109 ficitur, multo abundantius, sed deterius, nam fus- cum lapidosumque est. Fit paene eodem modo quo sal, nisi quod salinis mare infundunt, Nilum autem nitrariis. Hae cedente Nilo manant suco nitri XL diebus continuis, non ut in Macedonia statis. Si

---

factitatum *rEaX* : factina- *R* facina- *VF* facita- *Td* ‖ omissum *VFEaX* : em- *RTd* ‖ nitrosae *RVFEaX* : *om. Td* ‖ locis *RVFTd* : in locis *EaX, Detl.* ‖ chalestricum *REaX* : -trieum *VF* -ticum *Td* ‖ exiliente *rEaXTd* : -liemte *VF* exiue . . te *R*.

108 proficere *RVFTd* : -ferre *aX* -ferrae *E* ‖ cesset *RVFTd* : esset *EaX* ‖ et *RVFTdX* : est *Ea* ‖ augeri *RVFTdX* : -re *Ea* ‖ effluere *EaXTd* : fluere *RVF*.

109 modo *r in ras.*, *EaX* : malo *VFa* lo *T,d²* *in ras.* ‖ quo *RVF* : co *T,d²* *in ras.*, quod *r, om. EaX* ‖ sal nisi *RVFTd* : *om. EaX* ‖ nilum *RVFTd* : nichil- *rX* nihil- *Ea* ‖ autem *codd., uett. Jones* : autumno *Mayh.* ‖ nitrariis *E²aX* : -anis *E¹* monstraris *RVFTd* ‖ hae *Hard.* : haec *codd.* (*om. X*) ‖ cedente *VFTd* : -tem *REa* accedente *X, Mayh.* ‖ nilo *rEaX* : *om. RVFTd* ‖ manant *RVFTd* : siccantur (-atur *X*) decedente (-tem *Ea*) madent *rEaX* rigantur dec- mad- *Mayh.* ‖ XL *RVFTd* : *det. r, om. EaX* ‖ ut *RVFTd* : nos *EaX* ‖ in *rEaXTd* : *om. RFV*.

surcroît, il a plu, on introduit moins d'eau du fleuve,
et on enlève le nitre dès qu'il commence à se condenser,
pour éviter qu'il ne se dissolve dans les nitrières. C'est
ainsi également que se forme avec le nitre une substance
huileuse qui est bonne contre la gale des animaux. Mais
110 il se conserve longtemps si on le met en tas. Phénomène
étonnant, dans le lac Ascanius [1] et dans certaines sources des environs de Chalcis, l'eau est douce et potable à
la surface, nitreuse en profondeur. — La meilleure part
du nitre est la plus ténue, et pour cette raison l'écume
est préférable [2] ; cependant le nitre impur convient pour
quelques usages, comme pour colorer en pourpre et pour
toutes sortes de teintures. On l'emploie aussi beaucoup
111 pour le verre [3], comme on le dira en son lieu. Les nitrières
d'Égypte ne se trouvaient généralement qu'aux environs
de Naucratis et de Memphis, les moins bonnes étant celles
de Memphis. De plus, une fois en tas, le nitre s'y pétrifie,
et pour cette raison beaucoup de tas sont de véritables
rocs. On en fabrique des récipients, en le faisant cuire
avec du soufre [2], par fusion répétée. Pour les chairs [3] que
l'on veut conserver, on use aussi de ce nitre. Il y a dans
ce pays des nitrières d'où l'on tire un nitre roux, qui doit
sa couleur à la terre.
112 Les anciens affirmaient que l'écume de nitre [1], dont
on fait le plus grand cas, ne se forme que lorsqu'il est

etiam imbres adfuerunt, minus e flumine addunt,
statimque ut densari coeptum est, rapitur, ne resolua-
tur in nitrariis. Sic quoque olei natura interuenit, ad
scabiem animalium utilis. Ipsum autem conditum
in aceruis durat. Mirum in lacu Ascanio et quibusdam 110
circa Chalcida fontibus summas aquas dulces esse
potarique, inferiores nitrosas. — In nitro optimum
quod tenuissimum, et ideo spuma melior, ad aliqua
tamen sordidum, tanquam ad inficiendas purpuras
tincturasque omnis. Magnus et uitro usus, qui dice-
tur suo loco. — Nitrariae Aegypti circa Naucratim 111
et Memphin tantum solebant esse, circa Memphin
deteriores. Nam et lapidescit ibi in aceruis, multique
sunt cumuli ea de causa saxei. Faciunt ex eis uasa nec
non et frequenti liquatu cum sulpure coquentes. In
carnibus quoque quas inueterari uolunt illo nitro
utuntur. Sunt ibi nitrariae, in quibus et rufum exit
a colore terrae.

Spumam nitri, quae maxime laudatur, antiqui 112
negabant fieri, nisi cum ros cecidisset praegnantibus

etiam *rEaX* : et *RVFTd* || e *Td* : et *RVF* a *EaX* || ut *VRFTd* :
om. EaX || resoluatur *EaXTd* : -uantur *RVF* || nitrariis *rEaXTd* :
-ris *RVF* || sic *codd., Jones* : hic *Dalec. Mayh.*
110 ascanio *RVFTd* : asa- *EaX* || potarique *EaXTd* : puta-
RVF || inferiores *EaXTd* : inte- *RVF* || tenuissimus *a* || omnis
RVFEa : -nes *Td, Mayh.* || uitro *RVFEa* : nitro *XTd* || usus
REaX : sus *VFTd.*
111 nitrariae *Hard.* : -rias *RVFTd*[2] nitri egri *raX, E non*
legitur usque ad u. nam || aegypti *RVFTd* : -ticis *raX* || circa
RVFTd : circa nam *ra* nam c- *X* || naucratim *RVFTd* : acratim
ra arcatim *X* || tantum — memphin *om. X* || multique *EaXTd* :
-tisque *cett.* || cumuli *REaX* : com- *VF* cuniculi *Td* || ea *RVFTd* :
om. EaX || eis *RVFTd* : his *EaX* || nec non et : nec *R* || frequenti
codd. : -ter *uett., Mayh.* (*qui perperam legit* -ter *d*) || liquatu *Td* :
-tum *cett., edd.* || carnibus *Jan* : carbonibus (cabo- *T*[1]) *codd.* corpo-
ribus *Bailey cf. adn.* || quoque *RVFTd* : nitrariae in quibus et
rufum quoque *EaX.*
112 nitri quae *RVFTd* : nitrimque *Ea* -trumque *X.*

tombé de la rosée sur les nitrières près de produire, mais
ne produisant pas encore ; ainsi il ne s'en forme pas dans
des nitrières en pleine activité, même s'il y tombe de
la rosée. Selon une autre opinion, l'écume naît de la fer-
113 mentation du nitre entassé. D'après les médecins de
l'époque la plus récente, on recueille *l'aphronitrum*
(l'écume de nitre) ¹ en Asie dans des grottes où il dégoutte
des blocs de roche ; on appelle ces grottes *colligae* ;
ensuite on le sèche au soleil. Celui de Lydie ² est réputé
le meilleur ; on le reconnaît à ce qu'il est très peu pesant,
extrêmement friable et presque pourpre. Ce dernier est
importé en tablettes, celui d'Égypte en pots, tassé pour
éviter qu'il ne fonde ; on achève aussi la fabrication de
ces pots en les faisant sécher au soleil.
114   On contrôle le nitre ¹ en vérifiant qu'il est extrêmement
ténu et aussi spongieux et poreux que possible. En
Égypte on le falsifie avec de la chaux, falsification qui
se décèle au goût. Car s'il est pur, il fond aussitôt ; s'il
est falsifié, la chaux le rend piquant, et, après aspersion,
il exhale puissamment son odeur. On le brûle ² dans un
récipient de terre cuite en le recouvrant, pour éviter qu'il
n'en rejaillisse. D'ailleurs le nitre ne saute pas dans le
feu ; il n'engendre et ne nourrit rien ³, alors que des herbes poussent dans les salines et que la mer produit tant
115 d'animaux, une telle quantité de varech. Outre cet argument, il en est un autre pour faire voir que le nitre a une
âcreté plus grande : les chaussures sont tout de suite

nitrariis, sed nondum parientibus ; itaque non fieri
incitatis, etiamsi caderet. Alii aceruorum fermento
gigni existimauere. Proxima aetas medicorum 113
aphronitrum tradidit in Asia colligi in speluncis
molibus destillans ; specus eos colligas uocant ;
dein siccant sole. Optimum putatur Lydium ; probatio ut sit minime ponderosum et maxime friabile,
colore paene purpureo. Hoc in pastillis adfertur,
Aegyptium in uasis spissat*um* ne liquescat ; uasa
quoque ea sole inarescentia perficiuntur.

Nitri probatio ut sit tenuissimum et quam maxime 114
spongeosum fistulosumque. Adulteratur in Aegypto
calce, deprehenditur gustu. Sincerum enim statim
resoluitur, adulteratum pungit calce et aspersu
reddit odorem uehementer. Vritur in testa opertum,
ne exultet. Alias igni non exilit nitrum, nihilque
gignit aut alit, cum in salinis herbae gignantur et
in mari tot animalia, tantum algae. Sed maiorem esse 115
acrimoniam nitri apparet non hoc tantum argumento,
sed et illo, quod nitrariae calciamenta protinus consu-

nitrariis *EaT* : -ari *RV* -araris *d* nitari *F* ‖ alii *rEaXTd* : ali
RVF ‖ aceruorum *RVFTd* : operimentorum *EaX*.
113 aphronitrum *rVFTdaX* : aphoni- *R* aphrosni- *E* ‖ colligi *rEaXTd* : -git *RVF* ‖ molibus *Td* : mollibus *RVF* mali-
rEaX ‖ eos *REaXTd* : eus *V* eius *F* ‖ colligas *RVFTd* : -gans
EaX ‖ siccant *codd.*, *Jones* : siccari *Dal. Mayh.* ‖ putatur *RVFTdX* :
pot- *rEa* ‖ friabile *RVFTd* : frica- *EaX* ‖ paene *TdX* : pane *RVF*
plene *rEa* ‖ aegyptium *VFEaTd* : agyp- *R* egyptum *X* ‖ spissa-
tum ne *Detl.* : spiss.t. .n.*R* spissa omni *VFTd* spissatis ne *rEa*
picatis ne *X*, *uett. Mayh.* ‖ ea *rEaXTd* : aea *VF* eo *R*.
114 spongeosum *RVFT* : -giosum *Xd* -geosus *Ea* ‖ sincerum
rEaXTd² : -rus *d¹* -rumsa *R* -rusa *VF* ‖ resoluitur *rEaXTd* :
persol- *RVF* ‖ aspersu *RVF* : -sum *TdX*, *uett. Mayh.* asperum
Jones, *usque ad u.* algae *E non legitur* ‖ odorem : honorem *a* ‖
alit *RTd* : salit *raX* aliter *VF* ‖ algae *RVFaX* : -get *Td*.
115 acrimoniam *RVFXTd* : -nia *Ea* ‖ et *RVFTd* : et in *r* in
EaX.

brûlées dans les nitrières, d'ailleurs salubres, et bonnes
pour éclaircir la vue [1]. On n'y a pas les yeux enflammés ;
les ulcérations [2] qu'on y apporte guérissent très vite,
mais celles qui s'y forment disparaissent lentement. Le
nitre provoque aussi la sueur quand on s'en frotte avec
de l'huile, et il est émollient. Pour le pain [3], on se sert
de nitre de Chalestra en guise de sel, de nitre d'Égypte
avec les raiforts [4] ; il les rend plus tendres, mais il blanchit et gâte les victuailles, il accentue la couleur verte
116 des légumes [5]. En médecine [6], d'autre part, il échauffe,
efface, pique, épaissit, dessèche, corrode ; il est bon dans
les cas où il faut faire sortir des humeurs ou les résoudre,
picoter doucement et atténuer, comme pour les papules
et les pustules [1]. Pour cet usage, certains le brûlent,
l'éteignent avec du vin astringent, le broient alors et
s'en servent aux bains sans huile. Il réprime les sueurs
excessives, mêlé à de l'iris desséché auquel on ajoute de
l'huile verte. En liniment avec une figue [2] ou bouilli
dans du vin de paille jusqu'à réduction de moitié, il
efface les cicatrices des yeux et les granulations des pau-
117 pières ; de même contre les taies, les ptérygions des
yeux [1], lorsqu'on l'a fait bouillir avec du vin de paille
dans une écorce de grenade ; en onction avec du miel il
contribue à éclaircir la vue [2]. En collutoire avec du poivre [3] dans du vin, il est bon pour les maux de dents ;
bouilli avec des poireaux et brûlé pour servir de denti-
frice, il rend leur couleur aux dents [4] noircies. Il tue la
vermine de la tête [5] et les lentes, si on l'applique en
liniment à l'huile avec de la terre de Samos. Dissous

munt, alias salubres oculorumque claritati utiles. In
nitrariis non lippiunt ; ulcera allata eo celerrime
sanantur, ibi facta tarde. Ciet et sudores cum oleo
perunctis corpusque emollit. In pane salis uice
utuntur Chalestraeo, ad raphanos Aegyptio ; tene-
riores eos facit, sed obsonia alba et deteriora, olera
uiridiora. In medicina autem calfacit, extenuat,
mordet, spissat, siccat, exulcerat, utile his quae 116
euocanda sint aut discutienda et lenius mordenda
atque extenuanda, sicut in papulis pusulisque. Quidam in hoc usu accensum uino austero restingunt
atque ita trito in balneis utuntur sine oleo. Sudores
nimios inhibet cum iride arida adiecto oleo uiridi.
Extenuat et cicatrices oculorum et scabritias genarum
cum fico inlitum aut decoctum in passo ad dimidias
partes ; item contra argema, oculorum ungues decoc- 117
tum cum passo in mali Punici calyce ; adiuuat claritatem uisus cum melle inunctum. Prodest dentium
dolori, ex uino si cum pipere colluantur ; item cum
porro decoctum nigrescentes dentes, crematum
dentifricio, ad colorem reducit. Capitis animalia et
lendes necat cum Samia terra inlitum ex oleo.

allata *RVFEaX* : allita *T¹d¹* illita *T²d²* ‖ sudores *RVFTd* :
-rem *X* -re *rEa* ‖ emollit *TdX* : aem- *RVF* emolli *EaX* aem- *r* ‖
chalestraeo *Jan* : calis- *rVFTd* scalis- *EaX* calistraeoae *R* ‖
aegyptio *rVFTdEa* : -tios *RX* ‖ eos *RVFTd* : eo *EaX*.
   116 euocanda *rEaXTd* : uoc- *RVF* ‖ sint *RVFEaX* : sunt *Td* ‖
lenius *RVFEaXd²* : leuius *Td¹* ‖ extenuanda *rXT²d* : -nuenda *RVF*
-nueanda *T¹* -nuisenda *Ea* ‖ nimios *REaXTd* : minus *VF* ‖ iride
RVFTd : -di *rEaX* ‖ arida — uiridi *om.* *EaX* ‖ argema *Caes.*
Mayh. : -mas *codd.*
   117 cum *rEaX, Jones* : *om.* *RVFTd* in *Mayh.* ‖ in *codd., uett.* :
cum *Mayh.* ‖ adiuuat *rT* : -uat ad *RVFd* -uat nitri *Ea* -uat
nitrum *X* ‖ pipere *rEaXTd* : -ri *RVF* ‖ colluantur *RVFTd* : -atur
EaX ‖ nigrescentes *FEaXTd* : -tis *RV* ‖ et lendes *rEaX* : edentes
VFTd dentes *R* ‖ inlitum *RVFXTd* : inlinit- *rEa*.

dans du vin on l'injecte dans les oreilles [6] purulentes ;
dans du vinaigre, il enlève les saletés de cet organe ;
introduit sec, il fait cesser bourdonnements et tintements.

118 Il efface les taches du vitiligo blanc [1], si l'on s'en frotte
au soleil, avec poids égal de terre cimolienne [2] dans du
vinaigre. Incorporé à de la résine ou... il fait sortir les
furoncles [3] ; avec du raisin blanc broyé avec ses pépins [4],
il remédie à l'inflammation des testicules [5] ; de même,
avec du saindoux, aux éruptions pituitaires sur tout le
corps, et on l'applique contre les morsures de chien [6]
avec du vinaigre additionné de résine. On l'applique
encore de la même façon pour les morsures de serpents ;
mais avec de la chaux dans du vinaigre pour les ulcères
phagédéniques, pour les ulcères serpigineux ou putrides [7].
Écrasé avec une figue, on le fait prendre aux hydropi-

119 ques [8] ou on les en frictionne. Il dissipe aussi les coliques [1],
pris en décoction à la dose d'une drachme avec de la rue,
de l'aneth ou du cumin. En onction sur tout le corps
avec de l'huile ou du vinaigre, il réconforte les personnes
fatiguées ; il est efficace contre les refroidissements et
les frissons, si on en frictionne avec de l'huile les pieds
et les mains. Il fait également cesser les démangeaisons
dans les épanchements de bile, surtout avec du vinaigre,
pendant que le patient transpire [2]. Bu dans de l'oxycrat,
il remédie aussi à l'empoisonnement par les champignons [3], ou dans de l'eau si une bupreste [4] a été avalée
par le bétail, et il provoque des vomissements. On le
donne avec du laser à ceux qui ont bu du sang de tau-

120 reau [5]. Il guérit également les ulcérations [1] de la face,
avec du miel et du lait de vache. Pour soigner les brû-

Auribus purulentis uino liquatum infunditur, sordes
eiusdem partis erodit ex aceto, sonitus et tinnitus
discutit siccum additum. Vitiligines albas cum 118
creta Cimolia aequo pondere ex aceto in sole inlitum
emendat. Furunculos admixtum resinae extrahit
aut < ... > ; cum uua alba passa nucleis eius simul tri-
tis testium inflammationi occurrit, item eruptionibus
pituitae in toto corpore cum axungia, contraque
canis morsus addita et resina inlitis cum aceto ;
inlinitur sic et serpentium morsibus ; phagedaenis
et ulceribus quae serpunt aut putrescunt, cum
calce ex aceto. Hydropicis cum fico tusum datur
inliniturque. Discutit et tormina, si decoctum biba- 119
tur pondere drachmae cum ruta uel aneto uel cumino.
Reficit lassitudines cum oleo et aceto perunctorum,
et contra algores horroresque prodest manibus pedi-
busque confricatis cum oleo. Conprimit et pruritus
suffusorum felle, maxime cum aceto in sudat*ione*.
Succurrit et uenenis fungorum ex posca potum aut,
si buprestis pasta sit, ex aqua, uomitionesque euocat.
His qui sanguinem tauri biberint cum lasere datur.
In facie quoque exulcerationes sanat cum melle et 120
lacte bubulo. Ambustis tostum, donec nigrescat,

infunditur *RVFTdX* : -datur *rEa* ‖ tinnitus *rEaXTd* : inni-
RVF.

118 cimolia *RVFTdX* : -liae *rEa* ‖ furunculos *EaXTd* : -lus
RVF ‖ aut *secl. Mayh.* ‖ *post* aut *lacunam ego indic.* ‖ eius *VFRdX* :
ius *Ea* ‖ inlitis *RVFTd* : initus *rEa* iniciis *X* initiis *uett.* ‖ *post*
aceto *dist. ego* ‖ phagedaenis *rVFEaX* : phagad- *Td* phadegenis
R ‖ cum *om. EaX* ‖ fico *RVEaX* : ficu *Td* fia *F* ‖ datur *rEaXTd* :
om. RVF.

119 discutit et *RVFTdX* : discutiet *Ea* ‖ ruta *rEaXTd* : rute
R ruca *VF* ‖ et *VFXTd* : ex *REa* ‖ in sudatione *ego* : insudatum
RVFEaTd in usu datum *X*, *Brot.* in sudore datum *Sill. e conj.*
Dal., insufflatum *Detl.* instillatum *Mayh.* ‖ pasta *rEa, Hard.* :
expasta *RVFTd* pota *X* hausta *Sill. edd.*

120 tostum *RVFTd* : totum *EaX*.

lures on le fait griller jusqu'à ce qu'il noircisse et on l'applique pilé. On le donne en lavement [2] pour les douleurs du ventre [3] et de reins [4], ou pour le tétanos [5] ou les névralgies. Pour la paralysie [6] de la langue, on l'y

121 applique avec du pain. Les asthmatiques [7] le prennent dans de la tisane. La toux chronique [1] est guérie par la fleur de nitre mêlée à du galbanum, à de la résine de térébinthe, tous ces ingrédients à poids égal : il faut en avaler gros comme une fève. Cuit, puis délayé avec de la poix liquide, on le donne à absorber dans l'angine [2].

La fleur de nitre avec de l'huile de henné [3] est aussi agréable, appliquée au soleil, dans les douleurs articulaires. Le nitre soulage également l'ictère [4], si on le boit dans du vin ; il dissipe les ballonnements [5], arrête les saignements de nez lorsqu'on l'aspire par les narines dans

122 de la vapeur d'eau bouillante. Mélangé avec de l'alun, il fait passer la teigne [1] ; en fomentations quotidiennes dans de l'eau, il supprime la mauvaise odeur des aisselles ; mêlé de cire, il guérit les ulcères nés de la pituite ; sous cette forme, il est bon aussi pour les nerfs. On le donne en lavement pour les affections coeliaques [2]. Beaucoup ont recommandé de frotter [3] entièrement le corps de nitre et d'huile avant les accès de fièvre froide, et aussi contre les taches de lèpre [4] et les taches de rousseur ; d'en user au bain pour la goutte. Les bains de nitre sont efficaces dans les cas d'atrophie, d'opisthotonos, de tétanos [5]. — Cuit avec du soufre, le nitre [6] se change en pierre.

123 XLVII (11). Nous avons indiqué [1] les espèces d'épon-

tritumque inlinitur. Infunditur u*entr*is et renium
dolori aut rigori corporum neruorumue doloribus.
Paralysi in lingua cum pane inponitur. Suspiriosis 121
in tisana sumitur. Tussim ueterem sanat flore mixto
galbano, resinae terebinthinae pari pondere omnium
ita ut fabae magnitudo deuoretur. Coquitur dilu-
tumque postea cum pice liquida sorbendum in angina
datur.

Flos eius cum oleo cypreo et articulorum doloribus
in sole iucundus est. Regium quoque morbum extenuat in potione uini et inflationes discutit, sanguinis profluuium e naribus sistit ex feruenti aqua
uapore naribus rapto. Porriginem alumine permixto 122
tollit, alarum uirus ex aqua cottidiano fotu, ulcera
ex pituita nata cera permixtum, quo genere neruis
quoque prodest. Coeliacis infunditur. Perungui
ante accessiones frigidas nitro et oleo multi praece-
pere, sicut aduersus lepras, lentigines ; podagris in
balneis uti. Solia nitri prosunt atrophis, opisthoto-
nis, tetanis. — Sal nitrum sulpuri concoctum in
lapidem uertitur.

XLVII (11). Spongearum genera diximus in natu- 123

---

tritumque *RVFTd* : totum- *rEaX* ǁ uentris *Caes.* : urceis et
codd. uesicae *Mayh.* ǁ dolori *rEaXTd* : -re *Rd*[1] ǁ rigori *RVEaTd* :
trig- *F* ric- *X* ǁ neruorumue *Td* : -rumque *rEaX* -rum uel *RVF* ǁ
paralysi in *X* : -lisin *rEa* -lysim *Td* peralysin *VF* palisin *R*.

121 eius *rEaX* : ex uua *R* et uua *VFTd* ǁ cypreo *rEa* : -prio
XTd -pereo *RVF* ǁ est *RVFTd* : *om. EaX* ǁ extenuat *RVFTdX* :
-terminat *rEa*.

122 porriginem *RVFEa* : pruriginem *XTd* ǁ fotu *VFTd* :
fato *r in ras.*, *EaX* ǁ ex — cera *om. EaX* ǁ accessiones *REaXTd* :
-cessio *V* -censio *F* ǁ frigidas *XTd* : -da *RVFEa* ǁ oleo *REaXTd* :
per oleo *VF* ǁ aduersus *rEaXTd* : -sas *RVF* ǁ atrophis *XTd* : -pis
Ea -pliis *R* -piliis *VF* ǁ concoctum *rEaXTd* : coc- *R* cum coctum
VF ǁ lapidem *RVF* : -de *EaXTd*.

123 naturis *RVFXTd* : uentu- *Ea*.

ges à propos des caractères des créatures marines. Certains les classent de la sorte : les unes — les mâles —,
à petits trous et plus épaisses, très absorbantes, que l'on
teint aussi par luxe, quelquefois même en pourpre ;
d'autres — les femelles —, à trous plus larges et sans
interruption ; d'autres, plus dures que les mâles, qu'on
appelle *tragi* (boucs), à trous très ténus et très rappro-
chés. On les blanchit artificiellement : parmi les plus
souples, on choisit des éponges fraîches, on les imprègne
durant l'été d'écume de sel et on les expose à la lune
et aux gelées blanches en les retournant [2], c'est-à-dire
du côté qui était adhérent, pour qu'elles se pénètrent de
124   blancheur [3]. Nous avons montré que c'était un animal [1] :
du sang y reste même attaché. Certains [2] racontent
qu'elles se gouvernent par le sens de l'ouïe, et qu'elles
se contractent au son qui les frappe en rejetant une
quantité de liquide ; qu'on ne peut les arracher [3] des
rochers et que pour cette raison on les coupe ; et qu'elles
laissent alors échapper un liquide sanieux. De plus on
préfère à toutes les autres celles qui ont été produites
du côté de l'aquilon [4], et les médecins assurent qu'en
aucun être la vie ne se maintient plus longtemps [5] ; que
cette propriété les rend bénéfiques pour notre corps, parce
qu'elles mêlent leur principe vital au nôtre ; et que pour
cette raison les éponges fraîches [6] et humides sont plus
efficaces, moins efficaces les éponges plongées dans l'eau
chaude, ou grasses ou passées sur des corps frottés
d'huile ; et que les éponges épaisses sont moins adhésives.
125   La variété d'éponges la plus souple, ce sont les pinceaux [1].
Imprégnés de vin miellé et appliqués sur les yeux [2], ils

ris aquatilium marinorum. Quidam ita distingunt :
alias ex his mares tenui fistula spissioresque, persor-
bentes, quae et tinguntur in deliciis, aliquando et
purpura ; alias feminas maioribus fistulis ac perpe-
tuis ; maribus alias duriores, quas appellant tragos,
tenuissimis fistulis atque densissimis. Candidae cura
fiunt : e mollissimis recentes per aestatem tinctae
salis spuma ad lunam et pruinas sternuntur inuersae,
hoc est qua parte adhaesere, ut candorem bibant.
Animal esse docuimus, etiam cruore inhaerente. 124
Aliqui narrant et auditu regi eas contrahique ad
sonum, exprimentes abundantiam umoris, nec
auelli petris posse, ideo abscidi ac saniem remit-
tere. Quin et eas quae ab aquilone sint genitae
praeferunt ceteris, nec usquam diutius durare spiritum medici adfirmant ; sic et prodesse corporibus,
quia nostro suum misceant, et ideo magis recentes
magisque umidas, sed minus in calida aqua minusque unctas aut unctis corporibus inpositas et spis-
sas minus adhaerescere. Mollissimum genus earum 125
penicilli. Oculorum tumores sedant ex mulso inpo-

ex his mares *uett.* : ex his maris *RVFTd* existimare *rEX*
-timauere *a* || fistula *RVFEaX* : -las *Td* || persorbentes quae
RVFTd : *om.* EaX || et tinguntur *rTd* : exting- *EaX* et inung-
RVF || *post* fistulis *add.* ac perpetuis *rEaX* || atque *EaXTd* : et
quae *RVF* || e *rEaX* : et *RVFTd* || spuma *EaX* : -mam *RVFTd* ||
sternuntur *RVFTd* : serun- *rEaX* || candorem *rEaXd* : -diorem
RVFT -didiorem *d¹* || etiam *rEaX* : *om.* RVFTd.
124 aliqui *rEaXTd* : -quis *RVF* || sonum *EaX* : somnum
RVFTd || abscidi *VFTdX* : -scindi *REa* || remittere *RVFTd* :
emi- *aX*, *usque ad* § 125 *E non legitur* || *post* quin et lacunam
indic. Mayh. || sint *VFEaTd* : sin *R* sunt *X* || nostro *RVFTd* :
om. EaX || adhaerescere *raX*, *Jones* : -centem *RVF* -cente *Td*
-centes *Mayh.*
125 penicilli *rX* : -celli *Ea* -cillis *T¹* -cilis *T²d* -cinis *RV* feni-
cinis *F* || sedant *Td* : -dante *RVF* leuant *rEaX* || mulso *rEaXTd* :
multo *RVF*.

en font cesser le gonflement ; ils sont aussi utiles avec de
l'eau [3] ; pour en nettoyer la chassie, il convient qu'ils
soient très fins et très souples. On applique les éponges
proprement dites avec de l'oxycrat dans les fluxions oculaires, et avec du vinaigre chaud pour les maux de tête [4].
Du reste les éponges fraîches sont résolutives, adoucis-
santes, émollientes, les éponges vieilles ne réunissent pas
les plaies [5] ; on en use pour les nettoyer [6], les bassiner [7],
les couvrir après fomentation, en attendant d'appliquer
126 autre chose. Elles sèchent aussi les ulcères humides [1] et
les ulcères séniles sur lesquels on les applique. Elles servent très utilement à fomenter les fractures et les plaies [2],
à absorber le sang dans les incisions, permettant d'observer le traitement. Même dans les cas d'inflammation des
plaies, si on ne passe ni huile .... On applique
les éponges tantôt sèches [3], tantôt arrosées soit de vinaigre, soit de vin, soit d'eau fraîche ; quand on les applique
trempées d'eau de pluie elles empêchent de se tuméfier [4]
127 les chairs récemment incisées. On les applique aussi sur
les parties intactes mais souffrant d'une congestion occulte
qu'il faut dissiper, et sur les tumeurs qu'on appelle apos-
tèmes, après avoir enduit ceux-ci de miel bouilli ; on les
applique encore aux articulations [1], tantôt imprégnées de

siti, *i*idem abstergendae lippitudini utilissime e*x* aqua ; tenuissimos et mollissimos esse oportet. Inponuntur et spongeae ipsae epiphoris ex posca et ex aceto calido ad capitis dolores. De cetero recentes discutiunt, mitigant, molliunt, ueteres non glutinant uulnera ; usus earum ad abstergenda, fouenda, operienda a fotu, dum aliud inponatur. Vlcera quoque umida et senilia inpositae siccant. Fracturae et uulnera spongeis utilissime fouentur. Sanguis rapitur in secando, ut curatio perspici possit. Et ipsae uulnerum inflammationibus si nec inunguitur <...> Inponuntur nunc siccae, nunc aceto adspersae, nunc uino, nunc aqua frigida ; ex aqua uero caelesti inpositae secta recentia non patiuntur intumescere. Inponuntur et integris partibus, sed fluctione occulta laborantibus quae discutienda sit, et his quae apostemata uocant, melle decocto perunctis, item articulis aceto salso madidae, alias e posca ;

126

127

---

iidem : idem *codd.* || lippitudini *EaXTd* : -nis *RVF* || utilissime *RVFTd* : -ma *rEaX* || ex *Detl.* : e *codd.* || aqua *E* : -quae *a* -que *X* a *RVFTd* || tenuissimos *edd.* : -mosque *RVFTd* : -mo *rEa* -ma *X* || et *rEaTd* : est *X*, *om.* *RVF* || mollissimos *rEaTd* : -mamque *X*, *om.* *RVF* || esse *TdX* : *om. cett.* || spongeae *RVFT* : -gie *d* shongae *Ea* || ex posca *REaXTd* : exposcet *VF* || ad *TdX* : ab *RVF*, *del.* *r*, *om.* *Ea* || operienda *rEaX* : ape- *RVFTd* || inponatur *rEaX* : adpo- *RVF* imponitur *Td*.

126 inpositae *RVFTdX* : -ta *Ea* || siccant *RVFEaTd*[2] : -tur *d*[1], *om.* *X* || inflammationibus *X*, *uett.* *Mayh.* : flamma- *Ea* inflammationes *RVFTd* || si nec *RVFTd*, *Jan* : *om.* *EaX*, *Mayh.* || inunguitur *Rd*, *Jan qui lac. indic.* : -guntur *T* iniungitur *VF*, *om.* *EaX* *Hard.* *Mayh.* || inponuntur *EaX*, *Hard.* *Mayh.* : *om.* *RVFTd* *Jan* || aceto *Hard.* : ex ac- *codd.* || aqua *RVF*, *Hard.* *Jan* : ex aqua *EaXTd*, *Mayh.* || ex *RVFTdX* : et *Ea* || secta *EaX* : siccat *RVF* siccant *Td*.

127 fluctione *RVFTd* : -tuatione sub *X* -tuationes *Ea* || quae *uett.* : qua *codd.*, *E non legitur* || et *EaX* : ex *cett.* || his *RVFEXTd* : is *a* iis *uett.* *Hard.* *Mayh.* || posca *aXTd*, abhinc usque ad *u.* tepida § 128 *E non legitur* : -cas *RVF*.

vinaigre salé, tantôt trempées d'oxycrat ; si l'inflammation s'accompagne de fièvre ², on les imprègne d'eau. On
les applique mouillées d'eau salée sur les callosités, mais
de vinaigre contre les piqûres de scorpions. Dans le pan-
sement des plaies ³, les éponges — mouillées encore
d'eau salée — tiennent lieu de laine grasse ; la différence est que la laine est émolliente, tandis que les
éponges sont astringentes et absorbent les humeurs
128 viciées des ulcères. On les attache aussi autour des
hydropiques ¹, soit sèches, soit imprégnées d'eau tiède ou
d'oxycrat, chaque fois qu'il faut un traitement adou-
cissant ou que la peau doit être recouverte ou séchée.
On les applique également dans les maladies qui doivent
être traitées à la vapeur : on les arrose d'eau bouillante
qu'on exprime entre deux planches ². Préparées de la
même façon, elles font du bien à l'estomac et, dans la
fièvre, pour combattre l'excès de température ; mais,
pour les maux de rate, on les trempe d'oxycrat, de vinaigre pour l'érysipèle — remèdes plus efficaces que tout
autre ; il faut les appliquer de sorte qu'elles couvrent
129 largement aussi les parties saines ³. Imbibées de vinaigre
ou d'eau froide, elles arrêtent l'hémorragie ¹ ; imbibées
d'eau chaude salée fréquemment renouvelée, elles font
disparaître les bleus produits par un coup récent ² ;
imprégnées d'oxycrat, elles dissipent la tuméfaction
douloureuse des testicules ³. Pour les morsures de chien ⁴,
on applique avec avantage des éponges hachées et
imbibées de vinaigre, d'eau froide ou de miel ; il faut les
arroser abondamment et fréquemment. La cendre ⁵
d'éponge d'Afrique avec du suc de poireau à couper est
bonne pour ceux qui crachent du sang, et pour d'autres

si ferueat impetus, ex aqua. Eaedem callo e salsa, at contra scorpionum ictus ex aceto. In uulnerum curatione et sucidae lanae uicem implent ex eadem ; differentia haec, quod lanae emolliunt, spongeae coercent rapiuntque uitia ulcerum. Circumligantur 128 et hydropicis siccae uel ex aqua tepida poscaue, utcumque blandiri opus est opeririue aut siccari cutem. Inponuntur et his morbis quos uaporari oporteat, feruenti aqua perfusae expressaeque inter duas tabulas. Sic et stomacho prosunt et in febri contra nimios ardores, sed splenicis e posca, ignibus sacris ex aceto efficaciores quam aliud ; inponi oportet sic ut sanas quoque partes spatiose operiant. Sanguinis profluuium sistunt ex aceto aut 129 frigida, liuorem ab ictu recentem ex aqua salsa calida saepius mutata tollunt, testium tumorem doloremque ex posca. Ad canum morsus utiliter concisae inponuntur ex aceto aut frigida aut melle, abunde subinde umectandae. Africanae cinis cum porri sectiui suco sanguinem reicientibus haustus,

---

ferueat *aXTd* : fuerat *RVF* ‖ impetus *Td* : -peratus *VF* -peratur *R* -positus *aX* ‖ eaedem *aX* : ea- *cett.* ‖ at *aXTd* : ad *RVF* ‖ sucidae *TdX* : succi- *RVF* succida *a* ‖ implent *RVFTd* : implent nunc ex uino et oleo nunc *aX*, *Hard.* ‖ emolliunt *aX* : et molliunt *RVF* molliunt et *Td* ‖ coercent *RVFaX* : coar- *Td*.
128 siccae *RVFTd* : -care *a* -catae *X* ‖ ex *RVFX* : *om. aTd* ‖ poscaue *RVFEaX* : posca *Td* ‖ blandiri opus *Sill.* : blandiori opus *RVFTd* blandioribus *EaX* ‖ opeririue *RETd*, *uett.* : operiue *VF* -rireue *aX*, *Mayh.* ‖ siccari *VF* : -re *cett.*, *uett. Mayh.* ‖ aqua *REaTd* : aque *VF* ex aqua *X* ‖ perfusae *RVFEa* : -sa *TdX* ‖ expressaeque *Ea* : -saque *cett.* ‖ stomacho *Mayh.* : inter st- *V* in st- *RFTd* impositae (-ta *X*) st- *EaX*, *uett.* ‖ sed *EaX* : et *RVFTd* ‖ efficaciores *REaXTd* : -catioris *VF*.
129 profluuium *REaXTd* : fluuium *VF* ‖ aut *RVFEaX* : aut aqua *Td* ‖ liuorem — frigida *om. a* ‖ liuorem *REXTd* : liuore in *VF* ‖ ab ictu *EXTd* : abiectu *RVF* ‖ tumorem doloremque *RVFTd* : tumoremque *EX* ‖ abunde *EaX*, *Mayh.* : *om. RVFTd* ‖ haustus aliis *Mayh.* : haustu salis *codd.*, *uett.*

maladies avec de l'eau froide. La même cendre fait
disparaître la fièvre tierce [6] si on la passe sur le front
130 avec de l'huile ou du vinaigre. La cendre d'éponge
d'Afrique dans de l'oxycrat a la vertu particulière de
résoudre les tumeurs, mais la cendre de toutes les éponges qu'on a brûlées avec de la poix arrête le sang des
blessures [1] ; certains ne brûlent pour cet usage que les
éponges à larges trous [2]. On les brûle aussi pour soigner
les yeux [3] dans une marmite de terre crue : cette cendre
est extrêmement efficace contre les granulations et les
excroissances de chair des paupières, et pour tous les
cas où il faut, dans cette région, nettoyer, resserrer, remplir. Dans cet emploi, il est préférable de laver la cendre.
131 Les éponges font aussi office de strigiles [1] et de serviettes
quand on est malade. Contre le soleil, elles protègent
efficacement la tête. Les médecins les ont par ignorance
rangées sous deux appellations : les africaines, plus
solides et plus dures, et les rhodiennes [2], plus douces
pour les fomentations. Mais en fait les plus souples se
trouvent aux environs des remparts d'Antiphellos [3].
Trogue-Pompée atteste que, du côté de la Lycie, il se
forme en haute mer les pinceaux les plus souples, aux
endroits d'où on a enlevé les éponges ; Polybe, que ces
pinceaux, suspendus au-dessus d'un malade, lui donnent des nuits plus calmes.

Nous allons maintenant passer aux animaux marins.

aliis ex frigida, prodest. Idem cinis uel cum oleo
uel cum aceto fronti inlitus tertianas tollit. Priua- 130
tim Africanae ex posca tumorem discutit, omnium
autem cinis cum pice crematarum sanguinem sistit
uulnerum ; aliqui raras tantum ad hoc cum pice
urunt. Et oculorum causa comburuntur in cruda olla
figulini operis, plurimum proficiente eo cinere contra scabritias genarum excrescentesque carnes et
quicquid opus sit ibi destringere, spissare, explere.
Vtilius in eo usu lauare cinerem. Praestant et stri- 131
gilium uicem linteorumque adfectis corporibus. Et
contra solem apte protegunt capita. Medici inscitia
ad duo nomina eas redegere, Africanas, quarum firmius sit robur, Rhodiacasque ad fouendum mollio-
res. Nunc autem mollissimae circa muros Antiphelli
urbis reperiuntur. Trogus auctor est circa Lyciam
penicillos mollissimos nasci in alto, unde ablatae
sint spongeae, Polybius super aegrum suspensos
quietiores facere noctes.

Nunc praeuertemur ad marina animalia.

---

idem *REaXT* : item *VFd* ‖ uel cum *REaX* : cum *VFX* ‖ uel
cum aceto *RVFTd* : uel ac- *Ea* et ac- *X*.
130 discutit *Mayh. Jones* : -tiunt *codd.* ‖ sistit *RVFd* : -tunt
EaXT ‖ genarum *E²aXT²d* : -nerum *E¹T¹* -nerarum *RVF* ‖
spissare *EaXTd* : respi- *VF* respisare *R*.
131 strigilium *EaXTd* : striglium *RVF* ‖ inscitia *VFEa* :
-scitiam *R* -sitia *Td* in cytia *X* ‖ ad *X* : in *VFTd, om. REa* ‖
eas *EaX* : tas *RVFTd* ‖ africanas *EaX* : *inter* Afri *et* canas *inte-*
riec. inserendis praebent — saepius uero quantum (= XXXII
17-43) *RVFTd* ‖ firmius *EaX* : -mior *RTd* formior *VF* ‖ ad
RVFTd : ad eo *EaX* ‖ fouendum *EaX* : eouendum *RVF* eo
uendunt *Td* ‖ antiphelli *RVFTd* : arantipeli *X* arant hippeli *a*,
E non legitur ‖ circa *EaXTd²* : ca *RVd¹* a *F* ‖ ablatae *REaTd* :
-ti *VF* allatae *X* ‖ sint *VFTdE²aX* : sunt *RE¹* ‖ aegrum *EaXTd* :
grum *RVF* ‖ praeuertemur *EaXTd, Mayh.* : reuer- *RVF, uett.* ‖
animalia *RVFEaX* : -lia et aquatilia *Td, Hard.*

COMMENTAIRE

COMMENTAIRE

LISTE

DES PRINCIPAUX OUVRAGES CITÉS DANS LE COMMENTAIRE.

Annales de l'Institut d'hydrologie et de climatologie, Paris, 1923 sqq.

Annuaire des eaux minérales, stations thermales, climatiques et balnéaires de France, Paris, 1913.

J. BELOCH, *Campanien*[2], Breslau, 1890.

M. BESNIER, *Lexique de géographie ancienne*, Paris, 1914.

A. BLUTEAU, *Emploi thérapeutique des eaux potables et des eaux minérales dans l'antiquité gréco-romaine*, Thèse, Bordeaux, 1931.

Y. J.-M. BRUNIES, *L'hydrologie de Pline l'ancien*, Thèse, Bordeaux. 1933.

C. BURSIAN, *Géographie von Griechenland*, 2 vol., Leipzig, 1862 et 1872.

E. CHAPUT, *Phrygie, exploration archéologique*, t. I, Paris, 1941.

J. DAUBRÉE, *Les eaux souterraines*, 3 vol., Paris, 1893.

E. DESJARDINS, *Géographie de la Gaule d'après la table de Peutinger*, Paris, 1869.

Ch. DUBOIS, *Pouzzoles antique*, Paris, 1907.

DURAND-FARDEL, LERBET et LEFORT, *Dictionnaire des eaux minérales*, Paris, 1860.

R. FLECHSIG, *Bäder-Lexikon*, Leipzig, 1883.

J. GORJUX, *Recherches sur les eaux thermales et minérales de l'Hellade, de l'Italie et des Gaules aux temps anciens*, Thèse, Bordeaux, 1913.

A. GRENIER, *Manuel d'archéologie gallo-romaine*, 4e partie, *Les monuments des eaux* I (*Aqueducs, thermes*), Paris, 1960.

J. G. H. GREPPO, *Études archéologiques sur les eaux thermales ou minérales de la Gaule à l'époque romaine*, Paris, 1846

Guida pratica ai luoghi di soggiorno et di cura d'Italia.
Parte III : *Le stazioni idrominerali.* (Touring-Club italiano), Milan, 1936.

« *Guide bleu* » de la Grèce, Paris (Hachette), 1962.

E. H. GUITARD, *Le prestigieux passé des eaux minérales,* Paris, 1951.

P. JOANNE, *Dictionnaire géographique et administratif de la France*: 7 vol., Paris 1890-1905.

Hydrologie : cf. J. F. PORGE.

A. KIEPERT, *Atlas antiquus*[19], Weimar, 1884.

Ch. LASSEN, *Indische Altertumskunde*[2], 2 vol., Bonn, 1852.

L. de LAUNAY, *Recherche, captage et aménagement des sources thermo-minérales,* Paris, 1899.

L. MORET, *Les sources thermominérales. Hydrogéologie. Géochimie. Biologie,* Paris, 1946.

J. L. MYRES, *Geographical history in Greek lands,* Oxford, 1953.

H. NISSEN, *Italische Landeskunde,* 3 vol., Berlin, 1883-1902.

Nouveau guide pour la prescription des cures thermales, Paris, 1956.

Nuova enciclopedia italiana, 1887.

A. ÖNNERFORS, *Pliniana,* Upsal, 1956.

J. Y. PHELIPPAUD, *Oribase et l'hydrologie au IV*e *siècle,* Thèse, Bordeaux, 1935.

A. PHILIPPSON, *Griechische Landschaften,* 8 vol., Francfort, 1950.

A. M. PIERROT, *L'œuvre hydrologique de Sénèque le philosophe,* Thèse, Bordeaux, 1947.

J. F. PORGE et J. ROUVAIX, *Hydrologie du médecin praticien,* Paris, 1953.

Prescription : cf. *Nouveau guide.*

W. M. RAMSAY, *Cities and Bishoprics of Phrygia,* 2 vol., Oxford, 1895.

W. M RAMSAY, *The historical geography of Asia Minor,* Londres, 1890.

L. ROBERT, *Villes d'Asie Mineure*[2], Paris, 1962.

VIVIEN DE St MARTIN, *Nouveau dictionnaire de géographie universelle,* 7 vol. + 2 suppl., Paris, 1879-1897.

1. *aquatilium :* Cf. l'introduction, p.

2. *opifice :* la nature, qualifiée ici d'opifex, est ailleurs *artifex*, comme en 2, 166. Cf. Cic., *Nat.* 2, 142, *quis opifex praeter naturam*, etc.

3. *reciprocos aestus :* Voir *N.H.* 2, 212-220 le développement intéressant, et les observations, justes dans leur ensemble, de Pline sur les marées (*reciproci* § 213). Cf. E. de Saint-Denis, *Les Romains et le phénomène des marées,* in *Rev. de philol.,* 1941, p. 134 à 162.

4. *imperat :* En d'autres passages de *N.H.,* Pline expose qu'il y a quatre éléments (ainsi 2, 10-12). Les feux occupent la région la plus élevée. Puis vient le *spiritus* que Grecs et Romains appellent *aer,* qui s'infiltre partout et apporte un principe de vie (cf. 31, 2, *uitalem spiritum*). C'est sa puissance qui maintient l'équilibre des deux autres éléments, la terre et l'eau (Aristote, outre ces éléments, en distinguait un cinquième, l'éther, αἴθηρ). Le rôle prédominant que Pline attribue au *spiritus uitalis* trahit une influence stoïcienne (πνεῦμα). Cf. Cicéron, *N.D.* 2, 24-25. Sénèque, *N. Q.* 2, 6-9 ; 5, 5, 1-5. Mais en ce passage, Pline souligne, au contraire, la prééminence de l'eau sur les autres éléments : elle engloutit la terre, tue le feu, s'arroge même le ciel et étouffe le souffle vital. Vitruve, 8, *praef.* 1, rappelle que, pour Thalès de Milet, l'eau était le principe de toutes choses, *principium omnium rerum.* Et Sénèque, *N.Q.* 3, 13, 1 : *adiciam, ut Thales ait,* « *ualentissimum elementum est* » (scil. *aqua*) ; il précise qu'aux yeux des stoïciens l'eau est le commencement du monde (*primordium*) mais que le feu en sera la fin. D'après Vitruve encore (8, *praef.* 4), ceux qui célébraient des cultes selon les rites égyptiens s'attachaient à montrer que tout reposait sur le pouvoir de l'eau. Si Pline semble oublier ici l'opinion qu'il émet ailleurs sur le rôle prééminent du *spiritus uitalis,* c'est peut-être un signe de l'enthousiasme qu'il ressent en embrassant la matière de nouveaux livres de son grand ouvrage. On retrouve ici les mêmes traits éloquents ou emphatiques dont s'ornent tant d'autres passages de *N.H.,* notamment les introductions (par ex. les §§ 1 et 2 du livre 27. Voir la note d'A. Ernout, § 2, n. 1).

§ 2.

1. *sublime :* cf. 10, 112.

2. *obtentu :* cf. 2, 153, *tanta nubila obduci.*

3. *uitalem :* cf. 2, 10. 102. 155 ; 8, 166 ; 9, 17 ; 11, 220 (avec la note d'Ernout et Pépin). En 2, 221, la lune est présentée comme l'astre du souffle vital. Cf. Lucr. 3, 577, *uitalibus auris.* Cic., *N.D.* 2, 27 ; Tac., *Ann.* 15, 64, 2.

4. *fulmina :* Sénèque, *N.Q.* 2, 26, 7 dit de même que la présence de l'eau dans l'air, loin d'être un empêchement,

est au contraire une condition des feux célestes (*causa ignium*). « Ceux-ci ne peuvent briller que dans un ciel lourd de nuages ; point de foudre par le beau temps », (P. Oltramare C.U.F.). Pline, il est vrai, admet des exceptions : il cite, 2, 137 extr., un cas de foudre *sereno die*, prodige comme les poètes en rapportent de nombreux exemples. Cf. e.g. Virg., *Georg.* 1, 487, *caelo.. sereno/fulgura* ; R. Bloch, *Les prodiges dans l'antiquité classique*, 3ᵉ partie.

Au livre 2, 112 et 113, Pline rappelle quelques théories sur l'origine des foudres (divisées en *tonitrua, fulmina, fulgetrae*) :

a) Le feu du ciel tombant sur les nuages produit un dégagement de chaleur : *si in nube luctetur flatus aut uapor, tonitrua edi... fulmina... fulgetras*.

b) La force répulsive des astres comprime le souffle émanant de la terre, d'où conflit (*dum rixatur*).

c) Le souffle, en tombant, s'enflamme par frottement.

d) Le choc des nuages écrase le souffle en provoquant l'éclair : (*animum*) *elidi scintillantibus fulgetris* (Cf. Pline, *N.H.* 2, 112-113, comment. de J. Beaujeu, C.U.F.).

Sénèque examine et discute les mêmes théories, *N.Q.* 2, 12 sqq. Sans entrer dans le détail, on peut observer que l'idée de conflit violent y est constamment présente. Par exemple, 2, 12, 5, *eliditur* ; *plaga* ; *collisis nubibus*. 2, 15, *pugna nubium* (*cum aere*) ; 2, 17, *dum spiritus luctatur per obstantia et interscissa* (*nubium*) *uadere* ; 2, 18, *tonitrua sunt nubis ictae sonus* ; 2, 22, 2, *potest ergo fieri ut nubes quoque ignem... uel percussae reddant uel attritae*.

5. *discordante :* Cf. 20, 1 : *quod Graeci sumpathiam* ⟨*et antipathiam*⟩ *appellauere, quibus cuncta constant, ignes aquis restinguentibus, aquas sole deuorante*, etc. Voir la note 4 sur *fulmina*.

6. *mirabilius :* Cf. 2, 103 : *nam nec aquarum natura miraculis cessat*.

§ 3.

1. *causa*. Mayhoff (vol. V, p. 484-485) est revenu sur ce passage, voyant quelque ambiguïté au texte adopté, et se demandant s'il ne faudrait pas lire *causae*. S'il est vrai que dans le groupe *causa fiunt* un *e* peut avoir disparu devant *f*, il est toutefois inutile de corriger les manuscrits. *Causa* ne présente aucune ambiguïté, et ne saurait être pris pour une préposition. L'attribut au singulier en face d'un sujet au pluriel n'a rien d'extraordinaire. Cf. Kühner-Stegmann I, 78, et Önnerfors, *Pliniana*, p. 172.

2. *uicta*. Nous reprenons après Sillig cette leçon de *V* et (avec déplacement du mot) de *FTd*. Elle est sans doute assez difficile, mais offre un sens convenable. Plusieurs conjectures ont été avancées : *uitae*, Detl. (à partir de *uita* des manuscrits *rEaX*) ; *inuita*, C.F.W. Müller (p. 27) ;

iusta, Colon. (1524) et Mayhoff. Mais cette dernière bana-
lise le texte. *Inuita* est peu admissible : pourquoi reconnaître à contre-cœur la vérité que Pline présente avec tant
d'émotion ?

§ 4.
1. *passimque*. ÉMERGENCE DES SOURCES : Si l'on voit
sourdre un peu partout les sources ordinaires, alimentées
par des infiltrations d'eau pluviales et coulant par gravité
jusqu'à leur point d'émergence, il n'en va pas de même
pour les sources thermales. On en trouve sans doute sous
tous les climats, mais non pas en tout lieu comme le suggère
passimque. Selon de Launay (p. 67 sqq.) et Moret (p. 15 sqq.),
elles émergent de préférence aux points de moindre pression
de la surface topographique. C'est pourquoi on en rencontre
un si grand nombre dans des ravins, dans des gorges, le
long des côtes. Dans les Alpes, elles sont presque toujours
situées dans des vallées, le long des cours d'eau (Brides,
Salins, Allevard, St Gervais). Les deux failles bordières
de la Limagne donnent passage aux eaux thermales : Royat,
Chatelguyon d'une part, Vichy d'autre part. Quand les
sources sont situées dans une île restreinte, elles se trouvent
généralement à proximité du rivage, entre la masse de l'île
et la mer, qui exerce d'autre part sa pression hydrostatique
(Voir de Launay, *ibid.*, les cartes des sources thermales de
Lesbos, d'Ischia et de l'île St Paul). Si le *passim* de Pline
est donc erroné du point de vue de la géologie, il est toutefois
pertinent d'une certaine manière, si l'on pense aux différences entre les eaux ordinaires d'origine pluviale et les eaux
thermales. Il existe en effet un certain nombre d'indices
permettant de déceler une source (Pline en énumère quelques-uns § 43 sqq.). Au contraire, le caractère le plus frap-
pant des eaux thermales, c'est qu'elles émergent presque
toujours brusquement, en des points où la nature et l'aspect
du terrain n'indiquent pas *a priori* leur présence. Elles
échappent aux règles empiriques établies pour la détection
des eaux ordinaires.
2. *iunctae* : Il faut comprendre qu'en certains endroits
jaillissent à une faible distance les unes des autres des sources chaudes et des sources froides. La région des Pyrénées,
que Pline cite comme exemple offre en effet plusieurs stations où voisinent eaux chaudes et eaux froides. A Ax-les-
Thermes (Ariège), l'établissement thermal du Couloubret
reçoit de nombreuses sources chaudes (ainsi la source
Hardy 62°), mais aussi deux sources froides, Rougeron 17°5
et La Basse 18°5 (P. Jeanne *s.u.* Ax). A Bagnères-de-Bigorre
la source Salies est à 50°8 et la source Brauhauban à 15°
(*id.*). Bagnères-de-Luchon est peut-être l'ancienne 'Ονησιῶν
θερμά dont parle Strabon, 190, à propos du pays des Con-

vènes et qu'il qualifie de κάλλιστα ποτιμωτάτου ὕδατος.. La source Bayen y a une température de 64° et Sourrouille de 13°5 seulement. A Dax même, la différence entre températures extrêmes est moins importante (31-61°). Mais non loin de là, on trouve aux Eaux-Bonnes (Basses-Pyrénées), la source Vieille (32°) et la source Froide (12°), et, aux Eaux-Chaudes (Basses-Pyrénées), la source Clot (36°25) et la source Minvieille (10°6). Sur Eaux-Bonnes et Eaux-Chaudes, cf. *Annuaire des eaux minérales*, p. 177-179. Brunies écrit, p. 29 : « il nous est permis de croire que Pline (en parlant des Pyrénées) avait en vue les Eaux-Bonnes et les Eaux-Chaudes ».

3. *in Tarbellis* : Il ne s'agit pas d'Ax-les-Thermes en Ariège, comme le croit Ajasson de Grandsagne (note à cet endroit dans son édition de Pline, Paris, Lemaire 1833) mais de Dax dans les Landes, à 40 km de Bayonne. (Ihm, *RE*. II, 1, c. 306-307). Il est vrai que Dax a longtemps été appelée Ax (Aquise aujourd'hui, dans le parler des Basques selon Greppo, p. 96-100). Mais les mentions antiques de *Aquae Tarbellae* (ou *Tarbellicae*) ne laissent aucun doute sur leur emplacement (par ex. Ausone, *Parent*. 4, 11). Les « itinéraires » situent cette ville sur la route qui mène de Pampelune à Bordeaux, et sur les bords de l'Adour (*Itin. Antonin*. 455-456-457). Strabon (4, 190), ne fait aucune mention de sources thermales, mais Ptolémée 3, 7, 8, appelle Dax Ὕδατα Αὐγούστα. E. Vinet, commentant Ausone au xviᵉ siècle, signale à ses lecteurs quelques beaux débris, aujourd'hui disparus de l'antique établissement thermal (Ausone, *Epig*. 108). L'eau de Dax coule de nombreuses sources, d'une température variant de 31 à 61°. La plus connue, la « Fontaine chaude », pour une minéralisation totale de 0,475 g. par litre, contient 0,151 g. de sulfate de soude et 0,170 g. de sulfate de chaux (analyse de Thore et Meyrac, in Durand-Fardel I, 521-522). On prend à Dax des bains d'eau et des bains de boue, pour les rhumatismes et les suites d'entorses et de fractures. Cf. *Annuaire des Eaux minérales*, p. 172-176 : le débit des sources thermales de Dax est si considérable qu'il représente 1/10ᵉ des eaux chaudes de France. La Nèhe, source municipale, est la plus grande nappe d'eau chaude connue.

4. *Pyrenaeis* : La région des Pyrénées possède de grandes richesses hydrominérales. Selon Durand-Fardel II, p. 609-610, on peut y compter de nos jours 106 établissements thermaux exploitant 367 sources. En outre 187 sources connues ne sont pas exploitées.

5. *egelidaeque* : L'usage des auteurs modernes qui traitent des eaux est de les diviser en « froides » (de 6° à 15 ou 20°), « tempérées » (jusqu'à 30°), « thermales » (au-dessus de 30°). Cf. Durand-Fardel II, 837.

6. *deorum :* Cf. Varr., *L.L.* 5, 71 : *A fontibus et fluminibus ac ceteris aquis dei, ut Tiberius ab Tiberi.* D'après Servius (Virg., *En.* 7, 84), chaque source était vénérée comme divine. Cf. Prop. 1, 18, 27, *diuini fontes ;* le serment par les κρῆναι, Sophocle, *Oed. Col.* 1333 ; Ovide, *Fast.* 4, 758. Il y avait à Rome un temple du dieu *Fons* (ou *Fontus*) et une fête des *Fontinalia* (P. Grimal, *Dictionnaire de la Mythologie grecque et romaine,* p. 160 a *s.u. Fons*).

7. *urbesque condunt :* Outre *Puteoli* (Pozzuoli), *Statiellae* (Acqui) et *Sextiae* (Aix-en-Provence), on peut citer *Aquae* (Baden, au sud de Vienne en Autriche), *ad Aquas* en Dacie (Kis-Kalan), *ad Aquas* en Serbie, plusieurs *ad Aquas* en Tunisie, *Aquae* ou *uicus Aquensis* en Savoie (Aix-les-Bains), de nombreuses localités appelées *Aquae calidae* en Thrace, en Gaule, en Afrique, *Aquae Grani* (qui est peut-être l'actuelle Aix-la-Chapelle), *Aquae Mattiacae* (Wiesbaden) et bien d'autres (voir, par exemple, *R.E.* II, 1, c. 294 à 307, s.u. *aquae,* et notamment c. 294-295, articles de Tomaschek, Dessau, Joh. Schmidt, Ihm, Hübner).

8. *Puteolos :* Aujourd'hui Pouzzoles (Pozzuoli) à 10 km à l'Est de Naples (Beloch, pl. III). La *guida pratica* du Tou-ring-Club italien cite, p. 140-141, son « richissime bassin hydrominéral », célèbre pour ses eaux chlorurées sodiques. Il indique 7 établissements de bains, où l'eau jaillit à une température de 37 à 90°. On y donne des bains d'eau et des bains de boue, pour soigner les rhumatismes, l'arthritisme, les affections des voies respiratoires et d'autres maladies (*Guida pratica, ibid.* Cf. Bluteau, p. 70, qui signale le trai-tement de la tuberculose pulmonaire et de certaines der-matoses. Durand-Fardel, II, 571-572, donne le nom de quelques sources et l'analyse de l'eau du *Temple de Sérapis*). Ch. Dubois décrit de façon détaillée Pouzzoles antique. Voir notamment, p. 137-138, le culte des nymphes, d'Escu-lape et d'Hygie ; p. 340-343, la description des ruines de plusieurs établissements thermaux ; p. 345-348, la mention de plusieurs sources chaudes. L'appendice II (p. 385-393) est un répertoire précis des eaux minérales et des thermes de Pouzzoles et de Baïa. Suit (p. 394-410) la « description topo-graphique des stations d'eaux et des ruines de bains antiques entre Bagnoli et Pouzzoles et entre Pouzzoles et Misène ». La richesse thermale de Puteoli est certainement une des causes de son importance considérable à l'époque de Pline. Mais on peut douter que ç'ait été le motif principal de la fondation de *Dicaearchia,* premier nom de cette ville, par des Grecs au vɪᵉ siècle. Cf. Dubois, p. 138. Les fondateurs étaient peut-être Samiens ; la question est controversée. Cf. Nissen, II, 2, p. 737-743 qui souligne qu'aucune monnaie n'a été retrouvée de cette période archaïque ; M. W. Frede-riksen, *R.E.* I, 46, c. 2036-2060 ; Dubois, p. 1-2 ; J. Bérard,

La *colonisation grecque*[2], p. 54-55. Dicaearchia-Puteoli ser-
vait de port à Cumes, avant de devenir, à la fin de la Répu-
blique et jusqu'au début de l'Empire (développement
d'Ostie) le principal port de l'Italie. Pline pense peut-être
à l'étymologie que l'on donnait du mot Puteoli. Ainsi Varron, *L.L.* 5, 25 : *A puteis oppidum ut Puteoli, quod incircum
eum locum aquae frigidae et caldae multae.* Il est vrai que
Varron propose une deuxième étymologie (où il ne tient
pas compte de la différence de quantité *Pŭteoli/pūtor*,
cf. éd. J. Collart, note p. 162) : *nisi a putore potius, quod
putidus odoribus saepe ex sulphure et alumine.*

9. *Statiellas : Aquae Statiellae* en Ligurie, aujourd'hui
Acqui, petite ville de la province d'Alexandrie, sur la Bor-
mida (*N. encicl.*, I, p. 390-392). Pline, *N.H.* 3, 49, la cite
parmi les *oppida* de la 9e région (Hülsen, *R.E.* I, 2, c. 306).
Acqui offre de nombreuses ressources minérales : dans la
ville elle-même jaillissent des eaux sulfurées calciques, les
unes chaudes, les autres froides. La plus réputée est la
Bollente (75°). A deux kilomètres de la ville se trouvent
d'autres sources, sulfureuses et boueuses. Les bains de boue
sont réputés pour certaines affections articulaires, certaines
paralysies locales avec atrophie musculaire, certaines formes
atoniques de rhumatisme (Durand-Fardel, I, 22 ; Flechsig,
p. 154-155 ; Bluteau, p. 69. Étude détaillée dans *N. encicl.* I, p. 390-392. Cf. de Launay, p. 353-354 et p. 252 :
carte des sources thermo-minérales d'Italie).

10. *Sextias : Aquae Sextiae,* aujourd'hui Aix-en-Provence,
sur la route de Fréjus à Arles. Tite-Live rapporte (*Epit.*
LXI) comment, *propter aquarum copiam e caldis frigidisque
fontibus,* le proconsul C. Sextius Calvinus y installa un poste
en 122 avant J.-C. après sa victoire sur les Salluvii (Ihm,
R.E., II, 1, p. 305-306). Aix possède deux sources bicarbonatées calciques : la source de Sextius (34-36°) et la source
de Barret (20-21°). Cette dernière a une minéralisation de
0,51 g. par litre, dont 0,24 g. de carbonate de chaux et
0,10 g. de carbonate de magnésie. Sans spécialisation thérapeutique, ces eaux sont « très convenables... si l'on veut
recourir à une hydrothérapie tempérée et sédative ». On les
utilise pour certains rhumatismes névropathiques et des
maladies de la peau. « Elles semblent posséder des propriétés cicatrisantes plus réelles, à propos des ulcères des membres inférieurs » (Durand-Fardel, I, 43). cf. détails dans
Desjardins, p. 427-430, et Greppo, p. 86-93. Les eaux d'Aix
se sont sans doute refroidies depuis l'antiquité, si l'on en
croit Solin (2, 54, p. 44, 7, Mommsen) : *Aquae quoque Sextiae illic obclaruerunt, quondam hiberna consulis... quarum
calor olim acrior exhalatus per tempora euaporauit nec iam
par est famae prioris.*

11. *Baiano sinu :* Le « golfe de Baïes », plus exactement

toute la baie qui, au N.-E., fait suite à celle de Naples, et qui baignait Puteoli, Bauli et Baïae jusqu'au cap Misène (Cf. Beloch, pl. I et p. 168 à 189 ; Nissen, II, 2, 731 à 736). Baïes était la station thermale la plus fréquentée de l'Italie antique. Les poètes la qualifiaient de *liquidae* (Hor., *Carm.* 3, 4, 24), *uaporiferae* (Stace, *Silu.*, 3, 5, 97) Ovide, décrivant sommairement la côte que longe le navire transportant Esculape d'Epidaure à Rome, signale (juste après Cumes, il est vrai) les *calidi fontes* (*Met.* 15, 715). Depuis le début du Ier siècle avant J.-C., Baïes est devenue la résidence à la mode, où il est de bon ton de posséder sa villa, où se retrouvent l'élite et aussi le demi-monde romains (Cf. Cicéron, *Cael.* 35-49 ; Properce, 11 ; Sénèque, *Epist.* 51 ; 59 ; 108 ; 103 ; Juvénal, 12, 80 ; Strabon, 5, 4, 5 : « Baïes et ses thermes, lieu de cure et de plaisir (τρυφή). » La richesse thermale de Baïes était telle que Néron, entre autres folies — comme son projet d'un canal du Lac Averne à Ostie —, avait entrepris la construction d'un immense réservoir destiné à accueillir toutes les eaux jaillissant de Misène au lac Averne. *Praeterea inchoabat piscinam a Miseno ad Auernum lacum, contectam porticibusque conclusam, quo quidquid totis Bais calidarum aquarum esset conuerteretur ; fossam ab Auerno Ostiam usque, ut nauibus nec tamen mare iretur, longitudinis per CLX milia, latitudinis, qua contrariae quinqueremes commearent* (Suét., *Nero*, 31, 5). Aujourd'hui « toute la côte de Baïes est un désert » (*N. encicl.* III, 102). Des thermes antiques, il reste peu de choses à Baïes même (les *Stufe di Nerone* appelés aussi *Bagni di Tritola*, cf. Beloch). Les bouleversements telluriques, l'invasion du rivage par la mer les ont détruits ou recouverts pour la plupart. La malaria a contribué à désoler cette côte lagunaire. Il ne reste plus que quelques sources connues dans les environs. En dehors des sources de Pouzzoles (voir la note 8 ci-dessus, on peut citer Bagnoli, sur le golfe et près de Baja (Baïes) : sulfurée chaude, elle est employée contre les affections arthritiques, les rhumatismes, les maladies de la peau, et aussi dans certaines paralysies (c'est peut-être auprès de cette source, ou d'une autre analogue, que Cn. Cornélius vint se soigner en 178 avant J.-C. : *Cn. Cornelius consul... parte membrorum captus, ad Aquas Cumanas profectus...*, Liu. 41, 16). La source de Pisciarelli, à Montesecco, entre le lac d'Agnano et la Solfatare, est ferrugineuse sulfatée (75°). D'après Attumonelli et Ronchi (in Durand-Fardel), elle contient une proportion considérable d'alumine. En dépit des bouleversements qui ont affecté cette région et qui interdisent d'identifier les diverses eaux auxquelles Pline fait allusion (*nusquam... pluribus auxiliandi generibus*, etc...), il est possible de l'approuver quand il souligne leur grande variété : eaux sulfureuses comme à

Bagnoli, « alumineuses » à Pisciarelli, salées à Pouzzoles, nitreuses à Pouzzoles peut-être encore (temple de Sérapis), « acides » comme à Castellamare (cf. Durand-Fardel, I, p. 211, *Baïes* ; I, p. 188, *Bagnoli* ; II, 571-572, *Pouzzoles* ; II, 536, *Pisciarelli*).

§ 5.
(Classification des eaux thermales).

1. Classer les eaux thermales ou minérales est un problème difficile, à cause de la complexité de leur composition chimique et de la multiplicité des points de vue auxquels on peut les étudier. Si l'on considère leur température, les mesures sont sans doute aujourd'hui plus précises, mais la classification reste la même que celle de Pline. Celui-ci distingue 4 degrés (§ 4) : chaud, tiède, tempéré, froid, notions relatives qui ont un sens par rapport à l'homme. De même Perrain et Mathieu classaient en 1923 les eaux en isothermiques, hypothermiques, hyperthermiques (d'après Moret, p. 71). On connaît des sources dont l'eau dépasse 100° (Grand Geyser d'Islande, dans le canal d'émission), certaines n'atteignent que 6° (Forges-les-Eaux). Voir de Launay, p. 165, tableau donnant le classement par température des eaux thermales françaises.

On a essayé de classer les eaux d'après leur répartition géographique (alpines, pyrénéennes, du Massif Central, d'Afrique du Nord, etc.) ou d'après la géologie des régions d'émergence (terrains cristallisés..., sédimentaires, etc.). Mais la classification qui prévaut se fonde sur la composition chimique des eaux (L. Moret, p. 70). Il s'agit alors de mettre en vedette la prédominance de tel ou tel principe minéralisateur. C'est ainsi que procèdent Durand-Fardel, I, 454 sqq. (1840) et, après les travaux de Jacquot et Wilm (1894) sur les eaux minérales de France, Jadin et Astruc (*Précis d'hydrologie et de géologie*, Paris, 1932). Les classifications américaines de Stabler et Palmer (1911) retiennent, non pas le degré de concentration des éléments dissous, mais leur proportion relative, c'est-à-dire la capacité de réaction des sels (v. Moret, p. 72-76).

On considère, dans la classification Jadin et Astruc, que l'élément acide, ou électro-négatif, joue le rôle le plus actif. C'est donc sur lui qu'on se fonde pour établir les grandes divisions ; les bases servent à établir des subdivisions.

Voici, à titre d'exemple, les grandes lignes de cette classification :

Eaux bicarbonatées

sodiques {
 bicarbonatées sodiques
 chlorobicarbonatées sodiques
 ferro-bicarbonatées sodiques
}

calciques (même subdivisions que ci-dessus)

bicarbonatées mixtes

Eaux sulfureuses

sodiques {
 sulfurées sodiques
 chlorosulfureuses sodiques
}

calciques {
 sulfurées calciques accidentelles
 chlorosulfurées calciques
 sulfureuses dégénérées
}

nitratées

Eaux sulfatées

sodiques

calciques {
 sulfatées calciques et magnésiennes
 chlorosulfatées calciques
}

Eaux chlorurées sodiques

Eaux ferrugineuses

bicarbonatées ferrugineuses

sulfatées ferrugineuses

crénatées ferrugineuses

Eaux radio-actives

On voit que les indications rapides que donne Pline sur une classification des eaux, bien qu'éloignées de la précision moderne, expriment une préoccupation juste, celle de classer selon le principe chimique le plus actif.

Si on laisse de côté les sources qui, dit-il, n'agissent que par leur chaleur (*uapore ipso*), sources qu'on appelle parfois aujourd'hui hyperthermales, il reste cinq catégories correspondant aux éléments suivants : soufre, alun, sel, nitre, bitume, auxquelles il faut ajouter les sources acides (qu'il désigne ici par *acida salsaue mixtura*, ailleurs, § 9, par *Acidulus, Acidula*) et les sources ferrugineuses (§ 12, *ferruginei saporis*). Il compte donc au total sept classes d'eaux thermales, d'après leurs principes minéralisateurs.

Vitruve, 8, 3, 1, cite l'alun, le bitume et le soufre seulement, mais il n'a en vue dans ce passage que les causes possibles de l'échauffement des eaux. Cf. *infra in fine.*

Sénèque, *N.Q.* III, 2, 1, distingue les sulfureuses, les ferrugineuses et les alumineuses.

Isidore, *Orig.* 13, 13, énumère sel, nitre, alun, soufre.

Ce sont les médecins, Galien et ses successeurs, qui offrent la classification s'approchant le plus de celle de Pline. Ainsi Aetius (VIᵉ s.) distingue sept catégories d'eaux minérales, les mêmes que Pline à une différence près : il remplace les eaux acidulées par les eaux cuivreuses, 1, 3, 167.

Par eaux sulfureuses (ou sulfatées) Pline entend la plupart des eaux du bassin de Pouzzoles par ex. (imbuvables selon Athénée, 43 b.)

Les eaux « alumineuses », sans doute chargées de sulfate d'alumine, sont difficiles à identifier. Cf. Galien, *De med. simpl.* 1, 7. De Launay, p. 364, cite le lac desséché d'Agnana, où sortent de tous côtés des vapeurs chargées d'hydrogène sulfuré qui déposent des enduits de soufre et de sulfate d'alumine. D'une façon générale, l'aluminium ne joue pas un grand rôle dans la composition des eaux minérales (Moret, p. 47).

Les eaux salées sont extrêmement nombreuses (eaux sodiques d'une concentration très variée : 1,12 g. par litre à Néris et 311,93 à Rheinfelden en Suisse (Cf. de Launay, tableau p. 102-103).

Les « eaux nitreuses » rentrent mal dans la classification moderne. Chez les Anciens, elles paraissent mal distinguées des eaux salines en général (Bluteau, p. 60). Les sources nitratées sont considérées aujourd'hui comme rares et curieuses. On cite la source d'Ericeira, au Nord de Lisbonne, qui contient 0,686 g. de nitrates alcalins par litre.

Les eaux bitumineuses ont disparu de la thérapeutique moderne. Galien les considère comme diurétiques, sudorifiques et vomitives (*De san. tuenda,* 4, 4), et cite comme les plus célèbres celles du lac de Palestine appelé mer Morte ou lac Bitumineux. Les sources bitumineuses ne sont pas rares. Ainsi, en France, les sources d'Euzet (Gard) répandent une odeur de bitume si prononcée qu'on les appelle justement « bitumineuses » (Durand-Fardel, I, 268-269). L'Émilie, et surtout la région de Bologne et de Modène, est riche en salses, volcans de boue, fontaines ardentes, comme Pietra Mala, Porretta, Barigazzo. Le puits nº 5 de Salsomaggiore donnait, en 1891, avec de l'eau salée, un demi-baril de pétrole par jour. (De Launay, p. 354 sq.). Les mêmes phénomènes sont signalé en Turquie par exemple (Cf. C. Ritter, *Kleinasien,* I, p. 628, sur les eaux chaudes d'Eskisehir). D'une façon générale, la plupart des eaux salées et des gisements de sel contiennent une certaine proportion d'hydrocarbures (de Launay, p. 117).

Enfin, par « eaux acidulées » il faut entendre nos « bicar-bonatées », dites acides à cause du gaz carbonique qu'elles tiennent en dissolution (Vichy, Vals ; la source d'Orezza, en Corse, renferme jusqu'à 1,248 l de CO^2 par litre). Les Allemands les appellent de la même façon « Säuerlinge ». Cf. les explications que donne Vitruve, 8, 3, 17 et 18, sur leur action anti-calculeuse.

2. *liberto :* Énumérant les affranchis, favoris de l'empereur Claude, Suétone écrit (*Claud.* 281) : *Libertorum prae-cipue suspexit Posiden spadonem, quem etiam Britannico triumpho inter militares uiros hasta pura donauit ; nec minus Felicem... Harpocran... Polybium... Narcissum... Pal-lantem...*

3. *percocunt :* Dans cette région, certaines eaux thermales atteignent, en effet, une température très élevée : 90° à Pouzzoles (selon la *Guida pratica ai luoghi... di cura d'Italia*, p. 140), 100° à Ischia selon Durand-Fardel, II, 837. La source la plus chaude de France est Chaudesaigues (81°). Certains geysers d'Islande atteignent 100° et même davantage.

4. *Licini Crassi :* L. Licinius Crassus, le célèbre orateur, né en 140, mort en 91, consul en 95, censeur en 92 (N. Häpke, *R.E.*, I, 13, c. 245 sqq.). Cicéron fait de lui un des interlocuteurs du *De Oratore*, et le porte-parole de ses propres théories. Cf. également *Brut.* 158-165 (il ne s'agit pas de Marcus Crassus le triumvir, comme le dit Hardouin). Outre les bains que mentionne ici Pline, Crassus possédait un palais sur le Palatin et une villa à Tusculum (Cic., *Balb.* 56). Sur son goût pour le luxe, cf. Pline, *N.H.* 33, 147 et 34, 14. Cf. Dubois, p. 344 : « Les Romains avaient aussi capté une eau jaillissant en pleine mer, autour de laquelle ils avaient construit une île artificielle ». Le même auteur énumère, p. 387, les sources sous-marines de la région de Baïes. Cf. Paus. 8, 7, 23 ; Durand-Fardel, II, 54-55, sur la très importante source sous-marine de Santorin (56° à la surface, sans doute 100° dans les profondeurs.)

§ 6.

1. *generatim... prosunt :* Les indications sommaires que donne Pline sont confirmées par la « crénothérapie » moderne. En voici quelques exemples :

a) §§ 6 et 10 *neruis*: « La crénothérapie a un rôle indispensable dans le traitement à long terme d'un certain nombre de maladies du système nerveux » (Jean-F. Porge et Jacques Rouveix, *Hydrologie du médecin praticien*, Paris, 1953, p. 115). Ainsi, pour les sequelles de paralysies, on prescrit les eaux chlorurées sodiques de Bourbonne, Bourbon l'Archambault, Salins-Moutiers. Pour les états spasmodiques et douloureux on recommande la cure sédative de

Néris et de Lamalou. Les troubles psycho-névrotiques sont soignés à Divonne et à Saujon (états d'anxiété par exemple). Faut-il en rapprocher ce que dit Pline § 8 sur la vertu des eaux de Sinuessa contre l'*insania* ? A Bourbonne, Aix-les-Bains, le traitement des troubles du système neuro-végétatif constitue un véritable triomphe pour la cure thermale (*ibid.*). On rééduque les poliomyélitiques à Lamalou et à Salies-de-Béarn (*Nouveau guide*, p. 26). Peut-être faut-il comprendre sous cette rubrique l'action de certaines eaux sulfureuses dans les névralgies rhumatismales (St Sauveur, Eaux-Chaudes, Olette ; Durand-Fardel, II, 439-440), et dans le traitement des sciatiques (Aix, Dax ; J.-F. Porge, *Hydrol.*, p. 100).

b) § 6 *pedibusue aut coxendicibus* : Cf. le traitement de la coxarthrose par les boues de Dax, celui des périarthrites de l'articulation coxo-fémorale à Dax et à Aix-les-Bains (*Hydrol.*, p. 98). Il faut sans doute entendre, par les termes imprécis de Pline, tous les rhumatismes des membres inférieurs pour un grand nombre desquels, en effet, on prescrit des cures thermales.

c) § 6 *luxatis fractisue* : (cf. Durand-Fardel, I, 348 *s.u.* cal ; *Nouveau Guide*, p. 23 ; *Hydrologie*, p. 106 sqq.). C'est une vertu bien connue des eaux thermales. Henri IV fonda à Aix-les-Bains en 1601 le premier hôpital thermal destiné à soigner ses blessés. Barèges était réputée dès 1642. L'armée entretient actuellement plusieurs hôpitaux thermaux. En 1918, 20.000 blessés y ont été soignés. Les eaux chlorurées (Bourbonne) sont bonnes pour les séquelles récentes de traumatismes, et notamment de traumatismes osseux. On utilise les eaux sulfurées (Aix-les-Bains, Amélie) pour des séquelles plus tardives (notamment articulaires). Les eaux sulfurées fortes (Barèges) et chlorurées fortes (Salies) soignent les séquelles tardives de traumatismes ouverts et les fistules (d'après Michel Fontan, in *Action des eaux thermales*, p. 59 sqq.). Voir *ibid.*, p. 62-63, les résultats des expériences faites au Centre des traumatisés militaires d'Aix-les-Bains en 1944-1945, une bibliographie importante du sujet p. 79 sqq., et, p. 98 sqq., un article du Dr M. Leimgruber sur les résultats obtenus à la station thermale « Zum Schiff » à Baden (Suisse).

d) § 6 *aluos*, § 10 *stomacho*, § 12 *purgat* : eaux minérales laxatives, à Niederbronn p. ex. (Durand-Fardel, I, 486-483). Traitement de la constipation à Chatelguyon et à Plombières, de la constipation des obèses à Brides-les-Bains ; de l'hypo-sécrétion à Pougues-les-Eaux, de l'hyperchlorydrie à Vals et à Vichy (Hôpital), (*Nouveau Guide de la prescription des cures thermales*, p. 7-8).

e) § 6 *uulnera* (et §§ 10, 12, 17) : Certaines eaux facilitent la circatrisation et en particulier l'élimination des esquilles

(Durand-Fardel, I, 271-273) : Barèges, Amélie, Bourbonne. On sait qu'au xvi⁰ siècle Jean d'Albret, qui était à la bataille de Pavie avec François Iᵉʳ, donna aux Eaux-Bonnes le nom d'*Eaux d'Arquebusades* pour exprimer leurs vertus dans le traitement des blessures par balles.

f) § 6 *capiti* : Indication vague. Faut-il penser aux migraines, aux céphalées opiniâtres — malaises liés à l'état général — qui peuvent effectivement céder à l'action d'eaux sédatives, ou même parfois à l'absorption d'eaux bicarbonatées agissant comme eaux digestives ? (Cf. Durand-Fardel, II, 369).

g) § 6 *auribus* : (*Hydrol.*, p. 65 ; *Prescr.*, p. 4 sq.) On utilise de nos jours les eaux du Mont-Dore et de la Bourboule, entre autres, pour traiter des obstructions tubaires des otorrhées et otites à répétition, généralement liées à un catarrhe chronique du rhino-pharynx.

h) §§ 6, 7, 12 *oculis* : Il s'agit sans doute d'affections des muqueuses et non pas de maladies de l'œil lui-même. On prescrit de nos jours l'eau de Schinznach (Suisse), sulfurée calcique riche en hydrogène sulfuré (Durand-Fardel, II, 462-463). La blépharite se traite à Uriage (Isère) (*Hydrol.*, p. 132). Cf. Pline, *N.H.* 18, 11, 2, *fontes Araxi* (dans les montagnes *Leucogaei*) *oculorum claritati*. A Pouzzoles, la source dei Lipposi, employée en collyre, a encore quelque célébrité (Durand-Fardel, II, 572).

i) § 11 *uitiligines* : Il faut rapprocher de ceci l'emploi des eaux minérales en dermatologie. Cf. *Hydrol.*, 128-136 sur le traitement des eczémas, psoriasis, lupus, etc. Durand-Fardel, II, 505-513 rappelle l'association bien connue soufre-maladies de la peau.

j) §§ 9 et 12 : *calculosis*, § 11 : *podagricis*, cf. *Hydrol.*, p. 25 sqq., Durand-Fardel, art. *Gravelle*, II, 46 sqq. C'est une des prescriptions les plus connues des eaux minérales bicarbonatées sodiques (Vittel, Contrexéville, Évian, Capvern). La goutte, à laquelle on attribue les mêmes causes qu'à la lithiase urique, se traite de même par les eaux bicarbonatées sodiques ou chlorurées sodiques de Vichy et de Karlsbad.

k) §§ 8-10 *sterilitatem* : En fait, aucune eau minérale n'agit directement sur la stérilité, qui peut être la conséquence d'un grand nombre d'états. Mais en soignant ces derniers, on remédie parfois à la stérilité. Ainsi la Bubenquelle à Ems (Allemagne) a joui longtemps d'une réputation légendaire. Son eau bicarbonatée sodique exerce une action résolutive dans le traitement des affections utérines, qui peut aboutir au rétablissement de l'activité fonctionnelle de la matrice. (Durand-Fardel, I, 615-623). Dans l'île d'Ischia, la source Citara (47-53°) est réputée contre la stérilité. Utilisée en bains, et en douches internes, elle combat en effet la faiblesse anémique ; agissant à titre de médication tonique et reconstituante, « elle a pu amener d'heureux effets, et acquérir une réputation qui s'étend même à la cure de l'impuissance virile » (Durand-Fardel, II, p. 188). En France, on utilise les eaux de Luxeuil, hyperthermales et radio-actives, qui ont un effet décongestionnant ; les eaux sulfu-rées sodiques de St Sauveur, stimulantes de la tonicité utéro-pelvienne ; celle de Salies-de-Béarn, chlorurées sodi-ques fortes, stimulantes elles aussi (*Hydrol.*, p. 137 sqq.). Cf. Sén., *N.Q.* 3, 2, 2 ; Solin, 5, 21 (Mommsen, p. 58, 1 sqq.) ; Isid., *Orig.* 13, 13, 4.

l) § 12 *tertianas febres* : Quelques eaux passent encore pour guérir les fièvres intermittentes : ainsi Encausse, Cam-pagne, La Bourboule, Cransac. Ce qui est plus probable, c'est qu'elles peuvent modifier les conditions générales de l'économie prédisposant aux fièvres. Durand-Fardel, II, 177-178, rapporte que les habitants de Balaruc (Hérault), quand ils sont pris de fièvre, viennent aux sources se gorger d'eau pendant trois ou quatre jours, traitement qui provoque une super-purgation et peut les débarrasser de leurs malaises.

m) § 9 *lymphatos* : A défaut d'autres rapprochements, on peut signaler le phénomène connu de la « poussée ther-male », accès de fièvre dû à l'usage de certaines eaux, notam-ment celles de Schinznach (Suisse). Cf. Durand-Fardel, s.u. *Poussée*.

2. *Academiam :* La villa de Cicéron, dite *Cumanum*, s'éle-vait sur le territoire de Cumes, à la limite de Pouzzoles, au bord du lac Lucrin (rive Est), là où, à l'époque moderne en 1538, s'est formé le Monte nuovo (Nissen, II, 2, 735 ; Beloch, p. 175. Dubois, append. I, p. 361 à 384, sur les vil-las des environs de Pouzzoles, et p. 366 à 372, sur celle de Cicéron. Cf. Cic., *Ad Att.* 14, 16, 1, *ad Lucrinum* ; *Acad. frg.*, (Plasberg) p. 90, 19 ; note : *nunc sedemus ad Lucrinum pisciculosque exultantes uidemus. Acad.* dédic. 1 et I, 1. Cicéron avait acquis son *Cumanum* en 56 (il acquit en 45 le *Puteolanum*, maison de rapport à Pouzzoles). Il appelle aussi « Academia » son *Tusculanum*, p. ex. *Tusc.* 2, 9 ; 3, 7 ; *ad. Att.* 1, 4, 3 ; 1, 9, 2 ; 1, 11, 3, etc. Il n'est pas surprenant que les « eaux cicéroniennes » aient pu servir de collyre. Cf. n. 1, à propos de *oculis*, et Isid., *Orig.* 13, 13, 2.

§ 7.

1. *Antistio Vetere :* Antistius Vetus, dont le père, Antis-tius Vetus, était propréteur en Espagne ultérieure en 69-68 et avait sous ses ordres César comme questeur. César favorisa à son tour la carrière du fils, questeur, tribun du peuple en 56, consul suffect du 1er juillet au 13 septembre 30. Légat de César, puis légat d'Auguste en 25 (lutte contre les Cantabres, cf. Florus, II, 33). C'est probablement lui

qui acquit le *Cumanum* de Cicéron après la mort de celui-ci. (Klebs, *R.E.* I, 1, c. 2258, n° 47). Dans les inscriptions de Pouzzoles, on rencontre plusieurs fois les *Tullius* et les *Antistius* (Beloch, p. 176, n. 25).

2. *Laureae Tulli :* Tullius Laurea, dont le prénom était sans doute Marcus, puisqu'il était un affranchi de Cicéron. On connaît, du même auteur, trois brèves poésies grecques : une épitaphe de Sapho en quatre distiques (*Anthol. Pal.* 7, 17, sous le nom de Τυλλίου Λαυρέα), trois distiques sur un pêcheur noyé (*ibid.*, 294), et trois distiques sur un enfant (*ibid.*, 12, 24) (F. Münzer, *R.E.* II, 14, c. 1314, n° 40).

§ 8.

1. *Aquae :* Selon A. Stein, *Römische Inschriften in der antiken Literatur* (Prague, 1931), p. 34 et p. 40, on peut se fier à Pline lorsqu'il cite des inscriptions, que souvent il a vues lui-même. D'une façon analogue, Vitruve, 8, 3, 21, cite un poème grec de dix vers gravé sur la pierre près de la fontaine Clitor en Arcadie, et, 8, 3, 23, une epigramme de six vers sur une fontaine de Perse qui fait tomber les dents.

2. *Sinuessanae :* Sinuessa, sur le golfe de Gaète, à 10 km environ au Nord de l'embouchure du Volturno, dans le pays des Aurunci, à l'extrémité Sud du Latium (*N. encicl.*, XX, p. 954). C'est à Sinuessa que la via Appia s'éloignait du littoral de la mer Tyrrhénienne (Kiepert, carte X). La petite ville de Mondragone (province de *Caserte*) s'élève aujourd'hui près de l'ancienne Sinuessa. Le site des eaux sur le rivage, à l'endroit le plus étroit du passage entre la mer et le Massique, s'appelle « I Bagni » ; on y voit encore des restes de bâtiments romains (*N. encicl.*, *ibid.*, Nissen, II, 2, p. 663-665). On vantait la douceur du climat de Sinuessa : *mollis Sinuessa*, Mart. 6, 42, 5 ; *Sinuessa tepens*, Sil. Ital. 8, 527. Agrippine, pour perpétrer le meurtre de Claude, mit à profit l'absence de Narcisse, qui se soignait à Sinuessa : *refouendis uiribus mollitia caeli et salubritate aquarum*, Tac., *Ann.* 12, 66, 1 (en note, à cet endroit de Pline, Hardouin signale par erreur que c'est Claude qui se rendit à Sinuessa, erreur reprise par Bluteau, p. 70). A 106 m.p. de Rome (Philipp, *R.E.*, II, 5, c. 259) Sinuessa était une étape appréciée. C'est là qu'Horace, en route pour Brindes, retrouve ses amis Plotius, Varius et Virgile (*Sat.*, 1, 5, 40). Cicéron y possédait une maison de campagne (*Ad Fam.* 12, 20, *Att.* 14, 8, 1). Les eaux de Sinuessa, qui semblent avoir joui d'une grande vogue sous l'Empire. ont été ensuite abandonnées. Nous n'avons pas trouvé de renseignements sur leur composition et leurs vertus (références épigraphiques : Hülsen, *R.E.* I, 1, c. 306). Sur l'usage des eaux thermales contre la stérilité, voir § 6, note 1 *k*, *sterilitatem*,

§ 9.

1. *Aenaria insula :* Πιθηκοῦ(σ)σα pour les Grecs ,aujour-
d'hui Ischia, île volcanique de 70 km², à 12 km au large du
cap Misène, *in Puteolano sinu,* Pline, *N.H.* 3, 82. (*N.
encicl.* XI, p. 785, Nissen, II, 2, p. 729 ; Beloch, 202-210,
Hülsen, *R.E.* I, 1, c. 594-595). Ischia offre une grande abondance d'eaux minérales et thermales, dont la température
varie de 32° à 100°. La plupart d'entre elles sont chlorurées
sodiques. Certaines agissent contre la stérilité (source
Citara). D'autres, laxatives, peuvent avoir certaines propriétés résolutives (source del Cappone). La source d'Olmi-
tello (44°, riche surtout en bicarbonate de soude et en chlorure de sodium) est prescrite de préférence dans la gravelle
urique (Durand-Fardel, II, p. 188). Cf. Strabon, 5, 4, 9 ;
Bluteau, p. 69. Scrib. Larg. 153, mentionne l'usage du nitre
(sels de soude) dans le traitement des calculeux.

2. *Teano Sidicino :* Aujourd'hui Teano, petite ville de
la province de l'arrondissement de Caserte. Dans l'antiquité,
capitale du pays des Sidicini, population osque aux limites
Nord de la Campanie (on l'appelait Sidicinum pour le distinguer de Teanum Apulum, l'actuel Ciuitate sur le fleuve
Fortore). Position-clef sur la via Latina, commandant le
passage entre la Rocca Monfina et le Mons Massicus, Teanum était, au dire de Strabon 5, 3, 9 et 5, 4, 10, la plus grande
ville sur cette route entre Rome et Capoue (Hans Philipp,
R.E. II, 9, c. 97-99 ; Nissen, II, 2, p. 693 ; Kiepert, carte X).
A peu de distance de la ville actuelle jaillissent encore des
sources minérales qu'on appelle *le Caldarelle.* Elles ne sont
plus utilisées. On voit des ruines d'édifices antiques, dénom-
mées *Il bagno nuovo* (*N. encicl.* XXI, p. 992-994 ; Bluteau,
p. 71). Cf. Vitr. 8, 3, 17.

3. *Stabiano :* Stabiae, aujourd'hui Castellamare-di-Stabia,
sur le golfe de Naples, à 25 km de cette ville, un peu au Sud
de Pompéï (Nissen II, 2, p. 766 ; Beloch, p. 248-251). Vu
les bouleversements volcaniques subis par cette région,
l'emplacement exact de l'ancienne Stabiae ne se laisse pas
identifier (Philipp, *R.E.* II, 6, c. 1925). Stabiae offrait aux
Anciens ses eaux minérales (*Fontibus et Stabiae celebres,*
Columelle, 10, 133) et aussi le lait du *Mons Lactarius* (aujour-
d'hui « Lettere ») qui la domine, lait qui passait pour très
nourrissant et tonique (de nos jours la cure minérale est
parfois complétée, à Wiesbaden par exemple, par une cure
de produits laitiers). On exploite encore à Castellamare plusieurs sources, presque toutes chlorurées sodiques. Mais il
y a aussi une « source acidule », carbonatée mixte, dont la
minéralisation permet de comprendre les vertus que Pline
attribue à *Dimidia.* D'une température de 14 à 19°, elle
contient, entre autres, les éléments suivants (en grammes
par litre d'eau) :

acide carbonique libre	0,143
bicarbonate de soude	0,173
bicarbonate de magnésie	0,055
bicarbonate de chaux	0,273
sulfate de soude	0,300
sulfate de magnésie	0,118

(Durand-Fardel, I, 388-389 ; Flechsig, p. 334). C'est à Stabiae que Pline l'Ancien est mort en 79.

4. *Venafrano :* Venafrum, aujourd'hui Venafro, province
de Campobasso, à 22 km de Caserta (*N. encicl.* XXIII,
p. 23). Sur une colline dominant le Volturnus, Venafrum
était aux limites du Latium, du Samnium et de la Campanie.
Strabon, 5, 3, 9, le compte — au moins une fois — parmi
les villes du Latium. Ptolémée, 3, 1, 68, l'attribue à la Campanie (G. Radke, *R.E.* II, 15, c. 668-670). Le *fons Acidulus*
que Pline situe sur le territoire de Venafrum n'est pas identifié (Nissen, II, 2, p. 789 et p. 820, fait mention de deux
Aquilonia dans le Samnium).

5. *Velino :* Les Anciens appelaient *lacus Velinus* ou, au
pluriel, *lacus Velini* (Pline, *N.H.* 3, 108) l'ensemble des lacs
et des étangs du bassin de Reate (= Rieti, en Ombrie).
Ils disaient également *palus Reatina, paludes Reatinae*
(Nissen, II, 1, 472-474). Le bassin de Reate s'étend de Rieti
au S-E, au lac de Piediluco au N-O. Ce dernier, avec le lac
di Ripa Sottille, le lago Lungo et un esérie d'autres plus
petits, est à considérer comme ce qui reste du Velinus tel
qu'il était au début du IIIe siècle avant J.-C. C'est en 272,
en effet, que le censeur M' Curius Dentatus asssécha ce pays
marécageux et inondé en ouvrant une brèche qui sert de
déversoir vers le fleuve Nar et le Tibre (Cic., *Ad Att.* 4,
15, 5 voir *infra* ; Pline, *N.H.* 3, 109 ; G. Radke, *R.E.* II,
15, c. 625-627). La cascade du déversoir était célèbre.
Aujourd'hui, la Cascata delle Marmore (ou Cascada di
Terni) avec sa masse d'eau tombant d'une hauteur de 143 m.
passe pour la plus belle d'Europe (*N. encicl.* XXIII, 15).
Les variations du niveau des eaux dans le bassin provo-
quaient des différends entre les gens de Reate et ceux
d'Interamna (Terni). Cicéron fut appelé en 54 à soutenir la
cause des gens de Reate (*Ad Att.* 4, 15, 5) ... *Reatini me
ad sua* Τέμπη *duxerunt, ut agerem causam contra Interam-
nates apud consulem et decem legatos, quod lacus Velinus a
M' Curio emissus interciso monte in Nar defluit ; ex quo est
illa siccata et umida tamen modice Rosia. Vixi cum Axio, qui
etiam me ad Septem Aquas duxit.* L'hôte de Cicéron est le
sénateur Q. Axius, ami de Varron (cf. *R.R.* 3, 2, 9 : *tua uilla*
(scil. *Axii*) *ad angulum Velini*). Le *pagus Septem Aquae*
devait être à proximité des *fontes Velini*, au-dessus d'Interamna, que cite Servius (*ad Aen.* 7, 517). Les eaux de ce
bassin déposent de nos jours beaucoup de carbonate de

chaux (*N. encicl.* et Nissen, II, 2, p. 326). Pline, *N.H.* 2, 226, fait allusion à cette propriété (bien qu'il y situe bizarrement le lacus Velinus dans le Picenum) : *in Piceno lacu Velino lignum deiectum lapideo cortice obducitur* (voir G. Radke, *R.E.* II, 15, c. 627 qui suggère de lire ici *flumine Heluino*, l'Helvinus étant un fleuve de Picenum, également très riche en calcaire). Sur l'action anti-calculeuse de ces eaux, cf. Vitr. 8, 3, 17.

6. *Taurum montem :* Chaîne de montagne au sud de l'Asie Mineure, du promontoire Hiéron à l'Ouest jusqu'au Pyramus à l'Est. Mais les Anciens assignaient à ce massif des limites très variables, certains le poussant sans interruption jusqu'à l'extrême-Orient, comme Strabon (voir sur cette question complexe W. Ruge, *R.E.* II, 9, c. 39-50 ; cf. Besnier, s.u. *Taurus*). L'indication de Varron, transmise par Pline, ne permet pas de situer cette source d'une façon précise (= au Nord de la Syrie).

7. *Gallo :* Cf. Pline, *N.H.* 5, 147 et 6, 4. La légende est mentionnée par Ovide, *Fast.* 4, 360. Le Gallos, fleuve de Bithynie, naît près de Modra en Phrygie et se jette dans le Sangarios. Cf. Ramsay, *Asia minor*, p. 182 ; 205 ; 460 ; Ruge, *R.E.* I, 13, c. 614, n° 3.

8. *Fonte Rubro :* Ces faits légendaires sont repris par plusieurs auteurs latins.

Ovide, *Met.* 15, 317 sq. :

Quodque magis mirum, sunt qui non corpora tantum,
Verum animos etiam ualeant mutare liquores.
Cui non audita est obscenae Salmacis undae
Aethiopesque lacus ; quos quisquis faucibus hausit,
Aut furit aut patitur mirum grauitate soporem.

Sénèque, *N.Q.* 3, 20, 5, se référant à Ovide, écrit : (Les lacs d'Éthiopie dont parle le poète) *similem habent uim mero, sed uehementiorem. Nam, quemadmodum ebrietas, donec exiccetur, dementia est et nimia grauitate defertur in somnum, sic huius aquae sulphurea uis habens quoddam acrius ex aere noxio mentem aut furore mouet aut sopore opprimit.* Cf. Isid., *Orig.* 13, 13, 4 ; Diod. Sic. 2, 128 (Wessn.). L'histoire remonte à Ctésias, comme on peut en juger par les *Excerpta* de Sotion et par Antigonos de Car., 160 : « Ctésias rapporte qu'une source d'Éthiopie a une eau rouge comme le cinabre ; ceux qui en boivent deviennent fous. C'est ce que rapporte aussi Philon, qui a composé des Aethiopica ».

Il faut peut-être rapprocher ces fables de la croyance populaire selon laquelle les divinités des sources frappaient de folie ceux qui les voyaient (Cf. P. Grimal, *Dictionn. de mythologie*, p. 270a, *s.u. lymphae*, qui souligne le rapport entre *lymphae et lymphatus*).

9. *Ctesias :* cf. note 1 au § 21.

§ 10.

1. *Albulae :* Aujourd'hui *Acque Albule*, à 20 km de Rome près de Tivoli (Hülsen, *R.E.* I, 1, c. 295-296). Elles sont citées par de nombreux auteurs anciens : Vitr. 8, 3, 2, *in Tiburtina uia flumen Albula*. Pausanias, 4, 35, 10 et 11, affirme les avoir visitées. Il faut croire que leur couleur blanche l'avait frappé, puisqu'il les cite, dans son livre sur la Messénie, à l'occasion d'une digression sur les eaux colorées. Cette coloration s'explique par la nature sulfurée des Aquae Albulae : *Canaque sulphureis Albula fumat aquis*, dit Martial, I, 12, 2. Vitruve, 8, 3, 2, les rapproche d'autres sources froides, sur le territoire d'Ardée, *qui sulphurati dicuntur*, et mentionne l'altération de leur odeur, de leur goût et de leur couleur. Ce sont des eaux sulfurées froides (ὕδατα ψυχρά, Strabon, 5, 3, 11). Leur action bienfaisante sur les blessures est signalée, après Pline, par Isidore de Séville, *Orig.* 13, 13, 1. Au xvie siècle, on les conseillait encore en bains dans les lésions traumatiques, au rapport de Baccius (Durand-Fardel, s.u. Albules). Bien que déchues de leur antique renom, elles seraient utilisées selon Gorjux (p. 45) et Bluteau (p. 68) ; cf. M. Manfredini, *Boll. Serv. geol. Ital.*, 71, 1947-49, p. 113-119.

Pline ne signale pas d'autres emplois de ces eaux, qui paraissent avoir été courants de son temps (Brunies, p. 32). Auguste les faisait chauffer pour soigner ses nerfs (Suét., *Aug.* 82, 2). Caelius Aurelianus, *Chron.* 2, 48 et 5, 40 leur reconnaît la vertu générale des eaux froides et les recommande contre l'arthrite et la goutte. Strabon, 5, 3, 11, indique qu'elles sont utilisées « pour des affections variées ». D'une façon plus précise, on les voit associées à l'eau de mer : *balineae marinis et albulis fluentes aquis*, Suét., *Nero*, 31, 2 ; *marinis Albulisque*, Suét., *Aug.* 82, 2. La question se pose peut-être du rapport entre ces *Aquae Albulae*, dont le débit était important (« venant de nombreuses sources », Strabon, *ibid.*) et qui se déversaient dans l'Anio, et *Albula*, ancien nom du Tibre, selon Varron, *L.L.* 5, 30 (voir la note 1 de J. Collart), et Pline, *N.H.* 3, 53.

2. *Cutiliae :* Aujourd'hui *Bagni di San Vettorino* près de Paterno (*N. encicl.* XIX, p. 325) sur la Via Salaria entre Reate (Rieti) et Interocrium (Antrodoco), un peu à l'Est de Ciuita Ducala (Nissen, II, 1, p. 475). Suét., *Vesp.* 24, 1 : *Cutilias ac Reatina rura* (*Vespasianus*)... *petit.* C'est là que moururent Vespasien et Titus (Suét., *Tit.* 11, 1). Vitruve, 8, 3, 5 qualifie l'eau de Cutilies de froide et nitreuse et signale son emploi purgatif. Le lac voisin, en contre-bas, passait pour le centre de l'Italie ; Pline, *N.H.* 3, 109, *in agro Reatino Cutiliae lacum*... *Italiae umbilicum esse M. Varro tradit.* Il était célèbre par son île flottante (cf. Pline, *N.H.* 3, 109, *in quo fluctuetur insula*) consacrée à la victoire et dont

l'accès était interdit. Une île flottait également sur le *Lacus* *Vadimonis* près de l'actuel Bassano en Toscane (Nissen, *ibid.*, p. 342) ; cf. Pline, *Epist.* 8, 20. Ce phénomène se renouvelle de nos jours sur le *Lago della Isola natante* près de Tivoli (les Anciens l'avaient d'ailleurs correctement expliqué par l'agglomération d'herbes sèches avec du carbonate de chaux).

3. *inuadunt :* le concept exprimé par *inuadunt corpora* paraît correspondre à celui d' « agressivité » usuel dans l'hydrothérapie moderne.

4. *Thespiarum :* Thespies, vieille ville de Béotie, au pied de l'Hélicon, sur la rive sud du Thespios, célèbre par ses bonnes sources. Cf. Pline, *N.H.* 3, 25 (*oppidum liberum Boeotiae*) ; Paus. 9, 26, 6 ; Bursian, *Geogr.* I, 237, sqq. ; Fiehn, *R.E.* II, 11, c. 37 à 59. On y honorait notamment Asklépios et Éros (Paus. 9, 27) lors des fêtes des 'Ερωτίδεια (*I.G.* VII, n° 48), qui se célébraient, accompagnées de jeux athlétiques, tous les cinq ans. Athénée, 41 f, rapporte l'opinion de Théophraste (*H.P.* 9, 18, 10) selon laquelle « il y a des lieux où l'eau est prolifique (παιδογόνον), par exemple, à Thespies, mais à Pyrrha elle est stérilisante (ἄγονον) ». Cf. § 6 *k*, *sterilitatem*.

5. *Elatum :* Ce nom de fleuve n'est attesté nulle part ailleurs. Pline mentionne une ville de Crète, Elatos, *N.H.* 4, 59 ; une montagne de Zacynthe, Elatus, *N.H.* 4, 45 ; cf. *R.E.* I, 9, c. 2240-2242 ; Pausanias, un fleuve intermittent nommé Elaphos (masc.) en Arcadie, 8, 36, 7.

6. *Linus :* source qui n'est pas autrement connue.

7. *Pyrrha :* Pyrrha est, dans les livres géographiques de Pline, le nom que portent huit villes différentes (Cf. Detlefsen, Index). Chez Strabon, ce nom désigne un sommet (13, 1, 51), plusieurs villes, un promontoire de Béotie, et une île à proximité (9, 5, 14). Cf. ci-dessus, n. 4.

§ 11.

1. *Alphio :* Strabon, 8, 3, 19 signale dans le Péloponnèse, en Elide, une source donnant naissance à un marécage. On se guérit des dartres (vitiligo, lichen) en s'y baignant. Et Strabon ajoute : « On dit aussi que l'Alphée doit son nom au fait qu'il guérit le vitiligo » (en effet τὸ ἄλφος = *uitiligo*, cf. *N.H.* 30, 120, n. 2). Sans doute l'Alphée n'est pas un lac, mais un fleuve. Pline peut désigner ainsi, non pas le fleuve dans son ensemble, mais un certain bassin ou lac qu'il formerait en telle partie de son cours. Ou bien y a-t-il contamination entre les données relatives au marais et celles qui concernent le fleuve ? Antigonos, 153, attribue la même vertu à la rivière Ophiussa (?).

2. *Titium :* On connaît deux *Titius praetor* à qui cette anecdote pourrait convenir : L. Titius, contemporain de

Cicéron, cf. Val.-Max. 8, 3, 1 (Rudolf Hanslik, *R.E.* II, 6, c. 1558, n° 14) et C. Titius Rufus, préteur urbain en 50 av. J.-C. (F. Münzer, *R.E.* II, 6, c. 1568-1569, n° 37). Il s'agit sans doute du premier, vu le cognomen du second, C. Titius.

3. *Cydnus :* Petit fleuve de la Cilicia Pedias, qui passe à Tarse. Vitruve, 8, 3, 6 dit de même : (par opposition à Trézène) *Ciliciae uero ciuitate Tarso flumen est nomine Cydnos in quo podagrici crura macerantes leuantur dolore* ; cf. Orib., *Collect. med.* 5, 3, 35.

4. *Cassi Parmensis :* C. Cassius Parmensis (cf. Cicéron, *Fam.* 12, 13) prit part à l'assassinat de César et combattit ensuite aux côtés de Brutus et de Cassius. En 42, il est en Asie, où il commande l'armée et la flotte. Il se rallie à Antoine en 36. Après Actium, il s'enfuit à Athènes, où Octave le fait assassiner (Val.-Max. 1, 7, 7). Connu comme poète, cf. Hor., *Ep.* 1, 4, 3 (Skutsch, *R.E.* III, c. 1743, n°: 80 et 1744).

5. *Troezene :* Ville d'Argolide, sur le golfe Saronique, près d'Epidaure. Son climat passait pour très malsain (Isocr. 19, 21). De nos jours encore, la partie Nord de la plaine de Trézène est marécageuse. L'eau de Trézène était décriée. Ainsi Théophraste, rapporté par Athénée, 42 a : « D'autres eaux ont jusqu'à une espèce de corps et comme une pesanteur en elles, par exemple celle de Trézène : celle-ci, en effet, dès qu'on la goûte, vous fait immédiatement la bouche pleine ». Vitruve, 8, 3, 5 et 6, explique comment certaines eaux peuvent rendre goutteux. Il cite certaines sources d'Athènes et du Pirée, dont on peut éviter les mauvais effets en buvant l'eau des puits : *Troezeni non potest id uitari, quod omnino aliud genus aquae non reperitur... ; itaque in ea ciuitate aut omnes aut maxima parte sunt pedibus uitiosi*. Le vin lui-même y passait pour malsain. Cf. Pline, *N.H.* 14, 117, et Théophr., *H.P.* 9, 18, 11 : « A Trézène, le vin rend stériles ceux qui en boivent. »

§ 12.

1. *Tungri :* Ville du Limbourg belge, Tongres, connue d'abord, dans l'antiquité, sous le nom d'Atuaca, Aduatuca (Caes., *B.G.* 6, 32). On peut voir de nos jours aux environs de cette cité deux sources, la « fontaine de Pline » (ou de St Gilles) et la fontaine de la Montagne de fer. Nombreux vestiges de la cité romaine (Jourdain et van Stalle, *Dictionnaire de géographie historique de Belgique*, Bruxelles, s.d. [1896], s.u. Cf. A. Longnon, p. 386-387 ; E. Desjardins, p. 73-74). Les eaux de Tongres, comme celles de Spa, sont bicarbonatées ferrugineuses. Littré comprend que Pline, par *Tungri*, désigne l'actuelle Spa. De même, K. Scherling, *R.E.* II, 14, c. 1345 à 1359, spécialement c. 1346 (« l'eau

décrite par Pline est certainement celle de Spa au S.-O. d'Eupen ») ; (au contraire, à proximité même de Tongres, selon A. Wankenne, in *Les Études classiques*, 33, 2, 1965, p. 169). Il faut conserver, malgré Mayhoff, la leçon *stellan-tem* des manuscrits *Ea*, qui dépeint exactement l'aspect d'une eau riche en gaz carbonique sous forme de nombreuses bulles brillantes et pétillantes. La précision de cette description laisse penser que Pline — qui est d'ailleurs le seul Ancien à mentionner ces eaux — s'appuie sur une expérience personnelle, qu'il aurait pu avoir lors de son séjour en Belgique. Le phénomène de changement de couleur s'explique aisément, le bicarbonate de fer se transformant, sous l'effet de la chaleur, en gaz carbonique et en oxyde de fer qui donne à l'eau sa teinte rouge (Brunies, p. 32).

2. *Leucogaei* : Cf. Pline, *N.H.* 18, 114 et 35, 174. Les Λευκόγαια ὅρη, colles *Leucogaei*, sont une ligne de hauteurs qui embrassent le Solfatare de Pouzzoles au Nord et à l'Est. Elles doivent leur nom à la couleur neigeuse de la pierre volcanique, décolorée par les fumerolles (Beloch, p. 25 ; Nissen, II, 2, p. 743 ; Philipp, *R.E.* I, 24, c. 2277). Les sources Leucogées, sulfureuses chaudes, jaillissent dans ce massif. Cf. § 4 n. 8, *Puteolos*, à propos de *Acqua di Pisciarelli* et § 6, n. 1 *h*, *oculis*.

3. *Cicero in admirandis* : Sur les conseils d'Atticus, Cicéron entreprit en avril 59 une œuvre géographique (*Att.* 2, 4, 3 ; 6, 1). Il étudia Sérapion, mais des difficultés l'arrêtèrent dans son travail (*Att.* 2, 7, 1). Pline cite deux fois les *Admiranda* de Cic., 31, 12 et 51. Cf. Priscien, *G.L.K.* II, 267, 5. Sur l'utilisation de Cicéron par Pline, voir Münzer, *Quellenkritik der Naturgesch. des Plin.*, p. 173 sqq. (consulter Schanz-Hosius, *Röm. lit.*, I, 4, 534 sqq. ; *R.E.*, I, 13 c. 1271. Voir les *Admiranda* dans les *Ciceronis fragm.*, ed. Klotz, IV, 3).

4. *Reatinis* : se reporter à la note 5 du § 9 sur *Velino lacu*. Cf. Isid., *Orig.* 13, 13, 6 *Reatinis paludis aquis iumentorum ungulas indurari*.

§ 13.
1. *Eudicus* : Inconnu d'autre part.

2. *Hestiaeotide* : Il s'agit de l'Hestiaeotide en Eubée, et non pas d'une contrée de la Thessalie. Cf. Strabon, 10, 1, 14, cité n. 3, ci-dessous ; Arist., *Mirab.* 170 ; l'Hestiaeotide d'Eubée est la région de la ville d'Hestiaea, à l'extrémité Nord de l'île. Voir la carte de l'Eubée *ap.* Tümpel, *R.E.* I, 11, c. 854. Isidore, *Orig.* 13, 13, 5, confond les deux régions : *In Thessalia duo sunt flumina : ex uno bibentes oues nigras fieri, ex altero albas, ex utroque uarias.*

3. *Ceronam, Nelea* : Ces noms désignent vraisemblable-

ment deux cours d'eaux d'Eubée, qui, réunis, forment le fleuve Budoros. Celui-ci se jette dans la mer près de Kerinthos. Cf. Bursian, II, 402. Pline parle seulement des sources de ces cours d'eau, alors que les auteurs grecs les désignent comme des ποταμοί. *Nelea* est une correction de Hardouin pour *Mellea, Melle, Mellam* codd. La conjecture *Melan* de l'édition de Cologne (1524), satisfaisante pour le sens, s'appuie sur *N.H.* 2, 230. Mais elle n'a pour elle l'autorité d'aucun manuscrit. D'autre part, en 2, 230, *Melas* est associé à *Cephisus* et non pas au fleuve appelé Cerona (de même, Vitr. 8, 3, 14 : *sunt... in Boetia flumina Cephisos et Melas* ; Sén., *N.Q.* 3, 25, 3 cite un fleuve *Melas* en Béotie, sans nommer le second). La tradition grecque est unanime à attribuer ces vertus colorantes à un fleuve *Neleus*. Strabon, 10, 1, 14 : « Il y a en Eubée les fleuves Kereus et Neleus ; s'ils boivent à l'un, les moutons deviennent blancs, mais noirs, s'ils boivent à l'autre. » (Cf. Arist., *Mir.* 170 : *Neleus* ; Antig., *Mir.* 84).

Nous conservons la forme *Ceronam* des manuscrits bien que seul Antigonos, *Mir.* 84, appelle Κέρων le fleuve cité conjointement avec Νηλεύς. Les autres auteurs le nomment Κέρβης (Arist.) ou Κερεύς (Strabon). La correction d'Urlichs *Cerona* ne s'impose pas.

4. *Thuriis :* Thurii, fondée en 443 à proximité de l'emplacement de l'ancienne Sybaris, à l'embouchure du Crathis, sur le sinus Tarentinus ; cf. Pline, *N.H.* 3, 97, *oppidum Thuri inter duos amnes Crathim et Sabyrim.*

5. *Crathim, Sybarim :* Le Crathis et le Sybaris étaient deux fleuves côtiers se jetant vers Thurii dans la partie occidentale du sinus Tarentinus. Le Sybaris (aujourd'hui Coscile) aurait reçu son nom d'après un fleuve d'Achaïe (Strabon, 8, 7, 4), ainsi que le Crathis. Cf. Philipp, *R.E.* II, 7, c. 1005-1011, nᵒˢ 10 et 13, et Honigmann, *R.E.* I, 11, c. 1646. Pline est le seul auteur qui attribue à ces rivières des vertus exactement opposées. Selon Strabon, 6, 1, 13, le Sybaris rend nerveux et craintifs (πτυρτικούς) les chevaux qui y boivent ; le Crathis blanchit ou blondit les cheveux, et guérit en outre nombre de maladies. Aristt., *Mir.* 169, présente, abrégées, les mêmes observations. De leur côté Antigonos, 149, et Vitruve, 8, 3, 14, citent uniquement le Crathis, Vitruve sans préciser, Antigonos en indiquant son action décolorante. Ovide, *Met.* 15, 315-316, écrit :

Crathis et hinc Sybaris nostris conterminus aruis
Electro similes faciunt auroque capillos,

attribuant au Sybaris les vertus reconnues traditionnellement au Crathis. Sur ces mêmes questions, cf. Sén., *N.Q.* 3, 25, 3 et 4 (Sén. ne cite pas le Crathis et le Sybaris).

§ 14.

1. *Haliacmonem* : Cf. Strabon, 7, frg. 5 : « l'Haliacmon se jette dans le golfe de Salonique. » C'est aujourd'hui la Vistritza. Ni en ce passage, ni ailleurs (*ibid.*, 12 ; 14 ; 20 ; 22), Strabon ne mentionne les vertus tinctoriales des eaux de l'Haliacmon. Pour Sénèque, *N.Q.* 3, 25, 5, qui se réfère à Théophraste, le fleuve de Macédoine qui teint en noir les moutons est le Pénée. Le nom de celui qui teint en blanc manque dans les manuscrits.

2. *Axium* : L'Axius (ὁ Ἀξιός) — le Vardar — le fleuve le plus important de la Macédoine, prend sa source dans le massif de Scardos et se jette dans la mer entre Therme (Thessalonique) et Chalastra. Selon Oberhummer, *R.E.* I, 2, c. 2629-2630, Pline serait le seul à faire état des propriétés colorantes de l'Axius. Homère lui accordait « la plus belle des ondes » (κάλλιστον ὕδωρ, *Il.* 2, 850). Mais Strabon, 7, frg. 21, critique cette opinion : l'Axios, dit-il, est bourbeux (θολερός) ; c'est la source *Aia*, qui se déverse dans l'Axios, qui a une eau très pure (cf. *ibid.*, frg. 23). Pausanias, 5, 1, 5, rapporte les origines légendaires du fleuve.

3. *Lusis* : *Lusi* (οἱ Λουσοί, Paus. 8, 18, 7), localité et canton d'Arcadie entre Kynaitha et Clitor (Bölte, *R.E.* I, 13, c. 1890-1899 ; voir *ibid.*, c. 1893-1894, l'extrait de la carte de la Grèce). A 1.000 m. d'altitude, sans écoulement vers l'ouest, le bassin de Lusi était, avant l'époque moderne, marécageux et malsain. Antigonos, 152, et Arist., *Mir.*, 125, signalent le même fait, d'après Théopompe, et ajoutent qu'il se voit également à Lampsaque.

4. *Aleos* : Telle est la leçon de tous les manuscrits. Nous la conservons pour cette raison, bien que le nom de ce cours d'eau ne soit mentionné sous cette forme nulle part ailleurs. Au livre 5, 116 et 117, Pline cite un fleuve *Aleon*, qui coule justement à proximité de la ville d'Erythrae en Ionie. Mais les sources des livres 5 et 31 sont en partie différentes (toutefois, une faute de copiste au livre 31 n'est pas exclue, vu le nombre de finales en -*s*).

§ 15.

1. *Trophonium* : (G. Radke, *R.E.* II, 13, c. 678-695) Τροφώνιος, dieu local, à caractère chthonien, honoré à Lébadia en Béotie. Il est généralement donné pour le fils d'Apollon (Paus. 9, 27, 5), mais quelquefois aussi pour le fils de Zeus et de Jocaste. D'où l'expression Ζεὺς Τροφώνιος (Strab., 9, 2, 38). Il y avait là un oracle très ancien, que Paul-Émile visita : *Lebadiae quoque templum Iouis Trophonii adit :* ... *sacrificio Ioui Hercynnaeque facto, quorum ibi templum est, Chalcidem... descendit.* (Liu. 45, 27, 8). Pausanias décrit 9, 39, 2 sqq. « le bocage de Trophonios », où Koré aurait fait

jaillir le fleuve « Hercyna ». On y voyait les statues d'Asclépios et d'Hygie, à moins que ce ne soient celles de Trophonios et d'Hercyna. Aux §§ 7 et 8, Pausanias rapporte le
cérémonial imposé aux consultants. Les prêtres les menaient
d'abord vers les sources, et ils buvaient l'eau dite du Léthé
pour oublier tous leurs soucis, puis celle de Mnémosyne
pour se souvenir de ce qu'ils verraient.

2. *Hercynnam* : Des sources puissantes alimentent la
dernière partie du cours du « Potamis tis Livadias » et
notamment « Chilia », appelée parfois de nos jours la plus
belle source de Grèce (Vischer, cité par Bölte, *R.E.* I, 15,
c. 690-691). Cette dernière partie serait le fleuve appelé
autrefois Hercyn(n)a (Bursian, I, 207). Cf. note précédente.
Urlichs (*Reisen u. Forschungen*, I) situe à l'emplacement de
la source dite aujourd'hui « Krya », à peu de distance en
aval de « Chilia », les anciennes fontaines du Léthé et de
Mnémosyne (voir la légende, P. Grimal, *Dict. de mythol.*,
p. 206 a, *s.u.*). La forme *Hercynnum* de Sillig et de Mayhoff
s'appuyant sur les manuscrits est unique. Il convient
de rétablir la finale en *-nam* pour tenir compte du grec
(Paus.) et de Tite-Live. Bien que Paus. offre *Hercyna*, on
écrira *-cynna* conformément à Tite-Live et à une inscrip-
tion grecque du Ier siècle après J.-C. : ῾Ερκυννα, *I.G.* IX,
2, 614.

3. *Cescum, Nous* : Κέσκος, ville non identifiée de Cilicie,
près du fleuve Νοῦς (Ruge, *R.E.* I, 21, c. 358), cf. Suid.,
s.u. ; Hesych., *s.u.* ; Zenob. 4, 51 (*Paroemiogr.* I, 99). Certains auteurs modernes pensent avoir identifié le fleuve Νοῦς
(ainsi V. Langlois, *Voyage dans la Cilicie*, p. 196, Cuinet
La Turquie d'Asie, II, 63). Selon Kiepert, *FOA*, VIII, il se
jetterait dans la mer au S.-O. de Corycos. Cf. Ruge, *R.E.* I
34, c. 1490. Les manuscrits offrent les formes *Nuus, Nouus
Unus*. Compte-tenu du grec, il vaut mieux adopter *Nous*,
les Latins devant dans ce cas décliner *Nous, Noi* comme
Alcinous,-noi (Cf. Ovide, *Pont.* 2, 9, 42 *Munifici mores...
Alcinoi* [fin de pentamètre]).

4. *Chia* : Les manuscrits portent *cea*. Il s'agit donc de
l'île Cea, en grec généralement ἡ Κέως (c'est l'île la plus
proche de l'Attique au S.-E., à 40 milles nautiques du
Pirée). Sur la forme *Cea* pour *Ceos*, cf. Pline, *N.H.* 4, 61.
Mais Strabon ne signale rien de tel dans la description qu'il
fait de Ceos, 10, 5, 6. Isidore situe les mêmes faits à Chios,
Orig. 13, 13, 3. Et Vitruve écrit, 8, 3, 22 : *item est in insula
Chia fons e quo qui imprudentes biberint fiunt insipientes.* Les
manuscrits de Vitr. ont *Chia* (c'est-à-dire l'île de Chios cf.
Pline *N.H.* 5, 136) ; mais les éditeurs (notamment V. Rose,
Teubner, 1857) ont corrigé en *Cia* en s'appuyant justement
sur Pline ; (*Cia* étant une autre forme de *Cea*, cf. Liu.
36, 15, et Κήϊος ou Κεῖος chez Hérodote). On peut

penser inversement qu'une forme ancienne *Chia* devenue *Cia*, a été corrigée ensuite en *Cea*, forme dominante en latin pour *Ceos*. En restituant *Chia*, on retrouve l'accord avec Vitr. et Isid.

5. *Zamae* : Même observation plus développée chez Vitruve 8, 4, 24 et 25. Cf. Isid., *Orig.* 13, 3, 2.

§ 16.

1. *Eudoxus* : Eudoxos de Cnide, mort vers 355, mathématicien et astronome célèbre, connu aussi comme médecin, philosophe, géographe. Strabon le cite avec éloges en plusieurs passages, notamment 1, 1, 1 ; 9, 1, 2 ; il avait écrit une γῆς περίοδος, description complète du monde connu de son temps (cf. Plut., *De Iside et Osir.* 353 C). Lorsque les références anciennes mentionnent simplement *Eudoxos*, sans précision, on admet qu'il s'agit d'Eudoxos de Cnide, de loin le plus célèbre parmi ses homonymes (Hultsch, *R.E.* I, 12, c. 931, 6 et c. 947, 21). Mais on a pu parfois attribuer au Cnidien la responsabilité d'affirmations imputables à Eudoxos de Rhodes, auteur d' Ἱστορίαι, qui vivait au IIIe siècle avant J.-C. et grand amateur de faits extraordinaires (Diog. Laert. 8, 90). L'anecdote relative à la vertu étonnante du *lacus Clitorius* s'accorde mieux, semble-t-il, avec ce que l'on sait du Rhodien qu'avec le personnage d'Eudoxos de Cnide (cf. Jacoby, *R.E.* I, 12, c. 929). A signaler pour mémoire Eudoxos de Cyzique, connu pour ses grands voyages aux Indes et pour sa tentative d'un périple de l'Afrique.

2. *Clitorio* : Κλείτωρ (Hérod. 2, 536), ville d'Arcadie sur le fleuve du même nom, à 7 stades de son confluent avec l'Aroanios (aujourd'hui Katsana), Paus. 8, 21, 1. *Clitorium*, Pline, *N.H.* 4, 20. La région de Clitor comprenait la source du Ladon (Théophr., *H.P.* 9, 15, 6). Mais il est ici question de la source du temple d'Artémis près de Lusi, non loin de Clitor (*in agris Clitorii* selon l'expression de Vitruve, 8, 3, 21). A preuve l'accord des auteurs qui ont rapporté la légende des filles de Proetos, guéries de leur folie par Mélampous, fils d'Amythaon. Cf. Ovide, *Met.* 15, 322-328 ; Vitruve, 8, 3, 21, rappelle la légende et cite l'épigramme de dix vers gravée sur la fontaine, où l'on lit notamment :

φεῦγε δ'ἐμὴν πηγὴν μισάμπελον

(avec un jeu de mots sur Mélampous). Cf. Oribase, *Collect. med.*, 5, 3, 35. Isidore, *Orig.* 13, 13, 2 transporte cette source en Italie.

3. *Theopompus* : Théopompe de Chio, né sans doute vers 378-376 av. J.-C. Il aurait été l'élève d'Isocrate. Orateur, historien, il avait composé des *Hellenica*, des *Philippica*, et un recueil de Θαυμάσια (cf. Rich. Laqueur, *R.E.* II, 5, c. 2176, nos 9 à 2223 et spécialement c. 2212-2213). Les

« sources dont nous avons parlé » sont mentionnées *H.N.* 2, 230-231.

4. *Mucianus* : voir note 5 au § 19.

5. *Andri* : Andros, celle des Cyclades qui est le plus au nord, au S.-E. de l'Eubée et la plus vaste après Naxos. Andros est ici le nom d'une ville de l'île, célèbre par son temple de Dionysos dont la source (appelée Διὸς Θεοδοσία) donnait, dit-on, du vin, pendant les sept jours que duraient les fêtes de dieu (*Nonis Ianuariis*, Pline, *N.H.* 2, 231). Cf. Philippson, 4, p. 89-97. Hirschfeld, *R.E.* I, 1, c. 2169-2171. Pausanias, 6, 26, 2, rapporte la même légende : « le vin coule spontanément du sanctuaire » (§ 1 et 2 il raconte comment, dans le temple de Bacchus à Elée, trois bouteilles vides cachetées étaient retrouvées pleines le lendemain !). Les auteurs anciens fournissent de nombreuses indications sur les sources enivrantes. Ainsi Antigonos, 180, d'après Théopompe ; Vitruve, 8, 3, 20 ; Ovide, *Met.* 15, 329-331 ; Athénée, 42 e, d'après Théophraste, et 43 d, d'après Théopompe. Oribase, *Collect. med.*, 5, 3, 35 ; Vib. Sequ. 2, 6.

§ 17.

1. *Polyclitus* : Sans doute Polycritos de Mende, historien et paradoxographe de la fin du ve et du début du ive av. J.-C. Cité notamment par Arist., *Mir.* 112 ; Antig. 135 ; Diod. 13, 83, 3 sqq., Diog. Laert. 1, 6, (cf. K. Ziegler, *R.E.* I, 42, c. 1760-1761, n° 7). Nous n'avons pas voulu corriger la leçon des manuscrits, Diodore ayant également Πολύκλειτος (Πολύκλιτος *P*).

2. *Lipari* : Le Liparis, fleuve côtier de Cilicie, qui coule près de Soles. Aujourd'hui *Mezetlü Su* ou *Hakmun*. Pline, *N.H.*, 5, 93... *praeterea intus flumina Liparis, Bombos, Paradisus...* Vitr. 8, 3, 8 : *alii autem per pingues terrae uenas profluentes uncti oleo fontes erumpunt, ut Solis, quod oppidum est Ciliciae, flumen nomine Liparis, in quo natantes aut lauantes ab ipsa aqua unguuntur.* Cf. Antig. 135. Les Anciens ont relevé de nombreux cas de sources grasses. Cf. Strabon, 10, 5, 20, sur l'eau du Titaresios (nom poétique de L'Europos) qui est λιπαρόν; elle ne se mélange pas à celle du Pénée, mais surnage ἠύτ' ἔλαιον. Solin, 58, 6 : *In lacu Agrigentino oleum supernatat.* Antigonos, 154, rapporte qu'à Mutistratos (près de Carthage) une source coule οἶον ἐλαίῳ. Elle brûle dans les [lampes. Vitruve, 8, 3, 8, cite un lac d'Éthiopie, une fontaine de l'Inde, une source de Carthage. Cf. Antigonos, 144 (asphalte sur la mer au large de la Thrace) et 163 (eau qui s'enflamme) ; Isid., *Orig.* 13, 13, 2 (lac d'Éthiopie), etc... Cette onctuosité de l'eau peut être due à la présence d'hydrocarbures (voir note 1 du § 5, à propos de *bitumen*). Mais il arrive aussi que des eaux thermales paraissent grasses au toucher par

suite de la présence de matières organiques, dites conferves ; ainsi dans les Pyrénées. A Plombières, un groupe de sources est appelé « Les Savonneuses » (de Launay, p. 205).

3. *Solos* : (Σόλοι, lat. *Soli*) Soles, ville côtière de Cilicie (*Trachea*), non loin de la limite entre *Cilicia Trachea* et *Cilicia Pedias*, aujourd'hui Mezetlu. Cf. Ruge, *R.E.* I, 15, c. 935-938 ; Besnier, s.u. *Cilices*, et la carte Ramsay, *Hist.*, p. 330. Cf. Pline, *N.H.* 5, 92. Pline dit *Solos Ciliciae* pour éviter la confusion avec *Soli* dans l'île de Chypre, cf. *N.H.* 5, 130.

4. *Lycos* : Lycos de Rhégion qui, selon Suidas, serait le père adoptif du poète tragique Lycophron. Il est qualifié d'ἱστορικός par Suidas, d'ἱστοριογράφος par Tzetzès. Suidas parle notamment d'une ἱστορία Λιϐύης et d'un Περὶ Σικελίας. Lycos est sans doute contemporain de Timée (IVe-IIIe siècles av. J.-C.). Mais son œuvre doit être plus ancienne que celle de Timée. Ce dernier, ainsi que Callimaque, aurait exploité les renseignements fournis par Lycos (Laqueur, *R.E.* I, 25, c. 2404, n° 50, à 2407).

5. *Oratis* : Peuple habitant la côte de l'actuel Béloutchistan, à l'ouest du delta de l'Indus, et à l'est de la côte dite des Ichthyophages. Cf. Pline, *N.H.* 6, 75, énumérant les peuples indiens : *Ab his* (scil. *Nareis*) *Oratae quorum regi elephanti quidem X sed amplae uires peditum...* (sans variante). En grec Ὠρεῖται, quelquefois Ὠρῖται. Cf. Arrien, *Anab.* 6, 22, 3 (O. Stein, *R.E.* I, 35, c. 942-951). Cf. également Arrien, *Ind.* 21, 8 et 22, 10 (distinction entre *Arabeis* et *Orites*).

6. *Ecbatanis* : Ecbatane, capitale de la Médie. Weissbach, *R.E.* I, 5, c. 2155-2158 (notamment c. 2156), estime qu'on peut douter de l'exactitude du renseignement donné par Pline. Il s'appuie sur Curt. 5, 1, 16, et sur Plut., *Alex.* 35, 1. Pline donnerait également des indications fausses, *N.H.* 6, 42-43 et 133, sur la situation d'Ecbatane par rapport à diverses villes et aux Portes Caspiennes.

7. *Scotusaeis :* Σκοτοῦσ(σ)α en Thessalie, au Nord-Est de Pharsale, sur la route moderne de Supli à Arnautli (Bursian, I, 70 sqq ; Stählin, *R.E.* II, 5, c. 613-615). Cf. Strab. 9, 5, 20. Adjectif et ethnique Σκοτουσσαῖος, *I.G.* 9 (2), 519. Ne pas confondre avec *Scotussa* (*oppidum Thraciae*), Pline, *N.H.* 4, 42, à la frontière N.-E. de la Macédoine (comme fait Dalechamp). A propos de la première, Pline écrit, *N.H.* 4, 35, *Scotussaei ciuitas libera Macedoniae* (c'est-à-dire de la Thessalie annexée à la Macédoine). A Scotussa en Thessalie, on honorait Asclépios, peut-être auprès de la source célèbre pour ses vertus dans la guérison des blessures. Cf. Arist., *Mir.* 117 ; Antig. 157. On identifie parfois cette source avec la source moderne Βρυσούλα, à dix minutes à

l'Ouest de Supli, dont l'eau n'a d'ailleurs aucune vertu
curative (v. Georgiades, *Thessalia*, Volo, 1894, p. 218).

§ 18.
1. *Iuba* : fils du roi Juba Ier de Numidie, vaincu par
César. Élevé en Italie dans l'entourage d'Auguste, il est
placé par celui-ci sur le trône de Maurétanie. Érudit (ἀνὴρ
πολυμαθέστατος, Athénée 83 b), le roi Juba rédigea une
quantité d'ouvrages de géographie et d'histoire (*studiorum
claritate memorabilior etiam quam regno*, Pline, *N.H.* 5, 16).
Outre une *histoire romaine*, Juba avait écrit sur le *Nil*, sur
l'Arabie, sur l'*Assyrie*, sur la *Libye*. Il est probable que le
fait cité dans ce § est tiré du Περὶ Ἀραβίας (Cf. les *mirabilia*
rapportés *N.H.* 8, 35-107 et 32, 10). Pline souligne, 6,
170, que Juba est le meilleur connaisseur de la côte des
Troglodytes : *Iuba qui uidetur diligentissime persecutus haec*
(cf. F. Jacoby, *R.E.* I, 18, c. 2384-2395).
2. *Trogodytis* : Terme désignant plusieurs peuples pri-
mitifs habitant, au moins en partie, dans des cavernes
(ainsi sur la côte Ouest de la Mer Noire, cf. Strabon, 7, 7,
12 et Pline 4, 80 ; au Caucase, Strabon, 11, 5, 7 ; à l'intérieur
de la Libye, Pline, 5, 34 ; en Inde, Pline, 7, 16). Il s'agit
ici, comme le plus souvent, des Troglodytes de Nubie, dans
la région côtière du *sinus Arabicus*, au Sud et au Sud-Est
du royaume égyptien (K. Jahn, *R.E.* II, 7, Nachtrag,
c. 2497-2500).
3. *Insanum* : Aucune référence ne permet d'éclairer ce
passage. Isidore, *Orig.* 13, 13, 9, se borne à résumer le texte
de Pline, sans reprendre le nom *Insanus*. On connaît les
Insani montes au Nord de la Sardaigne à l'Ouest d'Olbia,
que Ptolémée, 3, 3, 7 appelle Μαινόμενα ὄρη. Besnier explique leur nom par les fréquentes tempêtes qui battent cette
côte. Selon Philipp (*R.E.* I, 17, c. 1560-1561), *Insanus* peut
exprimer non seulement l'égarement de l'homme devant des
éléments déchaînés, mais aussi le caractère malsain d'une
région marécageuse. Le *Lacus Insanus* du pays des Troglodytes doit son nom, selon Pline, à sa *malefica uis*, qui
peut être physique et morale à la fois. Toute explication de
l'alternance, six fois en vingt-quatre heures, d'eaux douces
et d'eaux saumâtres dans le *lacus Insanus* ne serait, vu la
documentation disponible, qu'une hypothèse gratuite. On
peut seulement signaler d'autres observations du même
genre — d'où étaient tirées parfois des conclusions erronées :
ainsi Antigonos, 148, Solin, 5, 16, sur le double cours d'eau
sortant de la source de l'Himère en Sicile, l'un doux, l'autre
salé. Ainsi Athénée, 43 d, sur une source dont l'eau est
douce à la surface, saumâtre en profondeur. Quant aux serpents blancs qui infestent le *lacus Insanus*, sans rappeler
la légende scandinave qui leur impute l'activité des sources

(selon J. Grimm, *Deutsche Mythologie*, cité par E. H. Guitard, p. 10) on peut penser aux récits nombreux qui faisaient de l'Orient une contrée où abondent les reptiles.
Pline, 6, 169, parlant justement de la Troglodytique, écrit :
neque alia regio fertilior est earum (scil. *serpentium*).
4. *pondus* : cf. Antig. 166 ; Solin 37, 6.

§ 19.
1. *Marsyae* : selon Ramsay, *Cities... of Phrygia*, II,
p. 399-401, il s'agit de l'actuel Dineir-Su, torrent impé-
tueux qui se jette dans le Méandre. On connaît plusieurs
autres fleuves de ce nom (cf. Burckhardt, *R.E.* I, 14,
c. 1986-1995, où les n°s 1 et 2 sont des affluents du Méandre,
le n° 3 un affluent de l'Oronte, le n° 4 un affluent de
l'Euphrate. Cf. également L. Robert, p. 126, note 5). Sur
une pièce de monnaie, Marsyas représente la source du Méandre (Imhoof-Blümner, *Fluss= und Meergötter*, 1923,
p. 297, et L. Robert, p. 398, note 5). Selon certaines légendes,
Marsyas aurait été transformé en fleuve par Apollon (P. Grimal, *Dictionn. de mythol.*, p. 278 a, *s.u.*). Démon phrygien
aux traits de Silène, Marsyas résidait dans la vallée d'Aulo-
crène, à proximité de Celaenae (où justement le fleuve
Marsyas sort d'un lac). Cf. Solin, 40, 7 ; Paus. 10, 30, 9 ;
Isidore, *Orig.* 13, 13, 7, reprend le fait signalé par Pline.
2. *Celaenarum* : Celaenae (plus tard Apamea), aujourd'hui
Dinéir, ville d'Asie Mineure, au Sud de la Phrygie, près des
sources du Méandre.
3. *Claeon, Gelon* : Sources près d'Apamée (*Celaenae*) en
Phrygie (W. Ruge, *R.E.* I, 13, c. 1013-1014, n° 8 et I, 21,
c. 547). Ramsay raconte qu'en 1891 il avait décidé d'explo-
rer toutes les sources de la région d'Apamée (*Cities... of
Phrygia*, II, p. 407-408). Il s'aperçut que la source appelée
Duden par les indigènes était formée en réalité de deux
autres sources. La plus éloignée, difficile d'ailleurs à repérer,
lui parut émettre un bruit très semblable à des pleurs, à
des sanglots entrecoupés. L'autre faisait entendre à s'y
méprendre, un bruit de rire. S'appuyant aussi sur le témoignage de sa femme, Ramsay conclut : « No one who goes to
these two fountains and listens will entertain the slightest
doubt that they are « the Laughing » and « the Weeping ».
4. *Cyzici* : Kyzikos, ville importante sur la côte sud de
la Propontide, à l'étranglement de la presqu'île Arctonne-
sos, (voir L. Robert, pl. XIV, carte de H. Kiepert revue
par L. Robert) citée par Pline, 5, 142. Aujourd'hui Bal-Kiz
(Ruge, *R.E.* 1, 12, s.u.). Isidore, *Orig.* 13, 13, 3, écrit d'après
Pline : *Cyzici fons amorem Veneris tollit.* Mais nous n'avons
trouvé sur ce point aucune indication antérieure à Pline.
Pour Oribase, *Collect. med.* 5, 3, 31, c'est le fleuve Sybaris
qui rend les hommes chastes. Pausanias, 7, 23, 3, signale

que l'eau du Sélemnos, en Achaïe, passe pour guérir l'amour.

5. *Mucianus :* C. Licinius Mucianus, mort entre 75 et 77, bien connu pour le rôle actif qu'il joua en faveur de Vespasien contre Vitellius (Cf. notamment Tacite, *Hist.* 2, 76 sqq.). L'essentiel de sa carrière se déroula en Orient. Légat en Lycie (Pline, *N.H.* 12, 9 et 13, 88), en Syrie (Tacite, *Hist.* I, 10), il a peut-être été aussi en Arménie (*N.H.* 5, 83). Il avait réuni en 11 livres ses *Acta* et en 3 livres ses *Epistulae* (Kappelmacher, *R.E.* I, 25, c. 436, n° 116 a). Il avait publié un autre ouvrage, sans doute un recueil d'*Admiranda* (publication située en 67 par Brun, *De C. Licinio Muciano*, Diss. Leipzig, 1870). Pline cite son nom dans les *Indices* de onze livres de *N.H.* (il oublie de le mentionner parmi ses sources dans neuf autres livres). Dans son texte, Pline cite nommément Mucien 32 fois, toujours pour appuyer un fait merveilleux ou insolite (ainsi, 7, 36 : femme changée en homme ; 8, 6, éléphant connaissant l'alphabet grec, etc.). Pline ne manque pas de souligner que Mucien est parmi les auteurs qui ont le plus récemment rapporté ce qu'ils ont vu : *N.H.* 13, 68, *Mucianus ter prodidit nuper* etc... ; 16, 213, *Mucianus ter consul ex iis qui proxime uisa scripsere.*

§ 20.
1. *Crannone :* Κραννών, ville de Pélasgiotide en Thessalie à 22 kms au Sud de Larisa. Il en reste des ruines (Stählin, *R.E.* I, 11, c. 1580-1585). Κραννών était parmi les villes les plus puissantes de Thessalie, qui battaient monnaie depuis 480 (E. Babelon, *Traité des monnaies grecques et romaines*, II, 1009 sqq.). C'est sa source qui avait valu à la ville son nom éol. Κράννα = Κρήνη (Prellwitz, *De dial. Thess.* Diss. Koenigsberg, 1885, p. 30). Athénée, 42 c, mentionne également, d'après Théophraste, cette eau et ses vertus : « A Crannon, il y a une eau modérément chaude qui conserve chaud le vin qu'on y mêle jusqu'à deux et trois jours ». Il n'y a plus aujourd'hui de source chaude sur le site de Crannon. Il se peut qu'elle se soit trouvée près du temple d'Asklépios ; c'est du moins l'hypothèse que soutiennent Bursian, I, 67 sq. et Georgiades, *Thessalia*, Volo, 1894, p. 153. Ce dernier veut même la reconnaître dans une source — actuellement froide — qui coule près de l'église de Hadschilar.

2. *Mattiaci... fontes :* Aujourd'hui Wiesbaden sur la rive droite du Rhin à 9 km de Mayence. Les Mattiaci, rameau isolé du peuple germain des Chattes, occupaient cette région au sud du Taunus (Ihm, *R.E.* I, 1, c. 302 ; Schönfeld, *R.E.* I, 28, c. 2320-2322). 29 sources chaudes ou froides y jaillissent au milieu de terrains de sédiment. Les principales sont Kochbrunnen (69°), Adlerbrunnen (63°), Schutzenhofbrunnen (50°), Faulbrunnen (13°). L'eau est chlorurée sodique. Kochbrunnen par exemple a une minéra-

lisation de 8,77 g. par litre, dont 6,83 g. de chlorure de
sodium. Très abondantes, les sources se déchargent dans un
canal commun Warmebach, qui se jette dans le Salzbach
auquel elles communiquent une saveur salée et une température assez élevée pour l'empêcher de geler, même par les
plus grands froids. L'eau de Wiesbaden a un aspect trouble,
sa couleur tire sur le jaune. Les analyses du chimiste Fre-
zenius (1849) signalent un sédiment concrétionné, connu
sous le nom de *sinter*, qui s'amasse dans toutes les dépen-
dances des eaux, sédiment composé en grande partie de
carbonate de chaux (0,41 g. par litre dans Kochbrunnen).
Selon le Dr Braun (*Monographie des eaux minérales de
Wiesbaden*, 1853) ces eaux ont, à forte dose, un effet purgatif. Prises en bains, elles sont stimulantes et conviennent aux états morbides, au lymphatisme, au rhumatisme
chronique, à la dyspepsie (d'après Durand-Fardel, s.u.
Wiesbaden, et Flechsig, p. 629-631). On a trouvé à Wiesbaden des restes de thermes romains (Schönfeld, *R.E.*,
ibid.).

§ 21.

1. *Ctesias :* Ctésias de Cnide, d'une vieille famille de
médecins qui prétendait remonter à Asklèpios. On situe à
la fin du ve et au début du ive siècle la période où il a produit. Il avait écrit une géographie descriptive en trois
livres (Περιόδος), des *Indica* et des *Persica*. Bien qu'il n'eût
pas la réputation d'un auteur très scrupuleux et qu'il
mêlât faits réels et fables évidentes, il passait pour le meilleur connaisseur de l'Inde avant l'expédition d'Alexandre.
Il n'est guère cité que dans les recueils de faits extraordinaires (Antigonos, Apollonios, Pline ; cf. 31, 9 ; 25 et *passim* ;
Gell. 9, 4, 3). Cf. F. Jacoby, *R.E.* I, 11, c. 2032 à 2073,
et P. Chantraine, *Arrien, L'Inde*, notice p. 2 et 3.

2. *Silan :* (Cf. Wecker, *R.E.* II, 15, c. 7-8). On peut suivre
cette légende depuis le ve siècle avant J.-C. jusqu'à Isidore
de Séville (lequel, *Orig.* 13, 13, 7, reprend l'erreur d'un
manuscrit plinien *Siden stagnum*). Antigonos de Carystos,
146, invoque, comme Pline, le témoignage de Ctésias ; il
ajoute même que bien des gens confirment le phénomène
qui se reproduit dans d'autres eaux (en effet, au § 150,
Antigonos cite un étang des Indes où tout coule sauf l'or,
le cuivre et le fer !). Diodore de Sicile puis Arrien se réfèrent
à Mégasthène, qui connaissait bien l'Inde pour y avoir
résidé comme ambassadeur entre 302 et 297 avant J.-C.
(Diod. Sic. 2, 37, 7 ; Arrien, *Ind.* 6, 2 et 3, essaye d'expliquer le fait par la faible densité de l'eau, qui serait, pour
ainsi dire, « aérienne »). A l'époque d'Auguste, Strabon,
15, 1, 38 fait état du scepticisme d'Aristote et de Démocrite
à cet égard, et s'efforce de dépouiller le phénomène de son

apparence merveilleuse, en invoquant des expériences connues de magnétisme. La mention de Démocrite oblige à repousser avant Ctésias la connaissance de cette légende par les Grecs ; ce que confirme le *Paradoxographus Vaticanus Rohdii* (Keller, 36) : « Hellanikos dit qu'il existe en Inde une source appelée Sillè où s'enfoncent même les objets les plus légers » (cf. Reese, p. 30). Hellanikos de Lesbos, mythographe et chroniqueur auteur de nombreux ouvrages de géographie (Περσικά, Σκυθικά, Λεσθικά) était actif au milieu du ve siècle avant J.-C., avant Ctésias (Cf. F. Jacoby, *R.E.* I, 8, c. 104, no 7, à 153). Il n'a pas une grande réputation d'esprit critique. Ajoutons que le savant allemand C. Lassen identifie *Silan stagnum* avec le fleuve indien *Sila* ou *Sailoda*, qui traverse le pays fabuleux des Uttara Kuru et qui change tout en pierre (Cf. *R.E. ibid.* ; P. Chantraine, *Arrien, L'Inde*, p. 30, n. 3 et C. Lassen, in *Zeitsch. f. die Kunde des Morgenl.*, II, 63).

3. *Auerno :* A la base du promontoire du cap Misène, entre Cumes à l'Ouest et Baies à l'Est, le lac Averne occupe un cratère volcanique de 1 km de diamètre. Sa profondeur atteint 65 m. (Beloch, p. 168-172 et planche I ; Nissen, II, 2, p. 736). Il s'appelle aujourd'hui Lago d'Averno (Hülsen, *R.E.* I, 2, c. 2286). En 37 av. J.-C. Agrippa y créa l'éphémère *Portus Iulius*, destiné à abriter la flotte contre les attaques de Sextus Pompée, en faisant communiquer l'Averne avec la lagune dite lac Lucrin, et en perçant un tunnel de l'Averne à Cumes (Cf. Virg., *Géorg.* 2, 161-164). A partir de cette époque, les bords de l'Averne se couvrent de villas de luxe. On voit encore sur la rive Est les ruines du « temple d'Apollon ». La tradition attache au lac Averne de nombreuses légendes. Sur sa côte Sud se trouve la grotte dite de la Sibylle. Ses eaux atteignaient, croyait-on, une profondeur immense (Arist., *Mir.* 102). C'est là que la fable situait la νέκυια de l'Odyssée (Strabon, 5, 4, 5-6). Les nombreuses sources chaudes des environs attestaient la proximité du Pyriphlégéton (Croyances rapportées par Strabon *ibid.* et par Arist. *ibid.*). Une eau potable coulait près de la mer : tous s'en écartaient, la considérant comme l'eau du Styx ! (Strabon *ibid.*). La fable relative aux feuilles qui ne surnagent pas sur l'eau de l'Averne remonte, au-delà de Caelius cité par Pline, à Arist. 102 : « voici une autre merveille : alors que de nombreux arbres dominent le lac, que certains sont inclinés au-dessus de lui, on ne peut voir aucune feuille posée sur l'eau... » L'action sur les oiseaux est également mentionnée par Strabon (*ibid.*), mais comme un on-dit imputable aux indigènes. Il dit, avec plus de précision que Pline, que les oiseaux tombent s'ils volent *au-dessus* des eaux de l'Averne ; et il indique comme cause plausible de cet accident le dégagement de certains gaz,

comme on en voit aux grottes dites « Entrées des Enfers ». Arist. (*ibid.*) dément formellement cette légende : « Il est faux qu'aucun oiseau ne vole à travers l'Averne : en effet, au dire de ceux qui y ont été, une quantité de cygnes l'habite ». Cette légende tenace — survivant à l'utilisation de l'Averne comme port et lieu de plaisance — était appuyée par l'étymologie que les Anciens donnaient à Auernus : Ἄορνος « sans oiseaux » (Cf. Virg., *Æn*, 6, 242) .Sur les étymologies modernes, bien différentes de l'ancienne, mais divergentes et mal assurées, voir Walde-Hofmann, *L.E.W.*, *s.u.*). Lucrèce, traitant des *Auerna... loca... lacusque* (6, 738 sqq.) rappelle d'abord cette étymologie : *... Auerna uocantur nomine... ... quia sunt auibus contraria cunctis* ; puis il s'efforce de fournir une explication rationnelle du phénomène : l'asphyxie des oiseaux est provoquée par des émanations toxiques ; dans la région de Cumes, dit-il, (747-748), « les montagnes remplies de soufre exhalent d'âcres vapeurs qu'accroissent encore celles des sources chaudes » (trad. A. Ernout). On peut supposer que, l'étymologie populaire aidant, certains faits réellement constatés en quelques endroits du *Baianus sinus* ont été rapportés exclusivement au lac Averne, simplifiés et systématisés par la légende.

§. 22

1. *Apuscidanus :* Pline cite deux autres exemples de *miracula* du même genre *N.H.* 2, 226 : *nihil in Asphaltite Iudaeae lacu* (= la Mer Morte), *qui bitumen gignit, mergi potest, nec in Armeniae maioris Aretissa*. L'affirmation que rien ne s'enfonce dans les eaux de la mer Morte est évidemment exagérée, comme les assertions de 31, 21 et 22. Sénèque signale ces phénomènes, *N.Q.* 3, 25, 5 : *Quosdam lacus esse qui nandi imperitos ferant notum est ; erat in Sicilia, est adhuc in Syria stagnum in quo natant lateres et mergi proiecta non possunt licet grauia sint*. Mais après cette mention rapide, Sénèque expose en une page, exemples à l'appui, les raisons de ce phénomène, qui tient à la différence de densité. En dehors d'Isid., *Orig.* 13, 13, 7 qui reprend textuellement la phrase de Pline, le toponyme *Apuscidamus* ne se retrouve nulle part.

2. *Phintia :* Source non identifiée. Sénèque y fait sans doute allusion sans citer de nom, *N.Q.* 3, 25, 5 (cf. ci-dessus, n. 1). Remarquer que, selon Sénèque, cet étang n'existait plus de son temps. Strabon, 6, 2, 9 signale cependant que dans « certains lacs, près d'Agrigente, même sans savoir nager, on n'enfonce pas, mais on flotte à la surface comme un morceau de bois ». Le toponyme Φιντίας désignait une ville située sur la côte Sud de la Sicile, entre Agrigente et Gela, à l'embouchure de l'Himera (aujourd'hui Licata). Elle

aurait été fondée vers 280 avant J.-C. par le tyran Phintias. Cf. Diod. Sic. 22, 7, 1 : « Phintias, fondateur de Phintias. » Pline, *N.H.* 3, 91, mentionne les *Phintienses*. Cicéron
la nomme *Phintia*, *-ae* (accus. *Phintiam*), *Verr.* 3, 192, en
précisant qu'elle est au bord de la mer. Nous supposons
que le nom de la source, en admettant qu'il soit à l'origine
le même que celui du tyran et de la ville, aurait été adapté
de la même façon en latin. D'où l'orthographe suivie. Autre
problème : Ptolémée 3, 4, 7, cite Φθινθία ou Φιντία parmi
les villes situées à l'intérieur de la Sicile. K. Ziegler (*R.E.*
I, 39, c. 248-250) estime cependant qu'il ne faut pas con-
clure à l'existence de deux villes homonymes.

3. *Apion* : Grammairien et polygraphe alexandrin célèbre
par ses polémiques contre Philon et les Juifs. Pline a peu
d'estime pour lui, comme le montre le jugement railleur
qu'il porte *H.N.* I, *praef.* 25.

4. *Saturni* : Cf. Antig. 165 « Ctésias rapporte qu'il y a
un lac en Inde où surnage tout ce qui y tombe comme en
Sicile et en Médie, sauf l'or, le bronze et le fer. Si quelque
chose y tombe obliquement, il le rejette verticalement ; il
guérit le vitiligo ». Mais nous ne savons pas ce que désignent
« le lac et le puits de Saturne ».

5. *Apollinis autem Surii fons* : Le texte altéré des manuscrits a été corrigé de plusieurs façons, dont aucune n'est
satisfaisante (cf. l'app. crit.). Notre conjecture se fonde sur
N.H. 32, 17, où la tradition paraît relativement sûre :
*Nam in Lycia Myris in fonte Apollinis quem Curium appel-
lant ter fistula uocati* (scil. *pisces*) *ueniunt ad augurium ;
diripere eos carnes abiectas laetum est consultantibus, caudis
abicere dirum.* Il n'est plus question ici des déplacements
de la source, parce que le développement ne traite que de
poissons. Mais on reconnaîtra le procédé divinatoire. Aussi
pensons-nous qu'il s'agit de la même source (pour l'iden-
tité des lieux, cf. la note suivante). La seule erreur de 32,
17 — erreur des *codd.* ou erreur de Pline ? — c'est d'écrire
Curium au lieu de *Surium*. Σούριος est, en effet, l'épithète
d'Apollon honoré à Sura près de Myra en Lycie. Cf. Plut.,
De soll. an. 23 ; Polycharme, ap. Steph. Byz., s.u. Σοῦρα ;
Élien, *H.A.* 8, 5 (cité ci-dessous, n. 7) ; *R.E.*, II, C. 57 ;
I, 31, c. 1085 ; II, 7, c. 968, n° 3. (W. Ruge). — La mention
de Saturne à la fin de la phrase précédente amène Pline à
citer Apollon par association d'idées. *Autem* souligne que
l'on passe à des merveilles d'un autre ordre (c'est pourquoi
item proposé par Mayhoff est inadéquat). Nous admettons
que *Apollinis au-* a été omis. Le groupe restant *-tem suri*(*i*),
incompréhensible, a été altéré, dans les codd. les plus anciens,
en *temtuni.*

6. *Lyciae Myrae* : Il faut ici encore partir du texte clair
et non altéré de Pline 32, 17 (cité ci-dessus, n. 5). *Limyrae*

(*Ly- RTd*) peut résulter de la réfection savante d'un mot incompréhensible issu de *Lyciae Myrae*. *Myra*, que Strabon (14, 3, 7) cite parmi les villes de Lycie, est attesté comme pluriel neutre (cf. *N.H.* 32, 17) ou comme féminin singulier. La réfection a abouti à une confusion avec une autre ville de Lycie, *Limyra*, Strabon, *ibid.* ; Pline, *N.H.* 5, 100, ou avec le fleuve *Limyra*, Pomp. Mela 1, 15.

7. *responsa* : Athénée, 333 d, relate plus longuement ces procédés particuliers de divination, en se référant à l'histoire de Lycie de Polycharme. Elien, *A.N.* 8, 5 : « J'ai appris que dans un bourg de Lycie entre Myra et Phellon, appelé Sura, on tire des prédictions de l'observation des poissons » (allées et venues, profondeur de nage, sauts, acceptation ou refus de la nourriture). Pline parle à nouveau de poissons sacrés et de poissons donnant des réponses, *N.H.*, 32, 16 et 17. Voir les commentaires et les références de E. de Saint-Denis, *ad. l.* Sur l'existence d'autres bassins à poissons sacrés, cf. L. Robert, *Villes d'Asie Mineure*, 2e éd., p. 381, n. 3.

§ 23.

1. *Olcas* : Pline est le seul auteur qui cite ce nom d'un fleuve de Bithynie. Certains ont pensé qu'il est également mentionné à 5, 149, sous la forme *Alces*. D'où diverses corrections : Detlefsen adopte partout *Alces*. Mayhoff corrige *Olcas* en *Alcas*. Mais, faute d'autres renseignements, le plus sage est de conserver la forme qu'offrent les manuscrits.

2. *Brietium* : Cette forme est celle des manuscrits les plus anciens. Elle est peu sûre (*bri-* est en fin de ligne dans *R*). Aucun renseignement ne permet de la recouper. Nous la conservons cependant, faute de mieux. Mayhoff (suivi par Jones) a adopté la conjecture de Hardouin : *bryazum*, en s'appuyant sur *N.H.* 5, 148. Dans ce passage Pline cite un *Briazon* parmi quelques fleuves côtiers de Bityhnie. Si *Briazon* est un cours d'eau, on voit mal comment le fleuve Olcas pourrait le baigner (*adluit*). Pline précise d'ailleurs que le terme employé désigne en même temps un dieu et son sanctuaire.

3. *periuri* : Arist., *Mir.* 152, cite une source froide appelée *Asbamaion*. Elle jaillissait près de Tyane, et était consacrée à Zeus Orkios. Elle sautait aux yeux et aux pieds du parjure, l'empêchant de s'enfuir et le forçant à avouer. Une source de Sicile avait, selon Arist., *Mir.* 57, les mêmes vertus. On en rapprochera ce qu'il dit § 113 d'une source huileuse près de Carthage, dont on ne pouvait approcher qu'en état de pureté (ἀγνός).

4. *Tamarici* : Le Tamara (ou Tamaris), aujourd'hui le Tambre, est un petit fleuve côtier espagnol (province de Corogne) qui se jette dans l'Atlantique à Noëga. Cf. Pomp.

Mela, 3, 1 (*Tamaris*) ; Ptolémée, 2, 6, 2 (cours d'eau homonymes en Grande-Bretagne et en Italie). Selon l'*Enciclopedia universal ilustrada* (tome 49, p. 184), ces trois sources
existent bien, à 100 m. de Velilla de Juardo, à un endroit
appelé San Juan de las Fuentes Divinas, province de Palen-
cia, sur la rive gauche du rio Carrión. Ce sont des sources
intermittentes qui cessent de couler à plusieurs reprises par
jour. Pline mentionne plusieurs sources intermittentes, 2,
232. Cf. E. de Martonne, *Traité de géographie physique*[5],
Paris, 1934, p. 457.

§ 24.
1. *uicies* : Les renseignements fournis ci-dessus § 23, n. 4,
permettent de conserver la leçon de la plupart des manuscrits pour *duodecies* et *uicies*, et de retenir la leçon *singulis*.
Si l'on adopte le texte de Mayhoff (*singuli siccantur duo-
denis diebus, aliquando uicenis*), il faut sans doute comprendre qu'à tour de rôle ces trois sources restent à sec pendant
douze à vingt jours. Il est alors impossible de les trouver
toutes les trois à sec simultanément, comme il arriva à
Larcius Licinius. La syntaxe usuelle de Pline n'oblige pas
à introduire ici des distributifs (qui ne sont attestés par
aucun manuscrit, contrairement à ce qu'indique Mayhoff
dans son apparat). Cf. A. Önnerfors, *Pliniana*, p. 146. Les
anciens ont signalé plusieurs cas de sources intermittentes,
ou de variations saisonnières du débit. Cf. Arist., *Mir.* 54 ;
Antig. 178 ; Sénèque, *N.Q.* 3, 16 ; Pline, *N.H.* 2, 226-228.
Explication dans Moret, p. 31.
2. *Larcius Licinius* : Ce personnage mourut en Espagne
vers 70. *Legatus pro praetore ad ius dicendum* en Tarraco-
naise (Cf. *H.N.* 19, 35), il avait été en relation avec Pline
pendant la procurature de ce dernier en Espagne. Il lui
aurait proposé de lui acheter très cher ses carnets de notes
(Pline le Jeune, *Epist.* 2, 14, 9 et 3, 5, 17). Selon Gell. 17,
1, 1 il aurait écrit un livre *infando titulo* « Ciceromastix ».
3. *sabbatis omnibus* : Isid., *Orig.* 13, 13, 9, reprend textuellement cette phrase.

§ 25.
1. *Armenia* : Antig. 181, fournit des renseignements iden-
tiques, et se réfère aussi à Ctésias. Sénèque *N.Q.* 3, 19, 1-3,
explique la toxicité des animaux recélés par les eaux souterraines : une longue oisiveté alourdit leur corps ; ils sont
privés de lumière, qui est la source de la santé. Un jaillissement d'eaux souterraines s'étant produit en Carie, tous
ceux qui mangèrent de leurs poissons moururent. Le dégagement d'anhydride carbonique ou de méthane peut rendre
dangereux certains lacs ou sources. Sur ces phénomènes,
cf. Moret, p. 51. et F. Jadin et Astruc, *Précis d'hydrologie et
de minéralogie*[3], Pars, 1932, p. 47.

2. *in stagno Nympharum* : On ne dispose pas d'autres renseignements sur cet « étang de Nymphes », un parmi les innombrables lieux où étaient honorées ces divinités. Cf. H. Herter, *R.E.* I, 34, c. 1565 ; L. Robert, *Villes d'Asie Mineure*, 2ᵉ éd., p. 398 et n. 5 (et la reproduction de monnaies pl. XXXV).

§ 26.

1. *Styx* : L'eau de Styx a déjà été citée par Pline, 2, 231 : « Près de Nonacris en Arcadie, Styx, qui n'offre aucune particularité d'odeur ni de couleur, tue sur le coup ceux qui en boivent ». En 30, 149, la mention d'une mule lui rappelle que seul le sabot de cet animal pouvait contenir l'eau de Styx, et qu'elle aurait servi à empoisonner Alexandre. C'est ici le seul endroit où il soit question des poissons qui y auraient vécu. Les géographes pensent avoir identifié cette source redoutable (cf. Beulé, *Études sur le Peloponnèse*, p. 196 sqq., Philippson *Peloponnes*, p. 130, 133 sqq.). Ce sont en réalité deux cascades qui tombent de hautes falaises à quelque 2.000 m. d'altitude, au fond d'une profonde vallée d'érosion. Elles ne sont accessibles que par des sentiers très difficiles, après trois ou quatre heures de marche à partir de Sólos, qui pourrait être l'ancienne Nonacris (Bölte, *R.E.* II, 7, c. 457-463), non loin du Phénée. La question de savoir si le Στυγὸς ὕδωρ d'Homère (*Il.* 14, 271 ; 15, 37 ; *Od.* 5, 185) représente la cascade de Nonacris a été très controversée. Son eau est considérée comme mortellement toxique par Strabon 8, 8, 4 ; Sen., *N.Q.* 3, 25, 1 (elle prend comme du plâtre dans le ventre et « noue les boyaux ») ; Pausanias, 8, 18, 4 ; Orib., *Collect. med.*, 5, 3, 29. Selon Bursian, II, p. 202, on lui attribuerait de nos jours encore ces propriétés. Elle ne se conservait que dans la corne, au dire de Stobée, *Floril.* I, 49, 52 (s'appuyant sur Porphyrios) ; Elien, *N.A.* 10, 40 ; Callimaque, *frg.* 1000 b,2 ; et Antigonos, 158 (rapportant l'avis de Théophraste). Mêmes indications Vitr. 8, 3, 17 (*conseruare autem eam et continere nihil aliud potest nisi mulina ungula*). Pour l'empoisonnement d'Alexandre par l'eau de Styx, cf. Curt. 10, 10, 6 ; Vitr., *ibid.* ; Plut., *Alex.* 17 (cité n. 1 au § 149 du l. 30).

Sur le Phénée, fleuve et lac d'Arcadie, cf. Pline, *N.H.* 4, 21. Ovide, *Met.* 15, 332 rapporte que les eaux du lac Phénée bues la nuit sont toxiques, mais inoffensives le jour.

§ 27.

1. *Theopompe* : V. n. 3 au § 16. Sur les eaux mortelles, cf. *N.H.* 2, 231.

2. *apud Cychros* : Ce mot pose deux problèmes : celui de la *lectio optima* dans les manuscrits de Pline ; et celui

de l'identification. Mayhoff écrit *Cichros*. La première syllabe *ci-* reproduit l'orthographe qu'il attribue à *RV*. La deuxième *-chros* celle de *d* (marquée d'un point d'interrogation dans son apparat). Mais ses lectures sont totalement erronées. *RVF* ayant *cychros* ; on trouve en revanche *cicros* dans *Td*, et *Chicros* dans *EaX*.

On ne sait ce que représente *Cychri*. On peut rapprocher Vitr. 8, 3, 16 : énumérant quelques eaux toxiques, l'auteur cite *Et Chrobsi Thracia lacus, ex quo non solum qui biberint moriuntur, sed etiam lauerint*. La diversité des formes *Cychris/Chrobsi* s'éclaire à partir de la leçon (d'ailleurs incompréhensible) d'Antigonos, 156 : « Théopompe écrit, dit-on, que ἐν Κιχρώψωσιν τοῖς Θρᾳξίν on meurt sur-le champ si l'on goûte ⟨à une certaine source⟩ ». Cette forme a été corrigée dans Aristote, *Mir.* 121 : « Chez les Cyclopes de Thrace (ἐν δὲ Κύκλωψι τοῖς Θρᾳξί), il y a une petite source apparemment pure, limpide et semblable aux autres, mais qui fait mourir sur le champ l'animal qui y boit ». Oribase, *Collect. med.*, 5, 3, 29, cite simplement une eau mortelle « en Thrace ». Nous traduisons donc, faute de savoir amender le texte, par « près de Cychri », comme Jones : « near Cychri » (K. Fensterbusch traduit la difficile expression de Vitruve *Chrobsi Thracia* par « bei Chrops in Thracien »).

3. Lycos : Cf. n. 4 au § 17.

4. *in Leontinis* : Leontini (aujourd'hui Lentini) ville de Sicile entre Catane et Syracuse, patrie de Gorgias. Cf. Pline, *N.H.* 3, 89. Antigonos, 175, donne la même information en se référant aussi à Lycos. Mais Antigonos ajoute que les oiseaux y meurent immédiatement. Cf. Orib. *Collect. med.*, 5, 3, 29.

5. *ad Soracten* : Cf. Pline, *N.H.* 2, 207. Parmi d'autres merveilles, Pline mentionne « les émanations mortelles issues de trous ou dues au genre même du terrain, tantôt fatales aux oiseaux seuls, comme au Soracte, dans le voisinage de Rome, tantôt à tous les êtres excepté l'homme, parfois à l'homme aussi comme dans les territoires de Sinuessa et de Pouzzoles » (traduct. J. Beaujeu). Noter les différences entre ces *spiritus letales* et le *fons feruens* décrit 31, 27.

6. *ad Nonacrim* : Cf. n. 1 au § 26.

7. *qualitate* : Même remarque chez Sénèque, *N.Q.* 3, 25, 1 : « Certaines eaux sont mortelles, sans que leur nocivité soit annoncée par leur odeur et leur goût. Près de Nonacris, en Arcadie, une source, appelée Styx par les habitants, trompe les étrangers parce qu'ils ne sont mis en défiance ni par son aspect ni par son odeur ».

8. *lapidescat* : Cf. n. 2 au § 29.

§ 28.

1. *Thessalica Tempe :* Il s'agit d'une source dans la vallée étroite qui sépare l'Olympe de l'Ossa. Vitr. et Sén. la signalent aussi, mais en termes assez différents. Selon Pline, 4, 31, cette eau inspire à tous la terreur. Elle attaque les métaux, mais, surprenant miracle, un caroubier sauvage l'enveloppe de ses racines et une sorte d'herbe verdoie sur ses lèvres.

D'après Sénèque, *Q.N.* 3, 25, 2, tous les animaux l'évitent. Elle corrode les métaux. Elle tue arbres et gazon. Pour Vitruve, 8, 3, 15, les animaux s'en défient, mais il y pousse tout près un arbre aux fleurs vermeilles. Dans la version de Vitruve, la suppression des vertus corrosives rend acceptable la présence d'un arbre. Chez Sénèque, au contraire, la force destructrice est telle que les végétaux eux-mêmes sont tués. Les notices de Vitr. et de Sén. sont cohérentes. Celle de Pline ne l'est pas (*mirumque* !), comme s'il avait amalgamé les propriétés de deux sources différentes. — Aristote, *Mir.* 127, parle d'une source de poix et d'asphalte, près d'Apollonia, constamment en flammes ; à moins de quatre pieds du feu croissent de grands arbres.

2. *Euripidis... sepulchro :* Cf. Vitr. 8, 3, 16 : ... *in Macedonia quo loci sepultus est Euripides, dextra ac sinistra monumenti aduenientes duo riui concurrunt in unum, e quibus ad unum accumbentes uiatores pransitare solent propter aquae bonitatem, ad riuum autem qui est ex altera parte monumenti nemo accedit quod mortiferam aquam dicitur habere.*

§ 29.

1. *Perperenis :* Pline, *N.H.* 5, 122, cite une *Perperene ciuitas* en Eolide ; et 5, 126, dans une liste de noms d'habitants, les *Perpereni* en Mysie. Strabon, 13, 1, 51 extr., mentionne une ville Περπερήνα en Troade.

2. *lapideam :* Déjà mentionnée à la fin du § 27, l'action des sources pétrifiantes occupe les §§ 29 et 30. Des faits analogues sont fréquemment cités par les auteurs de *mirabilia*. Cf. e.g. Aristote, *Mir.* 98 (à propos d'un fleuve Kétos) ; Antig. 177 (les habitants de Cos ont construit leur théâtre avec des pierres taillées dans les sédiments calcaires d'un ruisseau) ; Sénèque, *N.Q.* 3, 25, 10, parle des dépôts qui se forment sur les bords des sources minérales (cf. *N.Q.* 3, 2, 2 ; 20, 3 ; Ovide, *Met.* 15, 313). On sait que de nombreuses sources thermales déposent une matière minérale qui est le plus souvent du carbonate de chaux, mais quelquefois de la silice (calcédoine, opale, quartz) ; cette matière est soit précipitée chimiquement, soit déposée de façon mécanique. « Les célèbres observations de Daubrée ont montré que le béton des briques romaines destinées à protéger le captage (*scil.* : des eaux de Plombières) était par place

entièrement minéralisé par de la fluorine, des zéolites, de l'opale et de la calcite » (L. Moret, p. 13). Ces dépôts forment parfois des amoncellements énormes, comme au Monétier-de-Briançon, à Loèche en Suisse. A Piatijork (Caucase), les incrustations forment un tube en forme de cône creux qui s'élève à 37 m. au-dessus des émergences les plus hautes (*op. cit.*).

3. *Aedepso :* Des sources chaudes consacrées à Héraclès jaillissent sur le rivage à trois km au sud de la ville d'Αἴδηψος en Eubée (sur le canal d'Atalanti, entre l'île et la Grèce continentale, cf. Philippson, I, 11, carte « Aidipsos » et p. 571). Une terrasse s'élève à une trentaine de mètres au-dessus de la mer, formée par les dépôts des sources chaudes. L'eau atteint 76°, elle contient beaucoup de chlorure de sodium, de calcium et de magnésium. On voit encore les restes de thermes de l'époque romaine et byzantine, englou-tis par le dépôt, près de la source Hagiou Anargyrou (*Guide bleu de la Grèce*, Paris, 1962, p. 654). Les grands établisse-ments de bains (Lutra Aedipsu) sont aujourd'hui encore très fréquentés (Hirschfeld, *R.E.* I, 1, c. 940-941). On y soigne la goutte, les rhumatismes, les engorgements du foie et de la rate (Bluteau, p. 67). Strabon, 1, 3, 20, signale que les sources chaudes d'Aedepsos s'arrêtèrent pendant trois jours à la suite d'un tremblement de terre. Au con-traire, le volume des eaux s'accrut lors du tremblement de terre de Locris en 1894. Cf. E. Ziebarth, *Aidepsos, ein griechischer Kurort*, in *Hellas Jahrb.*, 1936, p. 32-35.

4. *Eurymenis :* Ville située sur la côte de Thessalie, au pied du mont Ossa. Cf. Pline 4, 32 ; Strabon, 9, 5, 22.

5. *Colossis :* Colossae, ville de Phrygie à l'est de Laodicée. Cf. Strabon, 12, 7, 12.

6. *In Scyretico metallo :* Scyros est une île de la mer Égée, au nord-est de l'Eubée. Elle était réputée pour ses carrières de marbre. Cf. *N.H.* 4, 69 et 72 ; 31, 130 ; Strabon, 9, 3, 16 et 8, 3, 12 ; Paus. I, 22, 6.

§ 30.
1. *lapide :* Cf. Ov., *Met.* 5, 233 : *saxoque oculorum induruit umor.* Pour l'usage de Pline, cf. Önnerfors, p. 38.

2. *Coryciis :* Le texte, altéré, a fait l'objet de nombreu-ses conjectures. Pour rendre quelque peu compréhensible *ideo*, Mayhoff a corrigé en *conchatis* la leçon unique des manuscrits *coricis*. Mais *conchatus* que Pline emploie, *N.H.* 10, 43 et 11, 270, signifie « courbé » par opposition à « droit » (*rectus*), sens qui convient mal à ce passage. *Coryciis*, cor-rection bégnine des *uett.* offre au contraire un sens satis-faisant. Les *antra Corycia* peuvent désigner des grottes célèbres, soit en Cilicie, soit en Grèce, sur le Parnasse. Les premières sont mentionnées par Pline, *N.H.* 5, 92 : *iuxtaque*

mare Corycos eodem nomine oppidum et portus et specus.
Cf. 31, 54 ; Sén., *N.Q.* 3, 11, 2 ; Solin, 38, 7 ; Serv., *Ad Georg.* 4, 127. L'adjectif *Corycius* est employé par Pomp. Mela, 1, 72 (*specus... corycius*), et par Lucain, 3, 226 notamment (*Coryciumque... antrum*). Les grottes du Parnasse sont citées par Hérodote 8, 36, Strabon, 9, 3, 1 (tout le Parnasse est sacré ; il possède des grottes et d'autres lieux vénérés ; le plus connu et le plus beau est le Κωρύκιον, grotte des Nymphes, qui porte le même nom que la grotte de Cilicie). Dans sa description du Parnasse, Pausanias raconte, 10, 6, 3, qu'Apollon eut un fils d'une nymphe Corycia, qui donna son nom à l'ἄντρον Κωρύκιον. Il décrit d'une façon assez détaillée cette célèbre grotte, très vaste, dont on parcourt sans lumière la plus vaste partie. L'eau qui dégoutte du plafond laisse des traces partout visibles sur le sol (stalagmites). Ce dernier trait incite à voir dans les *antris coryciis* de Pline les grottes du Parnasse plutôt que celles de Cilicie. Dans la description assez précise qu'il fait de ces dernières, Pomp. Mela, 1, 72, ne signale en effet aucune concrétion (ni Solin, 39). Pausanias fait ailleurs mention, 10, 12, 7, d'une montagne de Troade appelée également Κώρυκον (ὄρος), où se trouvait une caverne dans laquelle était née Hérophile, surnommée *Idaea* ('Ιδαία). Il faut peut-être voir dans l'obscur *ideo* des manuscrits la trace d'une allusion que faisait Pline au mont *Ida.* Ainsi Jan (*Idaeo*), Sillig (*item in Idaeo*), Urlichs 689 (*Idae*). Quant à *nam* (corrigé en *nomen* par Detl.), il est aussi gênant. Peut-être faudrait-il lire : *in antris Coryciis et Idae eodem nomine.*

3. *Miezae :* Ville de Macédoine citée par Pline, *H.N.* 4, 34.

4. *Corinthio :* Cette caverne n'est pas autrement connue.

5. *Columnas :* Arist., *Mir.* 59, mentionne une grotte dans l'île Démonèsos de Chalcédoine où la jonction de stalagmites et de stalagtites avait formé des colonnes.

6. *Rhodiorum :* Cette correction de Barbaro est la plus économique. Il s'agit de la péninsule de Carie qui s'avance en mer face à l'île de Rhodes.

§ 31.

1. *Vtilissimae :* Hippocrate, *Aer.* I, 142 sqq., Rufus d'Éphèse *ap.* Orib., *Collect. med.*, 5, 3, mettent au premier rang des qualités physiques de l'eau potable, sa limpidité, sa légèreté (cf. ci-dessous, § 32, n. 2), l'absence d'une saveur saline ou minérale. Tous les anciens essaient de préciser la nature des eaux selon leur provenance (pluie, neige, glace, fleuves, lacs, etc...), l'orientation des sources, le terrain traversé, la saison, etc... Mais leurs conclusions divergent sur certains points. Columelle, 1, 5, 1-3, étudiant

l'alimentation d'une ferme en eau, met d'abord en garde contre les puits qui ont un goût amer ou salé. Les solutions qu'il propose sont dans l'ordre des qualités décroissantes : l'existence d'une source à la ferme même ; un puits ; à défaut, une citerne recueillant l'eau pluviale ; l'eau de montagne qui coule parmi les pierres ; un puits de colline (et non pas au fond de la vallée). Mais l'eau la plus saine est pour lui l'eau de pluie. Sur les qualités de l'eau, cf. Dioscor. V, 10 ; Bluteau, p. 93 sqq.

2. *stagnantes pigrasque :* Ainsi Théophraste *ap.* Ath. 42 c : « Les eaux courantes et les eaux d'aqueduc sont en général meilleures que les stagnantes » ; cf. *ibid.*, 46 b ; Colum. 1, 5, 2 : *deterrima* (scil. *aqua*) *palustris, quae pigro lapsu repit, et pestilens quae in palude semper consistit* (sur le danger des marais, cf. aussi I, 5, 6). Celse, 2, 18, 12, estime que l'eau la plus lourde est celle des marais (*grauissima ex palude*).

3. *cisternarum :* Ath. 46 d : « Praxagoras recommande l'eau de pluie, Évenor (médecin athénien du IVe siècle avant J.-C.) l'eau de citerne ».

4. *imbrium :* cf. Celse, 2, 18, 12, *Aqua leuissima pluuialis est.*

§ 32.
1. *uitae :* Théophraste (*ap.* Ath. 42 d) : C'est parce qu'elles sont plus légères que « les eaux provenant de la neige sont de bon usage ; en effet l'élément potable est amené vers le haut et c'est celui-là qui est battu par l'air. Voilà aussi pourquoi elles valent mieux que les eaux de pluie. De même pour celles qui proviennent de la glace, parce qu'elles sont plus légères ; la preuve en est que la glace est plus légère que l'eau ». Hippocrate, *Aer.* I, 142, et Rufus d'Éphèse, *Interrog.* 63, prennent fermement position contre l'eau de neige et de glace. « Les anciens avaient parfaitement entrevu la nocivité de l'eau glacée, facteur de dyspepsies et vecteur possible de germes pathogènes » (Bluteau, p. 24). De même Arist., selon Gell. 19, 5, et Macr., *Sat.* 7, 12, 25.

2. *ponderis :* Cf. § 38. Les anciens parlent du « poids » (ou de la légèreté) de l'eau d'une manière confuse. « Pesante » signifie parfois lourde à l'estomac. Cf. § 36 à propos de l'eau de Trézène. Ailleurs c'est de densité qu'il s'agit, pour des eaux visiblement chargées de sel ou d'impuretés. Mais en dehors de ces cas évidents, les classements sont fantaisistes, et Pline proteste justement contre des jugements très subjectifs (*leuitas illa deprehendi aliter quam sensu uix potest*). Celse, 2, 18, 12, par exemple, range les eaux dans l'ordre suivant selon leur poids : *Aqua leuissima pluuialis est, deinde fontana, tum ex flumine, tum ex puteo, post haec ex niue aut glacie ; grauior his ex lacu, grauissima ex palude.*

Sénèque semble prendre parti contre cette opinion, *N.Q.*, 3, 25, 12 : *quis non grauissimas esse aquas credat quae in crystallum coeunt ? Contra autem est. Tenuissimis enim hoc euenit, quas frigus ob ipsam tenuitatem facillime gelat* (confusion entre *tenuis* et *leuis*, cf. 3, 2, 2). Athénée, 42 b, rapporte l'avis de Théophraste selon lequel les eaux qui environnent le Pangée ont en hiver un poids « double de leur poids l'été ». Il prétend (43 b) que l'eau de la fontaine Pirène à Corinthe « est plus légère que toutes celles de la Grèce ».

3. *lapides subire* : Cf. 31, 2 et 2, 104.

4. *sordium* : Sénèque, *N.Q.* 3, 25, 12, émet un avis différent : *aqua... caelestis, minimum in se terreni habens*. Colum. 1, 5, 3, voit une preuve de l'excellence de l'eau pluviale dans le fait qu'elle assainit même les marécages (*etiam uenenati liquoris eluit perniciem*).

§ 33.

1. *exactum sit* : Cf. Sén., *N.Q.* 3, 25, 12 : *Aqua enim caelestis, minimum in se terreni habens, cum induruit, longioris frigoris pertinacia spissatur magis, donec omni aere excluso in se tota compressa est, et umor qui fuerit lapis effectus est.*

2. *tenuissimum* : Hippocrate, *Aer.* 8, explique que les eaux de neige et de glace sont toutes mauvaises, car la congélation a fait disparaître la part la plus légère et la plus douce. Ces eaux sont πονηρότατα. Sur l'origine de la grêle, Aristote, *Meteor.* 1, 12 ; Sén., *N.Q.* 4, 2.

3. *minui* : Allusion possible à l'expérience que rapporte Hippocrate, *Aer.* 8 : le contenu d'un récipient diminue quand on lui fait subir congélation, puis dégel. Mêmet héorie, *N.H.* 2, 152 extr. L'erreur d'Hippocrate vient de ce qu'il néglige l'évaporation.

4. *rore* : Sur les méfaits de la rosée, responsable des dartres, de la gale et du vitiligo, cf. Sén., *N.Q.* 3, 25, 11 extr. ; Pline, *N.H.* 17, 225, lui impute la gale du figuier.

§ 34.

1. *putrescere* : Pour Hippocrate, *Aer.* 8, l'eau de pluie est la plus légère et la plus douce, mais aussi la plus putrescible. La raison en est pour lui qu'elle provient de plusieurs origines (Hippocrate revient au chapitre 9 sur le danger des mélanges : ne pas boire l'eau d'une rivière qui reçoit plusieurs affluents, ou d'un lac alimenté par plusieurs cours d'eau). Il recommande de la faire bouillir et de la filtrer. Au contraire Celse, 2, 30, 3, recommande l'eau pluviale comme peu putrescible (... *quae tarde putrescit, ideoque pluuia potissimum*).

2. *Epigenes* : Médecin du IVe siècle. Cf. *R.E.* I, 11, c. 65, n° 18.

§ 35.

1. Les hygiénistes modernes ont confirmé cette opinion avant que la pollution industrielle ne vînt souiller l'eau des lacs. Cf. Brunies, p. 17. Genève s'alimente au Léman, Edimbourg au loch Katrine, Berlin au Tegelsee, Chicago au Michigan (Dechambre, *Dictionn. encycl. des sciences médic.*, Paris, 1885, art. *Eau*, t. XXXI, p. 460).

2. *Choapse et Eulaeo :* Le Choaspès (aujourd'hui Kerkhah) est une rivière d'Asie centrale, affluent de gauche du Tigre. L'Eulaeus (aujourd'hui Karoun) est un fleuve de la Susiane qui se jette dans les marécages du delta du Tigre (cf. Pline, *N.H.* 6, 99 et 135). Il y a dans les données grecques et latines quelques contradictions et lacunes que signale la *R.E.* I, 11, c. 1061. Ainsi Hérodote ne connaît pas l'Eulaeus, Ptolémée ne nomme pas le Choaspès. La qualité de ces eaux était célèbre. Hérodote, 1, 188, mentionne le premier l'usage des rois perses de boire uniquement l'eau du Choaspès et d'en emporter partout avec eux. Athénée, 45 b, reproduit Hérodote et précise, en citant Ctésias de Cnide, que cette eau était bouillie. Cf. Tib. 4, 1, 140, *regia lympha Choaspes* ; Curt. 5, 2, 9, *delicata aqua* ; Solin, 37, 6 : *nobilissimus amnis Choaspes*. Une pierre précieuse d'un vert doré s'appelle la *choaspitis*, Pline, *N.H.* 37, 156. Le rôle de fournisseur exclusif des rois de Perse est au contraire dévolu à l'*Eulaeus* par Strabon, 15, 735. Pline lui-même écrit, *N.H.* 6, 135 : *Ipse* (*Eulaeus*) *in magna caerimonia siquidem reges non ex alio bibunt et ob id in longinqua portant.* De même Solin, 33, 4 : *flumen Eulaeum... tam puro fluore inclitum... ut omnes inde reges non alias quam eius aquas bibant.* Les deux traditions s'amalgament ici et, plus maladroitement, chez Solin 33, 4 et 38, 4. Athénée rapporte d'autres exemples d'eaux privilégiées, 45 b : Philadelphe, roi d'Égypte, donnant sa fille Bérénice en mariage à Antiochus, lui envoya de l'eau du Nil en lui demandant d'en faire sa seule boisson. On peut voir dans ces anecdotes l'indice que les anciens soupçonnaient l'épuration spontanée qui se produit dans les cours d'eau (Brunies, p. 17).

§ 36.

1. *aquarum uitium :* Les indices de nocivité que Pline énumère se retrouvent chez d'autres auteurs, par ex. chez Vitr. 8, 5, 1-2. Recherchant les *expertiones* et *probationes* possibles d'une eau inconnue, Vitruve recommande d'observer la stature, la santé et le teint des gens qui en boivent ordinairement. S'ils sont *coloribus nitidis*, l'eau est bonne. Quand on asperge avec de l'eau un récipient en bronze de bonne qualité, elle ne doit pas faire de taches. Elle ne laisse pas de dépôt sableux ou boueux quand on l'a fait bouillir et qu'on l'a laissé reposer. Elle cuit promptement les légu-

mes secs. La source est limpide ; ni mousse ni jonc ne poussent à son déversoir.

2. *anguillis* : Cf. Aristote *ap.* Ath. 298 a : « Aristote dit que les anguilles aiment l'eau très pure » ; Arist., *Hist. an.* 6, 570 a : « les anguilles se nourrissent de l'eau de pluie ». Voir sur les anguilles sacrées Pline, *N.H.* 32, 16 et la n. 4 ; *Thes. L.L.*, s.u. *anguilla*.

3. *Troezene* : Trézène en Argolide. Cf. Ath. 42 a : « Ceux qui boivent (à la source de Trézène) ont l'estomac rempli immédiatement ». Colum. I, 5, 1 recommande d'éviter les puits qui ont une saveur amère ou salée.

4. *polenta* : Pline donne la même recette, *N.H.* 24, 3. Il ajoute que la craie de Rhodes et l'argile ont la même propriété « adoucissante ». Condamnation des eaux nitreuses ou saumâtres, Ath. 46 b.

5. *bibentibus* : Cf. n. 1.

6. *legumina* : Vitruve 8, 5, 2, mentionne également l'épreuve du bronze et celle de la cuisson des légumes secs (cf. n. 1). Cf. Celse, 2, 18, 12 ; Ath. 46 b : « sont fâcheuses les eaux qui sont lentes à attendrir les légumes » (pour l'action éventuelle de l'eau sur le bronze ou l'argent, le texte d'Ath., *ibid.* est controversé, cf. éd. Desrousseaux, C.U.F., app. crit. et note 1 à la trad.). Il existe, dit-on, dans les parages de Santorin une source sous-marine acide qui décape et remet à neuf la doublure de cuivre des navires qui y restent à l'ancre (Durand-Fardel, II, 54-55).

7. *crustis* : Cf. Vitr. 8, 5, 2 (voir la n. 1) ; Ath. 46 b.

§ 37.

1. *resipientis* : Pline, *N.H.* 15, 106, distingue 13 genres de saveurs appartenant à tous les fruits. Voir la note de J. André, *ad. l.*, sur les origines de ces distinctions, notamment chez Théophraste. Certains produits présentent simultanément plusieurs saveurs reconnaissables. D'autres (15, 107) ont une saveur propre et typique, comme le lait « qu'on ne peut vraiment qualifier de doux, de gras et de suave, dont le fond est une légèreté qui tient elle-même lieu de saveur ». Enfin un troisième groupe de produits (l'eau, l'air, le feu) n'ont ni saveur ni suc (15, 108) : « L'eau n'a ni saveur ni suc et pourtant cela même lui en donne une et en fait une catégorie à part ; c'est un fait que, quand elle a un goût ou un suc quelconque, elle est dénaturée. Dans toutes les saveurs, l'odeur joue un grand rôle et a avec elle une grande affinité. L'eau n'a pas d'odeur ou bien si l'on en sent la moindre, elle est dénaturée ».

2. *Chabura* : Chabura est le nom d'un fleuve de Mésopotamie qui se jette dans l'Euphrate (*Aborrhas*, Strabon, 16, 1, 27 ; *Abora*, Amm. 14, 3, 4 ; *Chabor* ou *Chobar* dans la *Vulg. passim*, e.g. *Ez.* 1, 1 ; *2 Reg.* 17, 6 ; *Chaboras*, Ptol. 5

18, 3). Pline cite de nouveau la source 32, 16. Selon Ptolémée, la Chaboras naît au mont Masios. Sur sa véritable
source, voir Fraenkel, *R.E.* I, 107, c. 107.

§ 38.

1. *statera* : Il s'agit des eaux apparemment semblables.
Dans ce cas une différence de poids est inappréciable. Voir
§ 32. Cf. Ath. 46 c : Erasistratos (médecin grec du IIIe siècle avant J.-C.) dit que « certains apprécient les eaux sans
critique d'après leur poids. Voyez en effet l'eau de la fontaine d'Amphiaraos, et celle d'Erétrie ; comparez-les : l'une
est mauvaise, l'autre est bonne, sans qu'elles présentent de
différence de poids. »

2. *celerius :* Principe hippocratique : *Aphor.* 5, 26 : « L'eau
la plus légère est celle qui s'échauffe et se refroidit le plus
vite » ; Celse, 2, 18, 12 : *Ex his quae pares sunt ea melior
quaeque est, quae celerius et calfit et frigescit ;* cf. Ath. 42 c.
Oribase, *Collect. med.*, 5, 1, 2, reprenant Galien, rappelle
le principe d'Hippocrate et ajoute que ce critère est excellent pour les eaux qu'un défaut évident (vase, mauvaise
odeur) ne signale pas d'emblée. Inversement des eaux dures
(comme celles « qui se fraient un chemin vers les Constella-
tions des Ourses ») « s'échauffent et se refroidissent lentement ». De même Oribase, *Collect. med.*, 5, 3, 27 (tiré de
Rufus).

3. *depositisque* : Passage controversé. Selon Mayhoff
(t. IV, p. 497) « *rectius est desperare* ». Il propose cependant
un texte amendé ... *haustam uasis portatis ne manu pendeant depositisque...* (*manu* étant une vieille correction de
Dalechamp). C.F.W. Müller, 27, expliquait : « Ohne dass sie
frei schwebend in der Hand gehalten werden ». Detlefsen
proposait *uasis ne manus suspendant depositis.* Jones (note
additionnelle H, p. 567) avance quelques conjectures (non
reprises dans son texte) : *uasis ansatis, depositam* (pour
depositisque). On peut songer à un geste de caractère magique, comme celui qui est prescrit, *N.H.* 30, 22 : *dentes sca-
rifant et ossibus lacertae e fronte luna plena exemptis ita ne
terram adtingant.*

4. *crebro haustu* : Pour la même raison, les eaux courantes sont supérieures aux eaux dormantes (§ 31). Rufus,
ap. Orib., *Collect. med.*, 5, 3, 1 : « Les eaux stagnantes (j'appelle
ainsi les eaux de puits) ne sont pas très ténues, parce qu'elles
n'ont point de mouvement... Elles deviennent meilleures
à boire quand elles éprouvent une espèce d'écoulement par
le puisement ainsi que par le nettoyage des puits ». Dioclès
(*ap.* Orib., *Collect. med.*, 5, 4, 2) recommande, pour chasser
la mauvaise odeur de l'eau, de la frapper contre le vent avec
la main et de l'exposer au grand air.

§ 39.

1. *e lateribus* : C'est-à-dire que le puits ne doit pas être foré à côté d'une nappe, mais l'atteindre selon son axe.

§ 40.

1. *Neronis* : Martial 14, 117 : « Ne pas boire de la neige, mais de l'eau qu'a rafraîchie la neige, c'est là une trouvaille de la soif ingénieuse. » Selon Suétone, *Ner.* 48, 5, Néron traqué et caché dans les broussailles se plaint de n'avoir à boire que l'eau d'une mare : *Haec est, inquit, Neronis decocta*. Cf. Juvénal V, 50 sur l'*aqua decocta*.

2. *calefactam magis refrigerari* : Aristote estimait qu'une eau préalablement échauffée se refroidissait plus vite (*Meteor.*, 1, 12, 17). Beaucoup de gens, à l'en croire, dési- rant refroidir rapidement de l'eau, commençaient par l'exposer au soleil. Ces faits confirmaient à ses yeux sa théorie de la répercussion réciproque du chaud et du froid (théorie qui lui sert à expliquer notamment la formation de la grêle). Pour Galien (*ap.* Oribase, *Collect. med.*, 5, 1, 12), la chaleur commençait par désagréger l'eau, et le refroi- dissement subséquent précipitait les sédiments terreux, per- mettant d'isoler la partie la plus saine. Énumérant divers procédés de réfrigération (neige, usage de chutes d'eau, des puits, etc...) ; il insiste, 5, 1, 13, pour que dans tous les cas on la chauffe préalablement, afin qu'elle refroidisse plus vite : « Car toute chose qu'on a d'abord chauffée admet plus facilement dans la totalité de sa substance les modifi- cations que lui impriment les objets avec lesquels elle est en rapport ».

3. *decoquatur* : Les anciens avaient remarqué que l'ébul- lition stérilisait l'eau. Ainsi Oribase, *Collect. med.*, 5, 1, 11 (reproduisant Galien) : « Ce serait une bonne mesure de ne donner les eaux bourbeuses ou de mauvaise odeur, ainsi que celles qui ont des qualités peu convenables, qu'après les avoir préalablement modifiées par l'ébullition ». Rufus (*ap.* Orib. *ibid.*, 5, 3, 36) conseille de faire bouillir l'eau pour la rendre potable, dans des vases de terre cuite ; on ne la boira qu'après l'avoir refroidie pendant la nuit et de nou- veau réchauffée. Mais Dioclès (*ap.* Orib., *Collect. med.* 5, 4, 1) estime qu'il faut réduire par ébullition au tiers et non pas à la moitié.

4. *sistitur sanguis* : L'action hémostatique de l'eau froide était connue des anciens. Cf. Hippocr. *Aphor.* 5, 23 : « Il faut user du froid dans les cas suivants : dans les hémor- ragies actuelles ou imminentes, non sur la partie même, mais autour de la partie où le sang afflue » ; Brunies, p. 23- 24.

5. *aestus arcetur* : Autre recette aux mêmes fins § 102 : garder du sel sous la langue.

§ 41.

1. *aqua Marcia : Marciam... frigore et splendore gratissi-mam*, Frontin, *Aqu.* 91, 5.

a. CONSTRUCTION : Frontin, *Aqu.* donne sur la construction, la réfection et le trajet de l'*aqua Marcia* des renseignements quelque peu différents. Selon lui, 7, 1-3, la construction en a été décidée en 144 avant J.-C. Les aqueducs de l'*Appia* et de l'*Anio* étant vétustes, le Sénat donna mission au préteur Q. Marcius Rex de restaurer ces deux adductions et de faire amener à Rome des eaux nouvelles : « Il construisit un aqueduc plus abondant encore que les autres, qui s'appelle Marcia du nom de son constructeur » (trad. P. Grimal). Frontin ne fait donc nulle mention du roi Ancus Marcius. Pline lui-même, *N.H.* 36, 21, présente comme « nouveau » l'ouvrage construit par Q. Marcius Rex : *Q. Marcius Rex, iussus a senatu aquarum Appiae, Anienis, Tepulae ductus reficere, nouam a nomine suo appellatam cuniculis per montes actis intra praeturae suae tempus adduxit.*

La tradition romaine considère comme le plus ancien des aqueducs l'*Aqua Appia*, construite en 312 seulement. Frontin, dont on connaît le sérieux et l'exactitude, et qui dispose des meilleurs documents, le rappelle expressément, *Aqu.* 5, 1. On voit d'ailleurs mal comment les Romains auraient pu construire une canalisation de plus de 90 km avant d'avoir conquis les régions proches de Rome. Aussi considérerons-nous le groupe de mots *Ancus Marcius unus e regibus* (présent dans tous les manuscrits sauf, partiellement, dans *T*) comme une glose appelée par le patronyme *Marcius Rex*, puis insérée au texte. *Postea* aurait été rajouté pour le rendre compréhensible et par raison de symétrie avec *primus*. L'insertion de la glose a pu être facilitée par la graphie si fréquente *que* pour *Q(intus)*.

b. DATE : Ce n'est pas non plus exactement *in praetura* (*intra praeturae suae tempus*, *N.H.* 36, 121) que Q. Marcius réalisa ces travaux ; « comme la durée de sa préture ne suffisait pas pour achever sa tâche, il fut prorogé d'un an » (Frontin, *ibid.*, 7, 4).

c. DIMENSIONS : Pline assigne 9.000 pas à la construction sur arcades qui forme la dernière partie de l'aqueduc. Selon Frontin, 7, 8, le conduit de la *Marcia* a « de la tête à la ville une longueur de 61.710 pas 1/2, soit en canal souterrain 54.247 pas 1/2 et, au dessus du sol 7.463 pas dont, loin de la ville, en plusieurs endroits, au-dessus des vallées, 463 pas sur arches, et plus près de la ville à partir du 7e mille, 528 pas sur murs de soutènement, le reste sur arches pour 6.472 pas ». Il peut y avoir ici une erreur de Pline, ou une erreur des manuscrits. Mais il faut tenir compte aussi de l'usage qu'avaient les Romains de situer les aqueducs par rapport aux routes. Sur les difficultés que cela entraîne

pour les mesures de distances, Cf. Frontin, *Aqu.* (éd. Grimal, C.U.F.), Introd., p. xii et note complémentaire 49.

d. LA RÉFECTION D'AGRIPPA est mentionnée par Dion
Cass. 49, 42, 2 (Agrippa restaura à ses frais l'*aqua Marcia*).
Cf. P. Grimal, note complémentaire n° 28 à son édition de
Frontin ; Th. Ashby, *The aqueducts of ancient Rome*, 1935,
p. 11 et 88 sqq.

2. *haud dubie* : Pline présente comme providentielle
l'*Aqua Marcia* : *inter munera deorum ;... Romam haud dubie
petens.* Faut-il voir dans cette opinion une allusion à la
querelle qui en 143 et 140 opposa les décemvirs au Sénat ?
Frontin, *Aqu.* 7, 5, dit en effet : « A ce moment les décemvirs,
en consultant les livres sybillins pour d'autres raisons, y
trouvèrent, dit-on, qu'il était interdit par les Dieux d'amener la *Marcia* (ou plutôt l'*Anio*, c'est du moins la tradition
la plus courante) au Capitole, et la question fut traitée au
Sénat... Les deux fois, le crédit de Marcius Rex l'emporta »
(trad. P. Grimal ; cf. sa note complémentaire n° 16). Autant
Pline vante la prééminence de *Marcia*, autant Athénée,
43 b-c, célèbre la supériorité de l'eau attique.

§ 42.

1. *Aqua Virgo* : Frontin, *Aqu.* 10, 1 sqq. : « C'est aussi
Agrippa qui, après avoir été déjà trois fois consul... capta
également la *Virgo*, dans un domaine de Lucullus, et l'amena
à Rome. Le jour où pour la première fois elle coula dans la
ville est, d'après le document, le 9 juin. On l'appela *Virgo*
parce que, comme les soldats cherchaient de l'eau, une petite
fille (*puella uirguncula*) leur montra certaines sources qu'ils
suivirent en creusant, ce qui leur fit découvrir une énorme
quantité d'eau. On voit dans une chapelle placée à côté de
la source un tableau qui représente l'histoire de cette origine. » Cf. Dion Cass. 54, 11, 7. Comme le remarque justement P. Grimal (éd. de Frontin, n. 31), la version de Frontin a pour elle sa plus grande vraisemblance et l'autorité
des archives sur lesquelles il s'appuie.

Il y a entre Pline et Frontin une autre divergence, qui
peut sans doute être réduite. Frontin écrit, 10, 5 : « La
Virgo prend sa source sur la *Via Collatina*, au huitième
mille, à l'intérieur d'un bassin cimenté pour contenir les
sources jaillissantes, etc... ». Pline situe au contraire l'origine de la *Virgo* au niveau du 8ᵉ mille de la *Via Praenestina*, mais à deux mille pas de celle-ci sur un chemin secondaire. Les deux indications ne sont pas irréductibles. Au
niveau du 8ᵉ milliaire, les *uiae Collatina* et *Praenestina*
sont assez proches l'une de l'autre ; trois ou quatre km les
séparent. A en juger par la carte publiée par P. Grimal
(ed. de Frontin en hors-texte) le *caput Virginis* est immédiatement au Sud de la via *Collatina*, c'est-à-dire trois km

à peu près au nord de la *uia Praenestina*. Mais il reste surprenant que Pline se serve de références différentes de celles de l'administration, et d'ailleurs plus compliquées. Cf. Th. Ashby, *Aqueducts* p. 167 à 182. (cf. supra § 41, n. 1).

2. *Herculaneus riuus :* Comme le remarque P. Grimal, c'est le nom de plusieurs ruisseaux ou canaux. Il ne s'agit ici ni de la branche de l'aqueduc *Anio nouus*, branche qui naît au 38e mille de la *via Sublacensis* (Frontin, *Aqu.* 15, 4), ni de la branche qui se détache de la *Marcia* au sud de la *Porta Tiburtina* pour gagner les *Horti Pallantiani* (Frontin, 19, 8). La *Virgo* coule en effet dans une tout autre région, comme on peut en juger par la carte hors-texte, *ibid.* Frontin ne mentionne pas l'explication que rapporte Pline du nom « *Virgo* ».

3. *ambitione auaritiaque :* Frontin nous renseigne sur ces détournements, e.g. 75 et 76.

§ 43.

1. *quaerendi aquas rationem :* Les critères permettant de reconnaître les sites aquifères tiennent compte :

— du relief : intersection des versants (vallées, changements de pente, pied des montagnes),

— de l'orientation des versants, ou plutôt du régime des pluies.

Dans les §§ suivants (44-48), Pline va signaler d'autres procédés, plus empiriques, de détection : végétation (faune même), brouillards, réflexion du soleil, condensation dans une fosse couverte, nature et couleur du sol. Ce qui le conduit à parler des puits, des émanations dangereuses qu'on y constate parfois et des moyens d'y remédier (§ 49).

Vitruve doit être rangé parmi les *multi* selon lesquels les nappes d'eau se trouvent surtout *in montibus* et *regionibus septentrionalibus* (8, 1, 6). Il ajoute que l'eau y est meilleure au goût, plus saine et plus abondante. Il explique que ces régions, à l'abri du soleil, sont par surcroît ombragées par les arbres, par les montagnes elles-mêmes : « Les rayons du soleil n'y frappent pas directement la terre et n'en peuvent dessécher l'humidité ». L'eau est particulièrement abondante au pied des montagnes, *ibid.*, 8, 1, 7. Même doctrine *Géop.* 2, 5, 1 et Démocr. *apud Geop.* 2, 6, 5 ; Pallad. 9, 8, 7. Mais le texte bref de Pline semble nourri d'une étude plus poussée (notion d'intersection de versants) ; il est aussi moins catégorique et cite de nombreux cas où des versants non tournés au Nord sont pourtant aquifères. Strabon faisait preuve de la même prudence, 17, 3, 10 : discutant les idées d'Artémidore sur l'humidité relative des sites exposés à l'est ou à l'ouest en Libye, il estime qu'on ne peut pas prononcer d'affirmation absolue.

2. *in Hyrcanis montibus :* Il s'agit des montagnes qui

s'élèvent au sud-est de la mer Caspienne (et non pas de la région homonyme de Lydie). Cf. la description précise de Kiessling *in R.E.* I, 17, c. 454-526. L'indication que donne Pline sur le régime des pluies est exacte. Sur la fertilité extraordinaire de l'Hyrcanie, cf. Pline, *N.H.* 15, 68 ; Curt. 6, 5, 13.

§ 44.

1. Vitr. consacre un §, 8, 1, 3, aux indices (*signa*) botaniques des nappes d'eau : *tenuis iuncus, salix erratica, alnus, uitex, harundo, hedera aliaque quae eiusmodi sunt, quae non possunt nasci per se sine umore. Solent autem eadem in lacunis nata esse, quae sidentes praeter reliquum agrum excipiunt ex imbribus et agris per hiemem propterque capacitatem diutius conseruant umorem. Quibus non est credendum, sed quibus regionibus et terris, non lacunis, ea signa nascuntur, non sata sed naturaliter per se procreata, ibi est quaerenda.* Vitruve est, on le voit, moins elliptique que Pline. Le raisonnement est, chez lui, entièrement développé. Premier point : certaines plantes ne poussent qu'en terrain humide. Objection : cette humidité peut résulter d'un ruissellement superficiel, notamment dans les dépressions du sol. Conclusion : ne retenir le critère botanique qu'en dehors des dépressions et si les plantes poussent spontanément. Pallad. 9, 8, 4, donne les mêmes indications, mais en oubliant de mettre en garde contre les eaux de ruissellement. Cf. également *Geop.* 2, 4, 1 ; 2, 5, 4 et 2, 6, 23 (flore caractéristique des eaux les plus douces, 2, 5, 16).

2. *de qua dictum est :* le tussilage, *H.N.* 26, 30 : *Bechion tussilago dicitur. Duo eius genera. Siluestris ubi nascitur, subesse aquas credunt, et hoc habent signum aquileges.*

3. *adtingente mento :* Vitruve, 8, 1, 1, expose le même procédé mais en expliquant l'étrangeté de la position recommandée : *... procumbatur in dentes antequam sol exortus fuerit, in locis ubi erit quaerendum, et in terra mento conlocato et fulto prospiciantur eae regiones* (scil. *ubi sub terra sunt quaerenda capita aquae*). *Sic enim non errabit excelsius quam oporteat uisus, cum erit inmotum mentum, sed libratam altitudinem in regionibus certa finitione designabit. Tunc in quibus locis uidebuntur umores concrispantes et in aera surgentes, ibi fodiatur.* De même Pall. 9, 8, 1 (*crispum subtili nebula aërem*). Les *Geop.* 2, 5, 11-12, oublient de recommander la position allongée.

§ 45.

1. *peculiaris aestimatio :* Contrairement à ce que laissent penser les *testimonia* cités par Mayhoff à ce §, ni Vitruve ni Palladius ne signalent ce procédé. Les *Geop.* 2, 5, 13, signalent une méthode apparentée : l'été, à midi, si l'on

observe d'une hauteur, on peut apercevoir des vapeurs qui dénoncent la présence de l'eau. Mais il n'y est pas question de la réflexion des rayons solaires, ni de la douleur que cause cette observation.

§ 46.

1. *experimenta* : Les procédés signalés par Pline sont décrits d'une façon beaucoup plus précise et complète par Vitr. 8, 1, 4-5 ; Pallad. 9, 8, 5-7 ; les *Geop.* 2, 4, 2 et 2, 6, 42-45. Pline ne mentionne pas que le trou doit avoir au moins trois pieds de large (Vitr., Pall.), qu'on peut utiliser des récipients de bronze ou de plomb, qu'il faut les renverser (Vitr.) ; qu'il faut poser une petite pierre au milieu de la laine (*Geop.*), etc... Mais il a retenu l'essentiel : trou profond, bien couvert de feuillage et de terre ; nature des objets à utiliser.

Si le sens du passage est clair, le détail du texte présente des difficultés, que les edd. ont résolues de diverses manières. Les *uett.* (ainsi Hardouin) conservaient le texte des manuscrits, ce qui rend *cooperto* difficile à analyser. Il ne peut alors se rapporter qu'à *loco* et a pour complément *ollis* et *pelui*, ce qui n'est pas satisfaisant pour le sens. Le trou n'est pas recouvert de cruches et de bassins, mais d'une claie de feuillage chargée de terre. Vitr., Pall. et les *Geop.* ne cessent de rappeler cette précaution. Vitr. : *summa fossura operiatur harundinibus aut fronde, supra terra obruatur... ; item... uas... non coctum... eadem ratione opertum ;... si lucerna... in eo loco operta fuerit conlocata* ; Pallad. : *supra fossae labra crates facta de uirgis ac frontibus additaque terra spatium omne cooperiat... Item si uas figuli... similiter operiatur... Item uellus lauae aeque positum uel coopertum... Item lucerna si ibi similiter tecta ponatur.* Le concept de « recouvrir » (*cooperire, operire, tegere*) s'applique donc constamment au trou dans son ensemble et de ce fait aux objets qui y sont placés.

Autre difficulté : les quatre accessoires servant pour cette expérience, cruche de terre crue, bassin de bronze, lampe, touffe de laine, figurent chez Vitr., Pall. et dans les *Geop.* Pline les cite dans la deuxième partie du §, mais laisse de côté le *uellus lanae* dans la première partie. Mayhoff l'y a rajouté, d'où son texte : *loco... defosso ollisque aut... pelui... ⟨lanae uellere⟩ cooperto lucernaque...* Mais *cooperto* reste aussi peu explicable grammaticalement. Jones trouve (*adn. ad l.*) l'asyndète pénible et n'estime pas indispensable de restituer ⟨*lanae uellere*⟩.

La structure de la phrase invite, nous semble-t-il, à donner raison à Mayhoff sur le point essentiel : l'adjonction de *lanae uellere*. Mais le détail de sa correction est critiquable. Les instruments de cette expérience se répartissent en deux groupes : cruches et bassins d'une part ; touffe de laine et lampe d'autre part. Dans la 2ᵉ partie de la phrase, ces deux groupes sont articulés par *uel*, tandis que dans chaque groupe *aut* sert à distinguer *ollae / peluis, lucerna / uellus*. Aussi trouverions-nous plus naturel que Pline ait écrit dans la première partie *ollisque... aut pelui... / uel lanae uellere lucernaque* (avec une uariatio *aut / que*).

Quant à *cooperto* (*codd.*), il est important de le maintenir dans le premier membre *ollisque... aut pelui*, moyennant une correction minime en *cooperta*. On a pu voir en effet que la nécessité de recouvrir le trou (et les objets qu'il contient) est une prescription constamment répétée. Les différences de ponctuation entre les *uett.*, Mayhoff et Jones sont sans importance.

2. *igni* : Pall. 9, 8, 7 et Vitr. 8, 1, 5, citent l'épreuve du feu allumé sur le sol, mais sans la rapporter à *l'argumentum uasorum*. Pour eux, si une terre chauffée et brûlée dégage un brouillard, elle est aquifère.

§ 47.
1. *Terra uero ipsa* : Cette revue des divers types de terre (47 et 48) figurait déjà chez Vitruve, 8, 1, 2. Elle est reprise par Pallad. 9, 8, 1 extr.-3, et les *Geop.* 2, 5, 3-7 ; 2, 6, 39 ; voici le texte de Vitruve : *Item animaduertendum est quae-rentibus aquam, quo genere sint loca ; certa enim sunt, in quibus nascitur. In creta tenuis et exilis et non alta est copia ; ea erit non optimo sapore. Item sabulone soluto tenuis, sed inferioris loci invenietur ; ea erit limosa et insuauis. Terra autem nigra sudores et stillae exiles inueniuntur, quae ex hibernis tempestatibus collectae in spissis et solidis locis subsidunt ; haec habent optimum saporem. Glarea uero mediocres et non certae uenae reperiuntur ; hae quoque sunt egregia suauitate. Item sabulone masculo harenaque carbunculo certiores et stabiliores sunt copiae ; eaeque sunt bono sapore. Rubro saxo et copiosae et bonae, si non per interue-nia dilabantur et liquescant. Sub radicibus autem montium et in saxis silicibus uberiores et affluentiores ; eaeque frigi-diores sunt et salubriores.*

2. *ordo supra dictus* : expression peu claire. Jones (*adn. ad l.*), après les *uett.* (Hardouin), suppose qu'il faut com-prendre : noir, blanc, vert. Il faut peut-être ajouter à cette série la terre de potier (chez Littré, divergences entre sa traduction et le texte qu'il adopte).

§ 48.
1. *in tofo* : Sur les rapports entre l'eau et la nature du terrain, voir la n. 1 au § 47.
2. *carbunculus* : Jones traduit aussi « carbunculus-sand ». Les traductions de Littré (« charbonnée »), Gaffiot (« car-

boucle »), Georges (« rötlicher Tofstein ») sont approximatives. Vitruve, qui le range parmi les sables de carrière (2, 4, 1), estime qu'il est dû à l'action d'une chaleur profonde : *Quo penitus ab imo uehementia uaporis adusto nonnullis locis procreatur id genus harenae quod dicitur carbunculus,* 2, 4, 6 (par ex. en Étrurie et en Campanie. C. Fensterbusch, *ad l.* traduit par « carbunculus, rotbrauner Sand »). Cf. *N.H.* 17, 29, et la n. 1 de J. André.

§ 49.

1. *puteis :* La présence de ce § sur les puits est assez compréhensible après un développement sur les sites aquifères (depuis le § 43). Mais Pline laisse de côté la technique du creusement — excepté une indication dans la dernière phrase — pour s'en tenir au danger d'asphyxie et à l'utilité d'aérer les puits même sains. Vitr. 8, 6, 12, traite également de l'asphyxie, d'une façon plus détaillée : « Dans le creusement des puits, il ne faut pas dédaigner la méthode, mais examiner les conditions naturelles avec beaucoup d'habileté et de pénétration, car la terre comporte des espèces nombreuses et variées. Elle est en effet, composée de quatre principes, comme les autres choses. En premier lieu, elle est par elle-même terreuse ; l'élément humide qui y est mêlé lui vaut des sources d'eau ; de même, elle a de la chaleur, ce qui donne naissance au soufre, à l'alun, au bitume ; et de monstrueuses exhalaisons d'air qui, lorsque, sous l'effet de leur poids, en suivant les fissures de la terre, elles rencontrent la fouille et y trouvent des hommes en train de creuser, empêchent par la force naturelle du gaz l'air vital d'atteindre leur nez. Ainsi meurent sur place ceux qui ne s'enfuient pas promptement ». Pallad. 9, 9, 1, formule brièvement la même observation (*sulfur, alumen, bitumen*).

2. *exstinguitur :* Le même procédé de la *lucerna* est indiqué par Vitr. 8, 6, 13 ; Pallad. 9, 9, 1. L'évacuation des gaz nocifs par *aestuaria* latéraux est également signalée en des termes remarquablement semblables : Vitr. 8, 6, 13, *tunc secundum puteum dextra ac sinistra defodiantur aestuaria ; ita quemadmodum per nares spiritus ex aestuariis dissipabuntur* ; Pallad. 9, 9, 2.

3. *euentilando :* Cette recommandation ne figure pas chez Vitr. et Pall.

4. *obstruantur :* Cf. Vitr. 8, 6, 13 extr. : *Cum... ad aquam erit peruentum, tunc saepiatur as⟨sa⟩ structura, ne obturentur uenae* (... « construire un mur circulaire en pierres sèches »...). Pallad. 9, 9, 2-3 donne des détails sur la construction des puits, la protection contre les éboulements, etc...

§ 50.
1. *a canis ortu :* le 19 juillet.
2. *in Macedoniae Pella :* Sur le site de Pella en Macédoine, cf. Liu. 44, 46. Capitale de la Macédoine à partir
de Philippe II, Pella était construite sur une colline entourée
de marais profonds hiver comme été. Cf. Strabon 7,
frg. 20 ; *R.E.* I, 37, c. 341, n° 3, à 348 (E. Oberhummer).
Pline précise *Macedoniae Pella* parce que l'antiquité connaissait des villes homonymes, en Thessalie et en Palestine.
3. *Enneacrunos :* Enneacrunos (ou Kallirrhoè) est le nom
d'une source d'Athènes. Pline la mentionne, *N.H.* 4, 24.
Selon Pausanias, 1, 14, 1, il y avait des puits dans toute la
ville, mais c'était la seule source. Voir la discussion sur
son emplacement, *R.E.* I, 20, c. 1669 (Kroll).
4. *In Iouis horto :* Non identifié.
5. *putei :* Il s'agit vraisemblablement toujours des puits
d'Athènes.
6. *circa Arcturum :* Sur l'importance météorologique
accordée au lever de l'Arcture, cf. Pline, *N.H.* 18, 310 sq. :
Arcturus (*oritur*) *medius pridie Idus* (*Septembris*) *uehemen-
tissimo significatu terra marique per dies quinque. Ratio eius
haec traditur : si Delphino occidente imbres fuerint, non futu-
ros per Arcturum. Signum orientis eius sideris seruetur
hirundinum abitus : namque deprehensae intereunt.* S'inter-
rogeant sur les causes des crues ou assèchements périodiques,
Sénèque mentionne avec trois autres l'influence « des astres
qui agissent plus fortement en certains mois et vident les
rivières » (*N.Q.* 3, 26, 2).
7. *Olynthum :* Olynthe en Chalcidique. Les fouilles de
David M. Robinson ont mis à jour un excellent réseau de
distribution d'eau. Cf. *R.E.* I, 35, c. 325-342 (D. M. Robinson).

§ 51.
1. *Mylas :* Cf. Pline, *N.H.* 3, 90.
2. *Apolloniae in Ponto :* Sans doute, la petite île très
proche de la côte de Bithynie entre Kalpe et Chelai
R.E. II, c. 115, n° 14 (Hirschfeld) ; cf. Pline, *N.H.* 6,
13. Pline a peut-être trouvé chez Théophraste le fait qu'il
signale. Cf. Sén., *N.Q.* 3, 26, 1 : *Theophrastus est auctor in
Ponto quoque quosdam amnes crescere tempore aestiuo.*
3. *in Narniensi agro :* Narnia est une ville d'Ombrie. Cf.
Pline, *N.H.* 3, 113 ; Tac., *Ann.* 3, 9, 2.
4. *Cicero : Ciceronis fragm.* ed. Klotz, IV, 3, p. 349 ;
cf. *N.H.* 31, 12.

§ 52.
1. *tales... aquae qualis terra...* Vitr. 8, 3, 26 : ... *non est*

mirandum si etiam in magnitudine terrae innumerabiles suco-
rum reperiantur uarietates, per quarum uenas aquae uis per-
currens tincta peruenit ad fontium egressus, et ita ex eo dis-
pares uariique perficiuntur in propriis generibus fontes
propter locorum discrepantiam et regionum qualitates terra-
rumque dissimiles proprietates. Vitruve développe la même
idée en 8, 3, 12-13 : la diversité des fruits de la terre, par
exemple les différences entre les vins, l'existence des plantes
à parfum en Arabie et en Syrie, etc... Théophraste *ap.*
Ath. 42 a : « Des variations... ont lieu non seulement dans
les eaux qui sont amères, mais aussi dans l'eau saline et
dans les cours d'eau entiers... »

2. *Borysthenen :* Le Dniepr, cf. § 56. Vitruve — qui
insiste sur la grande diversité des terroirs — cite pour
illustrer la même idée le cas du fleuve Hypanis (le Boug),
8, 3, 11 : *item sunt ex amaro suco terrae fontes exeuntes uehe-*
menter amari, ut in Ponto est flumen Hypanis. Is a capite
profluit circiter milia XL sapore dulcissimo, deinde, cum
peruenit ad locum qui est ab ostio ad milia CLX, admiscetur
ei fonticulus oppido quam paruulus. Is cum in eum influit,
tunc tantam magnitudinem fluminis facit amaram, ideo quod
per id genus terrae et uenas unde sandaracam fodiunt ea aqua
manando perficitur amara. L'information de Vitruve est
puisée chez Hérodote, 4, 52, résumé par Athénée 43 c-d :
« Hérodote... dit que l'Hypanis, en sortant de ses sources,
est, sur une longueur de cinq journées, petit et d'eau douce,
mais qu'après quatre autres jours de navigation, il devient
amer parce qu'il s'y déverse l'eau d'une source amère ».

3. *Aegypti :* Théophr. *ap.* Ath. 42 a, cité par Mayhoff
parmi ses testimonia, dit en fait autre chose : « Une sécheresse s'étant une fois produite dans la région du Nil, l'eau
du fleuve devint vénéneuse et beaucoup d'Égyptiens moururent ».

§ 53.

1. *Nascuntur fontes :* Les mêmes exemples destinés à
montrer l'influence sur les sources des arbres et de la culture régulière du sol, se lisent chez Sénèque, *N.Q.* 3, 11, qui
se réfère expressément à Théophraste.

a) Relation entre les arbres et les sources : Sénèque écrit
N.Q. 3, 11, 3 : *Fuit aliquando aquarum inops Haemus sed,*
cum Gallorum gens a Cassandro obsessa in illum se contu-
lisset et siluas cecidisset, ingens copia apparuit, quas uidelicet
in alimentum suum nemora ducebant. Quibus euersis, umor qui
desiit in arbusta consumi superfusus est. L'Haemus est une
montagne de Thrace ; Cassandre le roi de Macédoine, fils
d'Antipater mort en 298 (cf. Pline, *N.H.* 4, 41). Mais Pline
signale aussitôt qu'en général le déboisement favorise le
ruissellement et l'érosion, ce qui détruit l'affirmation pré-

cédente. Il est gênant que le fait exceptionnel (naissance des sources sur l'Haemus) soit présenté comme aussi géné-ral que le fait habituel (érosion par le ruissellement). Dans les deux cas, Pline emploie le même adverbe *plerumque*. Sénèque prenait lui aussi la liberté de critiquer Théophraste, mais d'une façon explicite ; *ibid.*, 3, 11, 4, *pace Theophrasti dixisse liceat, non est hoc simile ueri, quia fere aquosissima sunt quaecumque umbrosissima. Quod non eueniret si aquas arbusta siccarent*. Mais le philosophe ne dit mot de l'érosion après déboisement, préoccupé d'affirmer une fois de plus sa thèse que les fleuves sont alimentés par un vaste réservoir souterrain.

b) Relation entre les sources et la culture du sol : c'est encore à Théophraste (*ap.* Sén.) que remonte l'exemple d'Arcadia. Sénèque, *N.Q.* 3, 11, 5, est cette fois moins com-plet que Pline : *Idem* (scil. *Theophrastus*) *ait circa Arcadiam, quae urbs in Creta insula fuit, fontes et riuos substitisse, quia desierit coli terra diruta urbe ; postea uero quam cultores rece-perit, aquas quoque recepisse. Causam siccitatis hanc ponit quod obduruerit constricta tellus nec potuerit imbres inagitata trans-mittere* (Sénèque objecte l'existence de sources *desertissimis locis*).

2. *digerere :* Littré comprend « s'alimenter avec » ; Jones, de même, « absorb ». Cette interprétation peut s'appuyer sur le concept de *alimentum* exprimé au début du §. Nous pré-férons comprendre « disperser », qui est le sens fondamental et de loin le plus fréquent de *digerere. Continere* et *digerere* s'opposent ainsi exactement aux idées de ruissellement vio-lent (*torrentes*) et de réunion des eaux pluviales en courants (*conriuantur*) exprimées au début même de la phrase.

§ 54.
1. *in Coryco monte :* Exemple emprunté à Théophraste, que cite Sénèque, *N.Q.* 3, 11, 1-2 : *saepe motu terrarum iti-nera* (scil. *aquarum*) *turbantur et ruina interscindit cursum aquis... Hoc ait accidisse Theophrastus in Coryco monte in quo post terrarum tremorem noua uis fontium emersit*.

2. *Magnesia :* En Lydie près du Sipyle, cf. n. 2, au § 61. Cette ville est située dans une zone fréquemment affectée par des séismes. Tacite, *Ann.* 2, 47, mentionne le grave tremblement de terre de l'an 17. Cf. Strabon 12, 8, 18 et 13, 3, 4. L. Robert, *Villes d'Asie Mineure*, 2e éd., p. 121.

3. *in Caria :* L'origine est ici encore Théophraste, que résume Ath. 42 a : « Des variations, dit-il encore, ont lieu non seulement dans les eaux qui sont amères, mais aussi dans l'eau saline et dans les cours d'eau entiers, comme le fleuve de Carie au bord duquel est un sanctuaire de Zeus Poseidon ; la cause en est la chute fréquente de la foudre aux environs ».

§ 55.

1. *Arethusam* : Pline cite *fons Arethusa*, *N.H.* 3, 89. La légende d'Aréthuse et d'Alphée est ancienne ; le fragment 42 d'Ibycos (VIe siècle avant J.-C.) y fait allusion. On peut la lire, assez développée, chez Pausanias (5, 7, 2-3 et 7, 23, 2) : la chasseresse Aréthuse, pour se dérober aux poursuites du chasseur Alphée, passa dans l'île d'Ortygie en face de Syracuse. Elle y fut changée en source, tandis qu'Alphée était changé en fleuve. Pausanias ajoute qu'on ne peut révoquer en doute l'union sous-marine d'Alphée et d'Aréthuse, puisqu'elle est confirmée par des vers d'Apollon Delphien. Il cite ceux-ci et énumère d'autres cas de fleuves traversant des lacs et même des mers. La preuve de cette résurgence, c'est qu'Aréthuse dégage une odeur de fumier lorsqu'à Olympie on lave dans l'Alphée les entrailles des bœufs immolés, et qu'une coupe jetée dans le fleuve fut retrouvée dans la source ; cf. Antig. 155, qui se réfère à Lycos et à Timée. Virgile fait allusion à la légende, *Buc.* 10, 4 sqq. Sénèque en parle avec quelque ironie, *N.Q.* 3, 26, 5-6. Quant à Strabon 6, 2, 4, il en fait une critique tout à fait pertinente et la considère comme « une tradition inacceptable, une pure fiction ». Il rapproche à juste titre une série de prodiges du même genre, sur lesquels renchérissaient poètes et rhéteurs. Cf. Athénée, 42 c ; Arist., *Mir.* 172.

2. *Rhodiorum in Cherroneso fons* : Il s'agit de la péninsule de Lycie, attribuée par les Romains aux Rhodiens. Cf. Sén. *N.Q.* 3, 26, 6 : *Est in Chersoneso Rhodiorum fons qui post magnum interuallum temporis foeda quaedam turbidus ex intimo fundat, donec liberatus eliquatusque est.* Sénèque essaie ensuite de raisonner sur le phénomène d'auto-épuration qu'on constate dans la mer, les eaux dormantes, certaines sources et enfin les eaux courantes. Le texte des manuscrits, que conservent Mayhoff et Jones, présente un ordre des mots insolites, que Mayhoff propose de corriger dans son apparat critique. Une correction, un peu différente de celle de Mayhoff, nous a paru nécessaire.

3. *Babylone* : Théophr. *ap.* Ath. 42 e : « C'est aussi cet élément terreux qui fait la coloration des eaux. Ainsi celle du lac de Babylone devient rouge en été pendant quelques jours. L'eau du Borysthène prend à certaines époques une teinte violette, quoique étant légère à l'excès ; en voici la preuve : elle surnage, à cause de sa légèreté sur l'Hypanis par les vents du Nord ».

§ 56.

1. *Borysthenes, Hypanis* : Le Dniepr et le Boug, qui se jettent dans le Pont-Euxin par un estuaire commun. Hérodote décrit ces fleuves, 4, 52 sqq. : le Borysthène est le plus important des fleuves scythes après l'Istros. « Son eau est

très agréable à boire, il coule limpide près de fleuves limoneux... Quand le Borysthène parvient près de la mer,
l'Hypanis mêle ses eaux aux siennes dans la même lagune
où il se jette avec lui. » Pour la couleur et la légèreté des eaux
du Borysthène, cf. Théophraste *ap.* Ath. 42 c (en voir le
texte ci-dessus, § 55, n. 3).

§ 57.
1. *Fictilibus tubis :* Le résumé de Pline reflète la doctrine qu'expose Vitruve, 8, 6, 1-11, et que reprendra Palladius. L'elliptique *utilissimum* fait allusion à la supériorité
reconnue des poteries sur le plomb, pour le goût et la salubrité de l'eau. Vitr. 8, 6, 10 : *etiamque multo salubrior est
ex tubulis aqua quam per fistulas, quod plumbum uidetur
esse ideo uitiosum, quod ex eo cerussa nascitur.* Suit (§ 11)
une brève description des symptômes du saturnisme et la
conclusion que même les riches qui ont des tables chargées
de vaisselle d'argent *propter saporis integritatem fictilibus
utuntur.* Cf. Pallad. 9, 11, 2. Brunies, p. 22-23, se trompe en
supposant que le saturnisme « n'a pas été pressenti » par les
anciens.
2. *ex oleo leuigatis :* Cette technique d'ajustement est
chez Vitr. 8, 6, 8, mais, chose curieuse, pour les tuyaux bon
marché en cuir et non pas pour les poteries. *Sin autem minore
sumptu uoluerimus, sic est faciendum. Tubuli crasso corio ne
minus duorum digitorum fiant, sed ita hi tubuli ex una parte
sint lingulati, ut alius in alium inire conuenireque possint.
Coagmenta autem eorum calce uiua ex oleo subacta sunt
inlinienda.* On verra une image des tuyaux de terre cuite
provenant des aqueducs de Genève dans A. Grenier, *Manuel,*
4ᵉ partie, I, p. 35.
3. *sicilici :* Telle est la leçon de tous les manuscrits (*r*
et *a* l'ont altérée en *sui lici*). Le *sicilicus* valant 1/4 de pouce
soit 0,6 centimètre environ (cf. Pline, *N.H.* 13, 93), cette
pente semble à première vue dérisoire. Vitruve, 8, 6, 1,
fixait au contraire à 1 demi-pied la pente minimale pour
100 pieds de canalisation maçonnée. Voici quelques données
du problème : Ashby estime la pente de l'*Appia* romaine à
0,5 %° (soit à 1,5 cm pour 30 mètres), celle de la *Virgo* à
0,025 %°, de l'*Alexandriana* à 0,438 %° (voir p. 316 sqq.
les tableaux résumant les mesures des aqueducs romains).
G. de Montauzan, *Les aqueducs antiques de Lyon,* Paris,
1901, donne p. 171 la pente de quelques aqueducs romains
en France. À partir des chiffres qu'il fournit, voici, pour
30 mètres de longueur la différence de niveau de plusieurs
d'entre eux : Nîmes : 1 cm ; Antibes : 1,3 ; Rodez : 1,5 ;
Aqueduc du Gier : 2,8 aux endroits de moindre pente ;
Arcueil : 3 ; Vienne : 3,5.
Selon M. Belgrand, *Essai sur les aqueducs romains,* Paris,

1875, p. 59 (cité par A. Grenier, *op. cit.*, p. 29), une pente de 0,3 à 0,4 cm pour 30 mètres suffit pour les grands aqueducs parisiens. Ajoutons que c'est exactement la pente de la Seine aux abords de Paris (12 cm par km, soit 0,36 pour 30 m.).

Le chiffre de Pline (0,6) paraît donc admissible, si l'on se souvient qu'il s'agit d'un minimum. Et Rose semble avoir été fondé de s'appuyer sur lui pour corriger le texte de Vitruve (1867) : *solumque riui libramenta habeat fastigata ne minus in centenos pedes semipede.* La faute s'explique selon lui par la confusion des symboles représentant le *semipes* et le *sicilicus* (qui ressemblent respectivement à un S et à un S retourné). Le dernier éditeur allemand de Vitruve, Carl Fensterbusch (1964), a astucieusement conservé *semipede* tout en rajoutant *sicilico : ne minus in centenos pedes ⟨sicilico, ne plus⟩ semipede* (mais il traduit à tort *sicilicus* par « 1/4 de pied »). Palladius, 9, 11, indique pour sa part 1 pied 1/2 (*sesquipede*).

4. *Actus :* l'actus équivaut à 120 pas. Vitruve, 8, 6, 3, mentionne aussi la nécessité des regards (*putei*) pour les canalisations souterraines creusées dans la terre ou les sables (mais non dans la pierre ou le tuf). Le texte des manuscrits de Vitruve adopté par C. Fensterbusch porte : *puteique ita sint facti uti inter duos sit actus* « ménager des regards à un *actus* l'un de l'autre ». Des éditeurs plus anciens (e.g. Rose) modifiaient le texte en écrivant... *uti inter binos sint actus* « (ménager des regards) à deux actus l'un de l'autre ». Le texte de Pline, qui est sans équivoque, permet de donner raison à Rose, en admettant la correction de *sit* en *sint*. Il faut considérer cependant que la distance entre les regards est assez variable ; cf. sur ce point A. Grenier, *op. cit.*, p. 31, qui cite les observations de G. de Montauzan et de M. Belgrand.

§ 58.
1. *ad has portiones :* Il s'agit ici uniquement des tuyaux de plomb. Vitr. 8, 6, 4, donne à peu près les mêmes informations, mais d'une façon plus précise et plus développée (par ex. pour Vitr. 10 pieds est la longueur minimale d'un tuyau de plomb ; il énumère les poids jusqu'au tuyau de 100). L'exposé le plus complet sur les calibres des tuyaux est de Frontin, *Aqu.* 37-61. Pallad. 9, 12, sous le titre *de mensuris et ponderibus fistularum*, résume très brièvement les mêmes données que Vitr. Cf. G. de Montauzan, *op. cit.*, p. 327 sqq. ; A. Grenier, *op. cit.*, p. 36 sqq., figures p. 30 ; L. Homo, *Rome impériale et l'urbanisme dans l'antiquité*, notamment p. 209-210.
2. *domatur impetus :* cette précision ne figure pas chez Vitr. qui traite pourtant plus longuement du franchisse-

ment des vallées, 8, 6, 5. Sur les siphons, cf. A. Grenier, *op. cit.*, p. 34.

3. *item castella :* Vitruve distingue les châteaux d'eau de départ et d'arrivée (8, 6, 4 inc.), et les réservoirs qui segmentent la conduite (*inter actus ducentos*, tous les 700 m. en principe, 8, 6, 7) pour faciliter le contrôle et l'entretien. Cf. A. Grenier, *op. cit.*, p. 38 sqq.

§ 59.

1. *lauari calida :* Cf. *Iliade*, 22, 442 sqq. : « (Andromaque) vient de donner l'ordre à ses suivantes... de mettre au feu un grand trépied, afin qu'Hector trouve un bain chaud, quand il rentrera du combat. Pauvre folle ! elle ignore que, bien loin de son bain, Athéné aux yeux pers l'a dompté sous le bras d'Achille. » Cf. *Il.* 14, 6 ; *Od.* 8, 249 ; 19, 343 ; 368 ; 389 *al.* Pline a déjà signalé ce goût des héros d'Homère pour les bains chauds, *N.H.* 25, 77. Homère mentionne d'une façon tout à fait fortuite, et sans faire allusion à d'éventuelles vertus thérapeutiques, les deux sources du Scamandre, dont l'une est chaude : « De l'une coule une onde tiède : une vapeur s'en élève, toute semblable à celle du feu flamboyant » (*Il.* 22, 149-150). Pline s'étonne du silence d'Homère sur les sources thermales, puisqu'il est, selon lui, *fons ingeniorum* (*N.H.* 17, 37). Athénée traite « de l'eau dans Homère », 41 a-e.

2. *purgationibus :* Pline a déjà mentionné les vertus des eaux selon leur composition, cf. §§ 6 et 10 notamment. Mais cette deuxième phrase du § 59 semble résumer un développement que l'on retrouve chez Vitr. 8, 3, 4-5 : *Namque sulphurosi fontes neruorum labores reficiunt... Aluminosi autem, cum dissoluta membra corporum paralysi aut aliqua ui morbi receperunt, fouendo... reficiunt... Bituminosi autem interioris corporis uitia potionibus purgando solent mederi. 5. Est autem aquae frigidae genus nitrosum, uti Pinnae Vestinae, Cutiliis aliisque locis similibus, quae potionibus depurgat...*

§ 60.

1. *frigore infestantur :* Cael. Aurel., *Chron.* 1, 42, déconseille aux malades souffrant de céphalée la natation en plein air parce qu'il y a forcément une différence de température entre la tête et le reste du corps.

2. *multitudo aquae :* Vitr. 8, 3, 5, cite le gonflement parmi les méfaits de certaines eaux thermales (*nerui inflatione turgentes*). Orib., dans un passage de son traité *des Bains*, passage tiré d'Hérodote, formule des prescriptions très précises quant à la durée des bains et des cures : « Pour toutes les eaux minérales, on observera une certaine mesure de temps : par exemple, si on se propose de continuer le traitement par

ces eaux pendant trois semaines, on commencera (par se baigner pendant) une demi-heure, et on augmentera peu à peu (la durée du bain) de manière à arriver exactement à deux heures vers le septième jour ; on s'en tiendra à cet espace de temps jusqu'à la fin de la seconde semaine ; après cela, on diminuera de nouveau dans la même proportion, et on s'arrêtera à la mesure par où l'on avait commencé, en redescendant en sens inverse : en effet, il ne convient ni de rester longtemps dans l'eau dès le commencement (de la cure), ni de s'en tenir jusqu'à la fin au même espace de temps » (trad. Bussemaker et Daremberg).

§ 61.
1. *caeno fontium.* Cf. Brunies, 31, selon qui le mode d'utilisation des boues thermales, en Bohème et dans le Sud-Ouest de la France, est aujourd'hui différent.
2. *in Segesta Ciciliae, Larisa Troade, Magnesia, Melo, Lipara :* Toutes ces villes étaient réputées pour leurs sources chaudes. Ségeste est dans la région nord-ouest de la Sicile, à 10 km de Castellamare. A six km de Ségeste, jaillissent six sources qui se jettent dans le « Fiume Caldo ». Cf. Diod. Sic. 4, 23, 1 ; Strab. 6, 2, 9. Pline cite dans ses livres de géographie quatre villes nommées Larissa : 5, 121, et 5, 123, en Troade ; 4, 29, en Thessalie ; 5, 82, en Syrie. Il s'agit ici de la première que la *R.E.*, XII, 871, décrit sous le n° 7 (Bürchner). Cf. Hom., *Il.* 11, 841 ; Strab. 9, 440 ; Ath. 43a. Près d'elle se trouvent les sources chaudes qu'on appelle aujourd'hui sources de Kaplydscha. — *Magnesia* n'est ni la *Magnesia Maeandria*, en Ionie, (Pline, *N.H.* 5, 114), ni la région de Thessalie appelée *Magnesia Thessalica* (*N.H.* 4, 32), mais la ville de Lydie citée par Strabon, 13, 3, 5, et dont Pline mentionne les habitants, *Magnetes a Sipylo*, 5, 120. Hellanikos, frg. 125, fait état de la source remarquable qui y coulait. Cf. *R.E.* I, 27, c. 472, n° 3 (Ruge). — Les thermes de Melos, l'une des Sporades, étaient connus. Cf. Bursian, *Geogr.* II, 497. Les eaux y sont aujourd'hui bicarbonatées chlorurées, et on les utilise contre les rhumatismes et les éruptions cutanées (Bluteau, p. 67). — *Lipara* est la principale des îles Lipari, à proximité de la Sicile ; Pline *N.H.* 3, 92-93. Ses sources étaient très fréquentées, selon Diod. Sic. 5, 10, 1, et Strab. 6, 2, 10. Athénée, 43 a, énumère ces quatre derniers sites dans le même ordre, mais les eaux y sont, à son avis, salines.
3. *Patauinis fontibus :* Cf. *N.H.* 2, 227.

§ 62.
1. *in marinis :* Sur la thalassothérapie, on consultera, outre les ouvrages mentionnés ci-après (§§ 62-68), A. Larivière, *Les cures marines*, Paris, 1918 ; F. Lalesque, *La*

thalassothérapie, in *Annuaire des eaux minérales*, p. 435-445 ;
Bluteau, p. 7-8.

2. *ad neruorum dolores :* Cf. Seren. Sam. 970-973 : *Si
uero occultus neruos dolor urit inertes,... Conuenit et pelagi
calidis perfundier undis*. Même prescription, Diosc. 5, 11, 1 :
« l'eau de mer, appliquée chaude, convient aux douleurs
nerveuses ».

3. *ossa :* Hippocr. (*ap.* Gal., *De liquid. usu*, 3) recommande
d'imbiber les atelles d'eau de mer. Cf. l'utilisation des eaux
chlorurées sodiques de Bourbonne (Haute-Marne) pour les
fractures (Brunies, 38).

4. Celse, 3, 22, 8-9, écrit à propos du traitement de la
phtisie : *Opus est, si uires patiuntur, longa nauigatione,
caeli mutatione, sic ut densius quam id est, ex quo discedit
aeger, petatur : ideoque aptissime Alexandriam ex Italia
itur... Si id imbecillitas non sinit, naue tamen non longe
gestari commodissimum est.* (9) *Si nauigationem aliqua res
prohibet, lectica uel alio modo corpus mouendum est* ; cf. 4,
10, 4, *utilis etiam in omni tussi est peregrinatio, nauigatio
longa, loca maritima, natationes.* La *nauigatio* est aussi conseillée pour les ulcères d'estomac, 4, 12, 5 ; pour le choléra,
4, 19, 3.

5. *sanguine egesto :* Pline le Jeune, *Epist.* 5, 19, 6 : *Dum
Zosimus, libertus meus, intente instanterque pronuntiat, sanguinem reiecit, atque ob hoc in Aegyptum missus a me, post
longam peregrinationem confirmatus rediit nuper.*

6. *Annaeum Gallionem :* Iunius Annaeus Gallio, frère de
Sénèque le philosophe. Tacite le cite *Ann.* 15, 73, 4. Pline
mentionne les croisières pour phtisiques, 24, 28 et 28, 54.

§ 63.

1. *nauigandi :* La navigation est fréquemment conseillée
par les médecins, pour guérir divers maux. Par exemple
Cael. Aurel. recommande la *peregrinatio maritima* dans les
cas de paralysie (*Chron.* 2, 49), pour les troubles mentaux
(*ibid.*, 1, 169), la *nauigatio* pour l'asthme (*ibid.*, 3, 10),
l'éléphantiasis (4, 3), une *longa nauigatio* pour les douleurs
abdominales (4, 104). Cf. Guillerm, *Le voyage en mer considéré comme moyen thérapeutique*, thèse Bordeaux, 1924,
p. 17.

2. *helleborum bibitur :* Entre autres applications, l'ellé
bore, selon Cael. Aurel., convient, comme les eaux thermales
ou l'eau de mer, pour l'épilepsie (*Chron.* 1, 111 sq.) et l'éléphantiasis (*ibid.*, 4, 3).

3. *tumoribus :* Pline, *Med.* 3, 30, 50 : *Aqua marina calida
uiiliter tumores fouentur.* La thérapeutique moderne utilise
l'iode et les iodures en application sur les masses ganglion-
naires (Brunies, p. 40). Cf., pour les parotides, Scrib. Larg.
43.

4. *malagmatis :* Diosc. 5, 11, 1, conseille également d'user d'eau marine pour les cataplasmes, emplâtres et onguents ; cf. Marc., *Med.* 36, 45.

5. *infusa crebro ictu :* Cael. Aurel. renseigne sur l'usage thérapeutique des douches, spécialement douches d'eau thermale ou marine (les précisions qu'il donne ne laissent aucun doute sur la validité de la leçon *crebro ictu* que certains *uett.* corrigeaient en *cerebro icto*). Pour la céphalée : *utendum etiam fomentis siue uehementioribus illisionibus aquarum quas Greaci cataclysmos appellant, et primo calidarum, deinde frigidarum* (*Chron.* 1, 42). Dans la paralysie : *earum* (scil : *aquarum marinarum*) *percussiones corporum faciunt mutationem* (*ibid.*, 2, 48). Les douches conviennent aussi pour les maux d'oreille, 2, 70, les douleurs de l'œsophage, 3, 45, etc...

§ 64.

1. *iniuria stomachi :* Celse estime lui aussi que *acris ... est marina aqua*, 2, 12, 2 E. Pour Diosc. 5, 11, 1, elle est mauvaise pour l'estomac.

2. *in quartanis* : Cf. Seren. Sam. (chap. *Quartanae typo remediando*) 909 : *Prodest et potu, sed mulsus, Doridis umor*.

3. *uetustate uirus deponentem :* Les procédés indiqués ici par Pline pour soigner ténesme et douleurs articulaires (eau de mer vieillie, parfois bouillie) se retrouvent chez d'autres auteurs. Celse 4, 31, 4, donne la prescription suivante pour les douleurs articulaires des pieds et des mains : *aquam marinam uel muriam duram feruefacere oportet, deinde in peluem conicere, et, cum iam homo pati potest, pedes demittere, supraque pallam dare, et uestimento tegere*, etc... (mais il recommande les bains et cataplasmes froids, 4, 31, 5, en cas de gonflement et d'échauffement). Pour lui il vaut mieux en tout cas faire bouillir l'eau de mer ou l'eau salée (2, 12, 2 ; cf. Marc., *Med.* 36, 45).

Marc., *Med.* 28, 63, et Plin., *Med.* 2, 9, 3-4, reproduisent assez fidèlement la recette de Pline. Marc., *Med.* : (*aduersum tenesmum*) *aqua marina ex alto hauritur et seruatur in uestustatem ac postea cum uino austero bibitur ; deinde rafani manducantur, ut sit uomitus facilior, qui tenesmi causas effundet.* Plin., *Med.* : *aqua marina ex alto hauritur, seruatur in uetustatem, ... bibitur cum uino aut aceto, uomitu praecedente. Aquam marinam aliqui per se dant, sed raphanos supermandi iubent ex mulso aceto ut uomatur.* Cf. également Diosc. 5, 11, 3 : certains font bouillir l'eau de mer et la conservent. On la donne aussi en purge, seule ou bien mélangée avec de l'oxycrat ou du vin.

§ 65.

1. *raphanos.* Cf. les textes cités § 64, n. 3. L'usage du rai-

fort pour provoquer le vomissement est encore mentionné par Marc., *Med.* 38, 65 : *Rafanus in partes multas secatur et... cum oxymeli manducatur* (avec en plus de l'eau de mer). Rufus, *Pod.* 21, 1 : « Je préconise le vomissement pour les goutteux... Vous donnerez une décoction dans de l'eau où vous ferez cuire de l'origan à la dose de trois cotyles, tempérée au moyen de l'oxymel. Vous ferez boire de l'hysope ou du thym et du raifort pris isolément, et trempés dans de l'oxymel salé. » Cf. Rufus, *ap.* Aet. 72. Les vertus émétiques du raifort étaient connues d'Hippocrate, e.g. *Int.*, 6.

2. *clysteribus* : L'usage de l'eau de mer en lavement est recommandé par Marc., *Med.* 27, 124 : *Torminosis saluberrime aqua marina per clysterem infundetur, si molestia diutius fuerit.* Pline, *Med.* 2, 7, 3 : *Aqua marina calida clysterio infunditur.* De même Diosc. 5, 11, 1 (pour évacuer le ventre, on l'injecte tiède, mais chaude pour les coliques).

3. *testium tumores* : La recette figure, parmi d'autres, chez Pline, *Med.* 2, 21, 7 ; Marc., *Med.* 33, 22 ; Theod. Prisc., *Eup.* 77 ; Seren. Sam. 680 : *Et tumidos testes Nereia lympha coercet.*

4. *pernionum uitio* : recommandation identique chez Diosc. 5, 11, 1 ; Theod. Prisc., *Eup.* 87.

5. *pruritibus* : Galien, *Nat. Fac.*, 2, 9 : « Qui ignore que l'eau de mer sèche la chair et la conserve à l'abri de la putréfaction ? » Le même auteur observe que les plaies des pêcheurs en mer sèchent (*Simpl. med.* 1, 7) ; Diosc. 5, 11, 1.

6. *psoris et lichenum curationi* : Effet signalé par Diosc. 5, 11, 1 ; cf. Brunies, p. 37 ; Bluteau, p. 81.

7. *taetra capitis animalia* : Même prescription chez Diosc. 5, 11, 1 (pour les lentes) ; Plin., *Med.* 1, 2, 3 (*lendes et alia capitis taetra animalia*) ; Seren. Sam. 69-70 : *Vnda maris lendes capiti deducet iniquas Et quicquid crebri defendit silua capilli.*

8. *liuentia* : Diosc. 5, 11, 2 recommande d'autre part l'eau de mer chaude pour combattre les πελιώματα.

9. *ad ictus uenenatos* : Diosc. 5, 11, 2 cite les mêmes animaux venimeux, mais ajoute que l'eau de mer chaude est bonne pour toutes les morsures qui provoquent tremblement et refroidissement. Seren. Sam. 869 (en cas de piqûre de scorpion) : *Aut calidis pelagi lymphis loca laesa fouentur.* Brunies, p. 37-38, cite les travaux du professeur Billard, de Clermont, sur l'action « anagotoxique » de certaines sources d'Auvergne : « L'eau de Chatel-Guyon inactive le venin de la *vipera aspis*, poison neuro-toxique. Les eaux de la Bourboule et du Mont-Dore ont également des actions anagotoxiques vis-à-vis des toxines diphtériques et tétaniques *in vivo* ». Signalons, parmi d'autres recherches, celles de M. Creyx, P. Cazaux, *Pouvoir anagotoxique de l'eau hyper-*

thermale de Dax in *Annales de l'Institut d'hydrologie*, juillet
1946, 17, p. 101-106 ; A. Umbricht, *Contribution à l'étude
physico-chimique des eaux de Dax et de leur pouvoir anatoxique*,
Thèse, Bordeaux, 1951 ; M. Creyx, P. Blanquet, P. Cazaux,
P. Lidon, *Électrolytes et pouvoir anagotoxique des eaux miné-
rales* in *Annales de l'Institut d'hydrologie*, 1951, p. 37 à 42.
Dans cette dernière étude, les auteurs signalent que 0,335 g.
de chlorhydrate de morphine suffisent pour tuer un lapin.
Le chiffre mortel s'élève à 0,425 g. après injection d'un
soluté d'une composition voisine de celle de Vichy Grande
Grille. Voir encore P. Cazaux, Thèse, Bordeaux, 1948 ;
J.R.A. Rigal, Thèse, Bordeaux, 1948.

§ 66.
1. *capitis doloribus :* Diosc. 5, 11, 2, recommande les fumigations d'eau de mer « pour l'hydropisie, la céphalée, la
surdité ».
2. *clysteribus :* Cf. § 65, n. 2. Pline, *Med.* 11, 7, 3 et 8, 6,
mentionne le même traitement pour les coliques et le choléra. Brunies, p. 38, signale l'usage actuel de sérum artificiel pour les gastro-entérites aiguës, et l'injection intra-
veineuse d'eau salée hypertonique aux cholériques.
3. *mammas sororientes :* Festus, 380, 25, à propos d'une
forme plautinienne (*sororiabant*) explique : *Sororiare mam-
mae dicuntur puellarum, cum primum tumescunt.* Même indication chez Diosc. 5, 11, 1 (pour l'enflure des seins).
4. *maciem... corrigunt :* Cette prescription est sans doute
à rapprocher de la pratique des croisières pour soigner la
phtisie (§ 62). Diosc. 5, 11, 2, conseille les bains d'eau de
mer chaude contre la cachexie chronique.
5. *aurium grauitatem :* Cf. § 66, n. 1.
6. *pecorum scabiem :* Cf. § 96, n. 1 et § 105, n. 4.

§ 67.
1. *aquam maris faceret :* On verra chez Littré, *Dictionn.
de médecine*[21], I, p. 520, la composition chimique de l'eau
de mer, et I, p. 139, la façon de préparer un bain de mer
artificiel. Galien, *Simpl.* 4, 20, donne aussi une recette pour
fabriquer de l'eau de mer : on jette du sel dans de l'eau de
rivière jusqu'à ce qu'un œuf y flotte. D'autres médecins font
allusion à l'usage de l'eau salée ; ainsi Rufus d'Éphèse, cf.
§ 102, n. 4 ; Cael. Aurel., *Chron.* 5, 76, traitant des maladies
de la vessie, recommande les bains de siège d'eau de mer ou
d'eau salée chaude (*tum encathismatibus utendum ex aqua
marina uel salsa calida*). Pour la goutte, Marc., *Med.* 36, 45,
*calida aqua marina diu fouendi sunt pedes, uel, si haec non
erit, aqua pura feruenti sale adiecto foueantur.* Cf. Gal., *Simpl.*
1, 7.
2. *cyathis :* Le cyathe valant le 1/12 du setier, cette der-

nière préparation a une concentration inférieure du 1/3 à la précédente.

§ 68.

1. *thalassomeli :* Diosc. 5, 12 : « Le *thalassomeli* passe pour un excellent purgatif. On le prépare avec du miel, de l'eau pluviale et de l'eau de mer à parts égales, filtrés et exposés au soleil durant la canicule dans un récipient enduit de poix. Certains mélangent deux parts d'eau de mer bouillie et une de miel puis le mettent dans le récipient. » Pline, *med.* 2, 5, 5-6, semble résumer notre passage. Marc., *Med.* 20, 136, donne quelques menues précisions supplémentaires (*aqua marina ex alto, id est de profundo*, p. ex.). Cf. Seren. Sam. 532-3.

§ 69.

1. *hydromeli :* Diosc. 5, 9, est plus nuancé sur l'usage de l'hydromel. Il faut, dit-il (5, 9, 2), éviter d'en donner aux malades souffrant d'inflammation quand il est trop vieux. Mais il convient à ceux qui souffrent de l'estomac et manquent d'appétit. On le prépare avec deux parts d'eau pluviale vieille et une de miel, exposées au soleil. D'autres, dit encore Dioscoride, emploient l'eau de source réduite au tiers. Cette dernière variété, appelée parfois *apomeli*, ne convient pas aux malades. Celse conseille de donner de l'hydromel aux malades (*passim*, e.g. 3, 16). Pline donne avec plus de précision, 14, 113, les recettes de l'hydromel. Voir ce passage et la note de J. André (C.U.F.) ; également J. André, *L'alimentation...*, p. 177-178.

§ 70.

1. *dulcem.* On rapprochera le procédé étonnant décrit par Pline des idées exprimées par Sénèque, *N.Q.* 3, 5 : *Colaturque in transitu mare, quod per multiplices terrarum anfractus uerberatum amaritudinem ponit et prauitatem.* Cf. Lucrèce, 2, 471 sqq. Rufus d'Éphèse, *ap.* Orib., *Collect. med.*, 5, 3, conseille, pour les besoins d'une armée, de filtrer l'eau dans des fosses garnis de terre glaise.

§ 71.

1. *Luxata corpora :* La nage — et d'une façon générale les mouvements sous l'eau — sont des procédés de rééducation motrice très employés de nos jours. Mais leur efficacité tient, non pas à la vertu de l'eau, mais au fait que le corps y est porté (Brunies, p. 39 met en doute l'exactitude de la recette). Autres remèdes contre les luxations : Caton, *Agr.* 157, 4 : *et luxatum si quod est, bis die aqua calida foueto, brassicam tritam opponito : cito sanum fiet* ; Pline, *N.H.* 30, 79 : *articulis luxatis praesentaneum est sebum pecudis cum*

cinere e capillo mulierum. Rufus d'Éphèse, *Ren. et ues.* 15, 9, conseille de « nager dans la mer » en cas de paralysie de la vessie ; et, *Pod.* 6, 2, pour redonner leur souplesse aux articulations atteintes par la goutte.

§ 72.
1. *muscus :* Diosc. 4, 98, la considère comme très astringente et efficace contre les inflammations et la goutte. Recettes reprises par Pline, *Med.* 2, 24 et 27, 1.

2. *uerrucas :* les sels de magnésium contenus dans l'écume ont une action anti-néoplasique (Brunies, p. 42). Cf. Scrib. Larg. 228 : nitre grillé contre les verrues.

3. *harena litorum maris :* Le traitement de l'hydropisie par bain de sable chaud est signalé par Celse, 3, 21, 6 : *euocandus est sudor, non per exercitationem tantum, sed etiam in harena calida...* Cael. Aurel. prescrit le sable chaud des plages contre l'obésité (*Chron.* 5, 135) et l'hydropisie (3, 112 : s'y enfouir *excepto capite*). Cf. Theod. Prisc., *Log.* 107 ; Pline, *Med.* 3, 22, 1, conseille aux hydropiques de se frotter le ventre d'une vomissure de chien, puis *sablone marino calido obruuntur.* Seren. Sam. 503 (*hydropi depellendae*), *Nec non in tepidis conuolues corpus harenis.*

§ 73.
1. *sal omnis :* Pline commence ici un développement sur le sel (73-105) :
    a) (73-80) Le sel naturel provient soit d'eau salée (mer, étangs, fleuves, sources) (73-76), soit de gisements de sel gemme (77-80).
    b) (81-83) Le sel artificiel est celui des marais salants où l'eau de mer est amenée dans des bassins ; procédés employés dans divers pays.
    c) (84-97) Qualités comparées des divers sels. Éloge de leurs usages variés ; la fleur de sel (90-92) ; la saumure, le garum (93-97).
    d) (98-105) Nature du sel. Son usage en médecine.

2. *gignitur :* Pline distingue le sel que la nature nous offre tout prêt (*natiuus,* cf. § 77) et celui qui doit son existence à l'activité humaine (*facticius,* cf. § 81). Varron parle quant à lui de *sal fossicius* (*R.R.* 1, 7, 8), ou *fossilis* (2, 11, 6). Cette distinction répond à celle que font Dioscoride (ἄλς ὀρυκτός / θαλάσσιος), 5, 109 ; Galien, *Simpl.* 11, 2, 5 et Arist., *Mirab.* 134.

3. *in Tarentino lacu :* Traitant de la vie économique de Tarente, P. Wuilleumier écrit notamment : « Des étangs marins, prompts à s'évaporer sous le soleil d'été, déposaient une couche de sel, dont la sécheresse, la suavité et la blancheur exceptionnelles étaient très appréciées des médecins »¸(*Tarente des origines à la conquête romaine,* 1939, p. 216).

4. *in Sicilia :* Diosc. 5, 109, 1 : « Le meilleur sel marin est produit à Salamis, dans l'île de Chypre, à Mégare, et aussi en Sicile et en Lybie. »

5. *Aspendi :* Aspendos en Pamphylie, sur la rive droite de l'Eurymédon ; cf. Strabon 14, 4, 2. C'était une place de commerce importante, dont on voit aujourd'hui les ruines près du village de Balkys. On connaît surtout son théâtre dont la scène est la mieux conservée de l'antiquité. Cf. *R.E.* 1, 2, c. 1725 (Ruge). Voir dans L. Robert, *Villes d'asie Mineure,* la description de plusieurs lacs salés ou amers, notamment p. 338 sqq. (photographies, p. 342), p. 352, n. 5, p. 439 s.u. *Acigöl.*

§ 74.

1. *spuma... relicta :* Cf. Diosc. 5, 110 : « l'écume aban- donnée par la mer sur les rochers à la même vertu que le sel. » La phrase est reprise presque textuellement par Isid., *Orig.* 16, 2, 3 ; Gal., *Simpl.* 9, 3, 2. Aet. II, 43.

2. *rore densatur :* Ce passage a embarrassé les éditeurs ; Mayhoff, qui conserve le texte des manuscrits, le juge pour- tant *adhuc corruptus* et propose dans son apparat critique *Haec enim sole densatur.* Pontedera corrigeait *rore* en *sole* en s'appuyant sur Isid., *Orig.* 16, 2, 3... *spuma in extremis litoribus uel scopulis derelicta et sole decocta.* Sillig s'est rangé à l'avis de Pontedera (de même Blümner, *R.E.,* II, 1, c. 2075 sqq.). Jan a avancé *solis calore* pour remplacer *rore.* Il nous paraît que l'on peut conserver *rore* en lui don- nant le sens de « embruns marins ». L'expression d'Isid. *sole decocta* pourrait être déjà une correction destinée à éclairer un texte mal compris.

3. *ad Scythas... ad Arios :* Il s'agit peut-être du Kara Bugas et de la Mer d'Aral. La question est discutée par Blümner, *R.E.* II, 1, c. 2086, 46-61.

4. *Citium in Cypro :* Ces salines sont toujours en exploi- tation à proximité de la ville actuelle de Larnaké : le lac est plus bas que la mer, qui s'y infiltre. Cf. *R.E.* II, 1, c. 2086 (Blümner). Antig. 173, citant Nicagoras, mentionne au même endroit un sel enfoui à peu de profondeur sous terre.

5. *circa Memphin :* cf. Isid., *Orig.* 16, 2, 5.

§ 75.

1. *densatur in salem :* résumé par Isid., *Orig.* 16, 2, 3. Vitr. 8, 3, 7, mentionne un *sal congelatus* au-dessus de cer- tains lacs d'Afrique.

2. *Caspias portas :* le col Chawar qui donne passage de Médie en Hyrcanie. Cf. Pline, *N.H.* 6, 43 : *angustias impedit corriuatus salis e cautibus liquor atque eadem immissus* ; Solin, 47, 1 : *Panduntur Portae Caspiae itinere manu facto*

longo octo milibus passuum... In his angustiis etiam illud
asperum, quod praecisorum laterum saxa liquentibus inter
se salis uenis exundant humorem affluentissimum, qui cons-
trictus ui caloris uelut in aestiuam glaciem corporatur : ita
labes inuia accessum negat.

3. *Mardos :* C'est le nom que portent plusieurs peuplades
qu'on localise, a) sur la côte orientale du Pont-Euxin ;
b) en Arménie ; c) en Médie. Cf. *R.E.* 14, c. 1648-1651
(Weissbach). Il s'agit apparemment ici du deuxième groupe,
en Arménie ; cf. *N.H.* 6, 134. Selon Hérodote 1, 125, c'étaient
des peuples nomades. Tacite les qualifie de brigands, *Ann.*
14, 23, 4 : *Mardi, latrociniis exerciti.*

4. *Bactros :* Les habitants de la Bactriane, dans la haute
vallée de l'Oxus. Cf. Hérod. 1, 153 ; Pline, *N.H.* 6, 43.

5. *Ochus :* Fleuve au cours mal identifié, dont on ne sait
s'il se jetait dans la Caspienne ou s'il était un affluent de
l'Oxus, sur la rive gauche de celui-ci. Cf. *R.E.* I, 34, c. 1768-
1770 (J. Sturm). C'est peut-être le fleuve Ἄχης cité par
Hérod. 3, 117. Il fut en tout cas traversé par Alexandre
lors de son expédition en Sogdiane (Curt. 7, 10).

6. *Oxus :* L'Amou-Daria, qui prend sa source non loin de
l'Indus, sépare la Bactriane, au sud, de la Sogdiane, au nord,
et se jette dans la mer d'Aral. Cf. Arrien, *Anab.* 3, 28, 9 ;
Pline, *N.H.* 6, 48 ; 31, 86 ; Curt. 7, 4, 21 ; *R.E.* I, 36, 2006-
2017 (A. Herrmann).

§ 76.

1. *fontes... Pagasaei :* Pagasae (cf. Pline 4, 29) est cité
par Hérodote 7, 193 : « Les Barbares (scil. la flotte de Xer-
xès)... doublèrent la pointe de la Magnésie et entrèrent tout
droit dans le golfe qui aboutit à Pagases » (trad. P.E.
Legrand, C.U.F.). Cette ville de Thessalie est également
mentionnée par Ath. 43 a (reprenant Théophraste) :
« D'ailleurs, parmi les eaux chaudes de nature, quelques-
unes sont salines, comme celles d'Aeges en Cilicie, ou des
environs de Pagases et celles de Larissa en Troade, etc. »
On verra dans la *R.E.*, I, 36, c. 2287-2290 le plan de Pagasae, et, c. 2297-2309, l'étude de E. Meyer. Il n'y a plus de
sources sur le site aujourd'hui aride de l'antique Pagasae
(*ibid.*, c. 2304).

§ 77.

1. *Oromenus :* On ne sait rien de plus sur cette montagne
de sel. Pour les collines de sel en Espagne, cf. Isid., *Orig.* 16,
2, 3.

2. *lapicidinarum :* Arist., *Mirab.* 134, signale l'existence,
près d'Utique, d'un sel dans lequel on peut sculpter.

3. *in Cappadocia :* cf. § 86. Le sel de Cappadoce est mentionné par Columelle, avec d'autres sels gemmes, pour le

traitement des taies oculaires : ... *siue album in oculo est, montanus sal, Hispanus, uel ammoniacus, uel etiam Cappadocus, minute tritus et immixtus melli, uitium extenuat.*

§ 78.

1. *Gerris Arabiae :* Gerrha, sur le golfe Persique. Le fait est signalé par Eratosthène *ap.* Strab. 16, 3, 3 (repris par Isid., *Orig.* 16, 2, 3). A propos d'un autre peuple, la gens *Amantum*, à 11 jours de marche à l'est de la grande Syrte, Pline écrit, 5, 34 : *domos sale montibus suis exciso ex lapide construunt* (repris par Solin, 28, 1). Hérodote, 4, 185, avait déjà noté l'existence de maisons en sel dans le Sahara lybien, à dix jours de marche de la mer. Au xive siècle, Ibn Batut, explorant la région située entre le Maroc et Tombouctou, trouva que la ville de Taghasa était entièrement bâtie en blocs de sel (selon Lenz, *Mineral. der Griech. und Röm.*, cité par Blümner, *R.E.* II, 1, c. 2075 sqq.).

2. *iuxta Pelusium :* Péluse est une ville de Basse-Égypte, au bord de la mer. Vitr. y mentionne un lac salé (8, 3, 7). Hérod. 2, 15 : « Le front de mer de l'Égypte, disent (les Ioniens), va de ce qu'on appelle la guette de Persée jusqu'aux saloirs de Péluse ». Sur la production de sel, cf. *R.E.* I, 37, c. 414 (H. Kees).

§ 79.

1. *Hammoniaco :* Hérodote, traitant des Perses en Lybie, raconte que de Thèbes d'Égypte jusqu'aux colonnes d'Hercule (ou plutôt jusqu'à la longitude des colonnes d'Hercule) s'étend un bourrelet sablonneux (4, 181) : « Sur ce bourrelet, à des intervalles d'environ dix journées de marche, on trouve, couvrant des tertres, des blocs de sel aggloméré en gros morceaux ; au sommet de chacun de ces tertres jaillit avec force, au milieu du sel, une eau fraîche et douce ; et autour habitent des hommes qui sont les derniers du côté du désert ». La première de ces oasis, à dix jours de Thèbes, est justement celle des « Ammoniens » ; cf. *ibid.*, 4, 185. Le *sal hamnoniacus* est mentionné par Col. 6, 17, 7, par Diosc. 5, 109, *Geop.* 6, 6, 1, et Isid., *Orig.* 16, 2, 3. L'adjectif (*h*)*ammoniacus* répond au grec ἀμμωνιακός, dérivé de Ἄμμων, le Zeus libyen. Mais Pline le rapporte à ἡ ἄμμος (noté aussi ἄμμος) « sable », en écrivant *quia sub harenis inueniatur.* Arrien, *Anab.* 3, 4, 3, raconte que les prêtres de Jupiter Ammon l'apportaient au grand roi en offrande dans des corbeilles de palmier ; cf. Ath. 67 b, citant Dinon. Ce « sel » est en réalité du gypse, contenant 10 à 20 % de chlorure de sodium (cf. *schiston, rectis scissuris* dans le texte de Pline). L'usage médical, auquel Pline fait allusion, est confirmé par Celse, 6, 6, 39 (inflammation et contusion des yeux) ; Diosc. 109, 2.

§ 80.
1. *in Hispania :* Il s'agit sans doute d'une montagne de sel de 150 m. près de Cardona dans la province de Lerida. Cf. *R.E.*, V, c. 1980 ; Caton *ap.* Gell. 2, 22, 29 : *est in his regionibus mons ex sale mero magnus : quantum demas, tantum adcrescit* ; Solin, 23, 4 : *non coquunt ibi (in Hispania) sales, sed effodiunt.* Sid. Apoll., *Epist.* 9, 12, fait mention du *sale Hispano, in iugis caeso Tarraconiensibus.* Voir les références citées § 94, n. 4. Ce sel espagnol (*sal montanus*, Col. 6, 17, 7 ; ou *sal fossilis*, Veget., *Mulomed.* 3, 22, 1) était très employé en médecine.

§ 81.
1. *in salinis :* Voir chez Rutil. Namat. 1, 475 sqq. la description rapide d'un marais salant de Toscane (*namque hoc censetur nomine* (scil. *salinae*) *salsa palus*). L'usage d'amener de l'eau douce ou de l'eau de pluie dans des salines est mentionné également, *N.H.* 2, 233 et 34, 125. Utile pour débarrasser le sel marin de l'amertume que lui donne la magnésie, l'eau douce ne semble pas contribuer conjointement avec l'eau de mer à la formation du sel. Pline reconnaît que les salines de Crète font exception. Mais il suppose, à cause de son préjugé, que la terre des salines d'Égypte est imprégnée par l'eau du Nil. Cf. K C. Bailey, *Hermathena*, 44, 1926, p. 73.
2. *sole multo lunaque :* Les manuscrits offrent deux leçons : *sole multoque* RVF ; *sole multo EaXTd*. Jones adopte cette dernière leçon. Sillig a proposé *sole multo atque*. C. Brackman *sole multo altoque*, en faisant valoir que *alto* ressemble graphiquement à *aliter* qui suit immédiatement *-que* (*Mnemos.* 58, 1930, p. 210). Mayhoff a raison contre les *recc.* et Jones d'admettre une lacune après *multo*. Des deux hypothèses qu'il formule dans son apparat (*assiduoque, lunaque*) la seconde nous paraît pouvoir être retenue. Pline, en effet, mentionne expressément l'action favorable de la lune pour la formation du sel un peu plus loin dans ce même §. Cf. la croissance merveilleuse du sel d'Aspendos durant la nuit (§ 73).
3. *puteis in salinas iugestis :* Il s'agit vraisemblablement de la technique consistant à inonder d'eau douce un gisement de sel, puis à faire évaporer l'eau saturée. Pline signale le procédé (§ 82) pour le sel de Cappadoce.

§ 82.
1. *subest sal :* La proximité du sel et du pétrole est souvent constatée. Les géologues modernes considèrent les grands gisements de sel comme des « pièges à pétrole ».
2. *Cappadocia :* cf. § 81, n. 3 et § 84, n. 3.
3. *in Chaonia :* Aristote, *Meteorol.* 41, donne des détails

sur cette source de Chaonie et sur le sel qu'on en tirait :
« Il suffit de faire chauffer cette eau et de la laisser reposer
pour qu'après qu'elle a refroidi et que la partie liquide
s'est évaporée avec la chaleur, il se forme du sel qui n'est
point compact, mais qui est mou et léger comme de la
neige » (trad. B. St Hilaire). Arist. ajoute, *ibid.*, 42, que ce
sel est plus faible et moins blanc (que le sel de cuisine).
Cf. Antig. 158.

§ 83.
1. *Galliae Germaniaeque :* Varron, *R.R.* 1, 7, 8, rapporte,
d'après Scrofa, que les Gaulois transalpins utilisent le
charbon salé de certaines sortes de bois. Blümner, *R.E.* II,
1, c. 275 sqq. mentionne à ce propos le procédé du « brique-
tage » utilisé en Lorraine dans la vallée de la Seille : l'eau
salée coule sur des tuiles chauffées ; le sel se dépose sur des
baguettes de glaise. C'est là une technique très différente
de celle que cite Pline, et que rapporte de son côté, pour
la Germanie, Tacite, *Ann.* 13, 57. Il signale que les Hermun-
dures et les Chattes étaient en guerre pour la possession
d'un fleuve salé : ... *illo in amne illisque siluis salem proueuire,
non ut alias apud gentis eluuie maris arescente unda, sed
super ardentem arborum struem fusa, ex contrariis inter se
elementis, igne atque aquis, concretum.*
2. *sal niger :* Le sel noir obtenu par ce procédé est cité
par Horace, *Epist.* 2, 2, 60 ; *Serm.* 2, 4, 74 (la note de F. Vil-
leneuve, C.U.F., pour ce dernier passage : « sel broyé dans
des récipients de bois » avec renvoi au texte de Pline, est
erronée).
3. *Vmbros :* Cf. Arist., *Meteorol.* 2, 43 : « Il se trouve (en
Ombrie) un lieu où poussent une espèce de roseaux et de
joncs que l'on brûle et dont on jette la cendre dans l'eau
que l'on fait bouillir ; lorsqu'elle est bien réduite par le
feu, elle donne une quantité de sel assez notable » (trad.
B. St Hilaire). L'évêque Eustathe de Thessalonique (xiie s.),
dans son commentaire de l'*Iliade*, 11, 122, prétend que c'est
la racine de ces plantes qui était utilisée. Dans tous les cas
le produit obtenu est une sorte de potasse et non pas du
sel de cuisine. Seren. Samm. 62, 6, signale l'utilité, pour
guérir des plaies chroniques et altérées, de leur appliquer
cineres... harundinis altae. Cf. § 107 et n. 1.

§ 84.
1. *Cyprius a Salamine :* Cité également par Diosc. 5, 109,
1. Salamis, une des villes les plus importantes de l'île de
Chypre était située sur la côte orientale (à 10 km environ
au nord de Famagouste), sur la rive gauche du fleuve Pedi-
aios. Cette côte plate et marécageuse se prête à l'installa-
tion de marais salants. Cf. *R.E.*, II, 1, c. 1832-1844, avec

une carte, c. 1838 (Oberhummer). D'après Engel, *Kypros*, I, 57, on exploiterait aujourd'hui encore dans cette région un vaste et riche lac salé.

2. *Tattaeus* : Tatta est le nom d'un grand lac salé sur le plateau anatolien, à 940 m. d'altitude. Cf. Strabon 12, 5, 4 (aujourd'hui Tuz Tschölü). Il mesure 44 km de long et 26 km. de large. Sa teneur en sel s'élève à 32,2 %. Cf. *R.E.*, II, 8, c. 2477 (Ruge), avec bibliographie. Aujourd'hui, la ville la plus proche s'appelle Kadun-Duslag. Hérodote, 7, 30, mentionne un autre lac salé dans la même région. Diosc. 5, 109, 1 : « Le sel de Phrygie, qu'on appelle Tatthaios, est le plus fort (des sels de marais salants) ».

3. *in laterculis* : Nous traduisons « en briquettes » (de même Jones « in little bricks »). Littré comprenait : « dans des vaisseaux de brique ». De même Hard., *adn. ad l.* Cf. *R.E.* II, 1, c. 2081 (Blümner).

4. *Citium* : *N.H.* 31, 74 ; cf. Antig. 157.

5. *cum melanthio* : le *melanthium* ou *melaspermon*, en latin *git*, est la nigelle ou cumin noir. Voir la notice que Pline lui consacre, *N.H.* 20, 182-184, avec les notes de J. André (C.U.F.).

§ 85.

1. *aquilonis flatus* : le vent du Nord, étant un vent sec, favorise la formation du sel.

2. *flos salis* : Cf. § 90, n. 1.

3. *Tragasaeus* : Le sel de Tragasae, en Troade (près de Hamaxitos), était réputé ; cf. Strabon, 13, 1, 68 ; Galien, 12, 372. Les sources chaudes salées qui y jaillissent ont souvent été décrites par les voyageurs modernes. Cf. *R.E.* II, 12, c. 1893 (Ruge). Le fait que le sel de Tragasae *non crepitat* rappelle les jeux de mots d'Aristophane, *Acharn.* 808, sur Τραγασαί et τραγεῖν « croquer » : « Je sais d'où elles sont : du pays des « croquants », à ce qu'il paraît » (autre plaisanterie, *ibid.*, 853, sur Τραγασαῖος / τράγος « bouc »). L'indication de Pline est reprise par Isid., *Orig.* 16, 2, 4. Ath. 73 d, raconte que le sel de Tragasae disparut lorsque Lysimachus prétendit le soumettre à des taxes, puis reparut lorsque la gabelle fut supprimée.

4. *Acanthius* : d'Acanthos sur la côte de Macédoine, cf. *N.H.* 4, 38.

5. *Agrigentinus* : cf. Aug., *Ciu. d.* 21, 5 : *Agrigentinum Siciliae salem perhibent, cum fuerit admotus igni, uelut in aqua fluescere, cum uero ipsi aquae, uelut in igne crepitare.* Solin, 5, 18, paraphrase d'une façon analogue : *dissoluitur ustione.* De même Isid., *Orig.* 16, 2, 4 et 14, 6, 34, *sales Agrigentinos in igne solubiles, crepitantes in aquis.* L'histoire est déjà chez Antig. 183.

En dépit de ces témoignages, K. C. Bailey, *Hermathena*,

44, 1926, 73, revient à une vieille conjecture de Meursius (*ad* Antig. 183) : *ignium impatiens.* Mais pourquoi faudrait-il reconnaître à l' « Agrigentinus » une *natura... inimica ignibus* (cf. § 98), comme aux autres sels, et lui accorder en même temps l'horreur de l'eau ? L'hypothèse de Bailey, *ignis impatiens est atque ex aqua exilit*, reste peu convaincante.

§ 86.

1. *colorum differentiae* : Cf. Isid., *Orig.* 16, 2, 5 : *Sunt et colorum differentiae. Memphiticus rufus est ; in parte quadam Siciliae, ubi Aetna est, purpureus ; item in eadem Sicilia in Pachyno adeo splendidus et lucidus ut imagines reddat ; in Cappadocia crocinus effoditur.* Le sel pourpre de Centuripae était un sel gemme comme celui d'Agrigente d'après Solin, 5, 19. Le sel jaune de Cappadoce est mentionné par Col. 6, 17, 7 ; Veget., *Mulom.* 1, 20, 1 ; Galien, *De succed.* (= t. 19, p. 724, Kühn).

2. *Ad medicinae usus* : La plupart des indications que formule Pline sur l'usage thérapeutique du sel se retrouvent, parfois textuellement, dans le chapitre que Diosc. consacre au sel (5, 109). On rencontre cependant chez ce dernier quelques prescriptions omises par Pline, et inversement.

3. *spumeum* : cf. § 90 in fine, et Marcell., *Med.* 20, 81.

4. *oculis* : Diosc. signale les vertus du sel pour le traitement des yeux (5, 109, 2). Cf. Marcell., *Med.* 8, 103 et 167.

§ 87.

1. *Atticus* : On en produit encore entre le cap Zoster et le cap Punta, près d'une localité qui s'appelle justement Aliki (d'après Bursian, I, 346-360).

2. *Megaricus* : Chez Aristoph., *Ach.* 760, Dicéopolis demande au Mégarien : « C'est donc du sel que tu apportes ? » (cf. 521). Diosc. 5, 109, 1, cite le sel de Mégare pour son usage médical.

3. *garo* : cf. § 93, n. 1.

§ 88.

1. *Quin et pecudes* : cf. Virgile, *Georg.* 3, 394-397 ; Aristote, *Hist. an.* 8, 10, 596 a ; Pallad. 12, 13 ; Isid., *Orig.* 16, 2, 6.

2. Sur l'usage de *multum* en alternance avec *multo* chez Pline, cf. Önnerfors, p. 116.

3. *non quit degi* : Plusieurs éditeurs (Mayh., Jones) conservent la leçon des manuscrits *degere.* Ce verbe serait alors employé absolument au sens de « vivre », usage d'ailleurs attesté 12 fois chez Pline (cf. *Thes. ling. lat.* 385,

27 sqq.). *Vita* est à entendre, dans cette hypothèse, comme « l'espèce humaine » (cf. *interest uitae*, 31, 32). Mais l'association de ces deux mots est difficile à admettre, le sens accordé à *degere* supposant justement l'ellipse de *uitam*. Aussi ne s'étonnera-t-on pas de ne trouver nulle part chez Pline un *uita degit* « l'humanité vit », tandis que l'expression du type *uita degitur, uita degi non potest* s'y rencontre plusieurs fois (14, 125 ; 12, 5 ; 6, 66). Mayhoff les cite d'ailleurs, à l'appui de l'hypothèse que nous retenons, mais qu'il ne formule que dans son apparat critique. La conjecture paléographiquement séduisante *degier* (C. Brakman, *Mnemosyne*, 58, 1930, p. 210) est contraire à l'usage plinien ; cf. Önnerfors, p. 53.

4. *necessarium elementum* : Selon Homère *Il.* 9, 214, le sel est divin. Un des interlocuteurs du *Banquet* de Platon, 177 b, mentionne le savant homme, sur un livre de qui « il était tombé, où le sel était l'objet d'un prodigieux éloge eu égard à son utilité » ; cf. Isocr. 10, 12 (*Éloge d'Hélène*). Les anciens professaient volontiers que le sel est indispensable à l'alimentation, cf. Plutarque, *Quaest. conu.* 4, 4, 4, p. 668 sqq.

5. *a sale enim* : Voir dans l'apparat crit. notre conjecture sur ce texte controversé (la faute du copiste doit reposer sur l'antéposition de *enim*). Pline fait allusion au sens usuel de *sal* « humour, finesse, esprit », et de *sales* « plaisanteries, bons mots ». Mais la leçon des uett., de Mayhoff et de Jones, *sales*, a un sens trop restrictif et convient moins que *sal* aux plaisirs de l'esprit (*uoluptates animi*) en général.

§ 89.
1. *Salariae uiae* : P.F. 437, 4, *Salaria uia Romae est appellata, quia per eam Sabini sal a mari deferebant.*

2. *Ancus Marcius* : Aurel. Victor, 5, 3, soutiendra au contraire que ce roi avait le premier institué un impôt sur le sel.

3. *prouerbio* : Horace, *Sat.* 2, 2, 17, rappelle que, lorsqu'on a vraiment faim, on se contente au besoin de pain et de sel : ... *cum sale panis Latrantem stomachum bene leniet* ; cf. Perse, 5, 138.

4. *mola salsa* : Cf. p. ex. Ov., *Fast.* 1, 335.

§ 90.
1. *flos salis* : Il s'agit sans doute de carbonate de soude. On trouve chez Dioscoride, 5, 112, des indications analogues : « De la fleur de sel est charriée par le Nil ; elle surnage sur certains lacs. Il faut prendre celle qui est de couleur safran ; elle est d'une odeur légèrement désagréable comme le garos, parfois aussi plus désagréable encore, très piquante au goût et un peu grasse. Il faut considérer comme falsifiée celle

qui est teinte en rouge ou qui fait des grumeaux. La fleur de sel pure ne se dissout qu'à l'huile, mais la falsifiée pour une part à l'eau également. » Cf. Orib., *Eupor.* 2, 1, 27 ; Gal., *Simpl.* 11, 2, 7.

2. *uideturque :* On ne saurait déduire de ce mot que Pline fait état d'une expérience personnelle. Michel Malaise, *Pline a-t-il séjourné en Égypte ?* in *Latomus*, 27, 1968, p. 852-863, a montré que dans sa description des faits égyptiens Pline est souvent incomplet ou erroné. On ne trouve jamais sous sa plume, dans ces cas, les expressions qui expriment une expérience personnelle.

§ 91.

1. *unguentarii :* cf. Diosc. 5, 112, 2, cité ci-dessous, § 92, n. 1.

2. *canitia :* Caton, *Agr.* 88, donne une recette pour fabriquer à domicile du *sal candidus*, à partir du *sal popularis* : laisser concentrer une saumure (*muries*) au soleil dans des plats jusqu'à ce qu'elle soit complètement évaporée : *inde flos salis fiet.* Il s'agit sans doute simplement chez Caton de « sel surfin » comme traduit A. Ernout, *N.H.* 13, 9 et 14. Dans ces derniers passages en revanche, où Pline traite des ingrédients de parfumerie, *flos salis* désigne plutôt la substance (carbonate de soude) dont il est question ici.

§ 92.

1. *floris natura :* Mêmes indications, plus développées chez Diosc. 5, 112, 2 : « (La fleur de sel) est bonne pour les ulcères malins et phagédéniques, pour les ulcères serpigineux des parties sexuelles, la suppuration des oreilles, les troubles de la vue, les cicatrices et les taies oculaires. On l'incorpore aux emplâtres et aux onguents pour les colorer ainsi qu'à l'huile de roses. Elle est sudorifique, purgative, prise avec du vin et de l'eau, mais mauvaise pour l'estomac. On la mélange aux calmants et aux crèmes épilatoires ; en général, elle est âpre, échauffante comme le sel. » Sur les usages médicaux de la fleur de sel, cf. Galien, *Simpl.* 11, 2, 7.

2. *ex palpebris pilos :* Parmi les remèdes indiqués par Scrib. Larg. contre *palpebram pilosam*, figurent chaux vive et nitre ; cf. Diosc., *Eup.* 59 ; Pline, *N.H.* 29, 116.

3. *salsugo :* c'est-à-dire la saumure, concentrée par l'évaporation dans les salines ; cf. 19, 85 et n. 1.

§ 93.

1. *garum :* Condiment très apprécié dans la cuisine ancienne (cf. J. André, *Alimentation*, p. 198-200), le *garum* nous est assez bien connu. Les *Geopon.* 20, 46 en donnent la recette : « On met dans un récipient les viscères des poissons et l'on sale ; on ajoute du fretin... ; tout cela est salé

de la même façon, et on laisse réduire au soleil en remuant fréquemment. Une fois cela réduit par la chaleur du soleil, on y prélèvera le garum de la façon suivante : on plonge une grande corbeille serrée dans la jarre..., le garum coule dans la corbeille, et l'on recueille ainsi le liquide appelé *liquamen* qui filtre à travers la corbeille ; le résidu constitue la *halec* ». Le garum est donc le produit de l'auto-digestion (« autolyse ») du poisson par les diastases de son propre tube digestif, en présence d'un antiseptique (le sel) qui empêche la putré-faction. Cf., avec les références qu'il cite, l'article de P. Gri-mal et Th. Monod, *Sur la véritable nature du garum*, in *R.E.A*, 54, 1952, p. 27-38. Sous le nom de nuoc-mam, les Indochinois fabriquent un condiment analogue. Cf. E. Rosé, *Le nuoc-mam*, Saïgon, 1918.

2. *putrescentium sanies :* Comme on vient de le voir (n. 1), le garum est tout le contraire d'une « pourriture ». Pline obéit ici à une habitude rhétorique ; cf. Manilius, 5, 672, *pretiosa sanies*, et surtout Sénèque, *Epist.* 95, 25.

3. *Graeci garon uocabant :* Le γάρος (condiment) est attesté depuis Eschyle (frg. 211 Nauck). Mais on ne connaît pas de poisson portant ce nom. Cf. 32, 148 et la n. 7 de E. de St Denis. De même, E. de St Denis, *Le vocabulaire des animaux marins en latin classique*, Paris, 1947, p. 40. Isid., *Orig.* 20, 3, 19, a repris textuellement cette indication de Pline.

§ 94.

1. *e scombro :* Cf. Strabon, 3, 4, 6 : « Assez près déjà de la nouvelle Carthage, vient l'île d'Héraclès, appelée aussi Scombraria à cause des scombres qui s'y pêchent, avec lesquels on prépare le meilleur garum. Elle est à 24 stades de la Nouvelle-Carthage » (Trad. F. Lasserre, C.U.F.). Cette île est aujourd'hui rattachée à la côte, et porte le nom significatif de *Escombreras*.

2. *cetariis :* Ce ne sont pas des « viviers » comme on tra-duit parfois (cf. Pline, 9, 48-92 ; Hor., *Sat.* 5, 44) mais des « bacs à salaisons », des « cuves », de vastes réservoirs ser-vant à la fabrication industrielle du garum. M. Ponsich et M. Tarradell, *Garum et industries antiques de la salaison dans la Méditerranée occidentale*, Paris, 1965, p. 83 et suiv., décrivent plusieurs de ces cuves retrouvées en Espagne, dont la capacité atteint 20 m³. Cf. l'article de R. Estienne cité ci-dessous, n. 4.

3. *Carthaginis spartariae :* Carthagène, au milieu du *cam-pus spartarius* », la plaine où pousse le sparte ». Cf. Liu. 26, 47, et Pline, 19, 30 (dimensions de ce *campus* : 148 km sur 45).

4. *Sociorum :* R. Estienne, *A propos du « garum sociorum »*, in *Latomus*, 29, 1970, p. 297 suiv., a expliqué d'une façon convaincante que le *garum sociorum* est, non pas « le garum

des Alliés » mais « le garum de la Compagnie ». Cette expres-
sion n'évoque pas l'amitié entre Carthagène et Rome (en
Espagne on mentionnait plutôt les liens privilégiés entre
Gadès et Rome). R. Estienne souligne que la production
de garum est liée à l'existence de salines. La région de
Carthagène, Egelesta, Saetabis (Jativa) en est particulièrement riche. Cf. la planche IV, p. 312 ; Strabon, 3, 4, 6 :
« L'industrie des salaisons y est importante (à Carthagène) ».
Or les salines sont affermées d'ordinaire à des compagnies
(*societates*), cf. Cic., *Imp. Cn. Pomp.* 16. *Garum sociorum*
est donc à entendre comme une marque commerciale ; on
a trouvé à Pompéi une amphore marquée *garum sociorum*,
C.I.L. IV, 5659. Cf. aussi Martial, 13, 102, et la bonne traduction de H. J. Izaac.

5. *maiore in pretio* : Affirmation contestée par P. Grimal
et Th. Monod (cf. § 93, n. 1) qui rappellent les prix fixés par
l'édit de Dioclétien : la catégorie la plus chère atteint 16
deniers la livre, tandis que le miel atteint 20 deniers. Il est
vrai que, depuis le temps de Pline, la production du garum
a pu se développer et sa consommation se démocratiser ;
cf. également J. André, *Alimentation*, p. 199-200 et n. 89.

6. *Carteia* : ville de Bétique, sur la Méditerranée, à proximité du détroit de Gibraltar.

7. *Clazomenae* : Clazomène en Ionie. Selon R. Estienne
(cf. n. 3), l'industrie du garum aurait été importée en Espagne par des Ioniens, qui avaient l'expérience des salines du
Pont. Cette importation est très ancienne, puisque Anti-
phon et Antiphane (v[e] et ive siècles avant J.-C.) mentionnent déjà le garum hispanique (*Frg. com. att.* Kock, I,
186 et II, 43). Un condiment analogue au garum se fabrique
aujourd'hui encore en Turquie, cf. P. Grimal et Th. Monod,
art. cit., § 93, n. 1.

8. *Antipolis* : Antibes, en Narbonnaise. Cf. Mart. 13, 103
(à propos de la *muria*)
Antipolitani, fateor, sum filia thynni.
Essem si scombri, non tibi missa forem.

§ 95.
1. *allex* : cf. § 93, n. 1. Plaute l'emploie comme insulte,
hallex uiri, Poen. 1310. Cf. Horace, *Sat.* 2, 4, 73 ; *Mart.* 3,
77.

2. *apuam* : P.F. 21, 5 dit seulement : *Apua genus minimi
pisciculi.* Pline, 9, 160, prétend que l'*apua* naît *spuma maris
incalescente cum admissus est imber.* (Cf. Oppien, *Halieut.* 1,
766). En avançant qu'il est ainsi nommé *quoniam... e pluuia
nascatur*, Pline suggère l'étymologie ἀφ + ὕω. Il le cite (sous
la forme *aphye*) parmi les espèces proprement marines (32,
145). E. de St Denis, à ce passage, traduit par « la menuise ».

Sur l'usage culinaire de l'*apua*, cf. Apicius, 4, 131 ; 132 ; 140 (*patina de apua, apua fricta*).

3. *squama non carentibus* : Notre correction s'appuie sur des données historiques et paléographiques. Le *Lévitique* 11, 9-12, prescrit expressément de tenir pour immonde tout animal aquatique dépourvu de nageoires ou d'écailles : « Tout ce qui a nageoires et écailles et vit dans l'eau, mers ou fleuves, vous en pourrez manger. Mais tout ce qui n'a point nageoires ou écailles (...) vous les tiendrez pour immondes. Vous les tiendrez pour immondes, vous n'en mangerez pas la chair, et vous aurez en dégoût leurs cadavres. Tout ce qui vit dans l'eau sans avoir nageoires ou écailles vous le tiendrez pour immonde » (Trad. École biblique de Jérusalem). Pour rendre compte de la contradiction entre le texte biblique et celui de Pline, il faut admettre soit une erreur de celui-ci, soit une faute dans la transmission du manuscrit. Pline a certes pu se tromper. C'est l'hypothèse que suggère Eichholz, *Class. Rev.* 63, p. 83. C'est celle qu'admettent implicitement les éditeurs qui, depuis Hardouin, écrivent comme les manuscrits les plus récents *squama carentibus*. Hardouin refusait les conjectures émises par ses devanciers, *habentibus* pour *carentibus*, *abdicatum* pour *dicatum*. Elles se heurtaient, il est vrai, à des difficultés paléographiques ou syntaxiques.

Mais l'examen du texte erroné des manuscrits les plus anciens suggère une autre solution. *VF* présente la suite *squamamaceretnentibus* (plusieurs lettres ont été grattées dans *R* : *quam... caren... tibus*). La leçon de *VF* peut se découper en mots qui, pris isolément, ont un sens : *squama, maceret, nentibus*. *Maceret* appartient bien au champ sémantique qu'évoque la fabrication du garum et de l'allex (cf. § 93 *sale maceratis*). Ses deux dernières syllabes *ceret*(*n*-) représentent, avec altération, *caren*(*t*-) de *R*. Quant à la première syllabe *ma*-, nous pouvons supposer qu'elle recouvre un ancien *non*. La phrase entière (*aliud uero... carentibus*) a le sens d'une remarque incidente sur les *genera infinita* d'allex ; développement repris avec *Sic allex peruenit ad ostreas*.

§ 96.
1. *pecoris* : Scrib. Larg. 253 et 254, conseille aussi le nitre pour la gale des moutons. Columelle, 6, 12, expose l'utilité des traitements par le sel ou les produits salés pour les blessures aux pattes des animaux et leurs abcès ; il recommande spécialement, 6, 13, 1, l'emploi de la saumure contre la gale du bœuf, les morsures des chiens enragés et des loups. Orib., *Syn.* 7, 48, énumère de nombreux produits propres à guérir diverses maladies de la peau dont la gale (psore) : lait de chaux, racine de serpentaire dans du

vinaigre, ellébore, lupin amer, racine de lis avec du miel, écorce de racine de câprier dans du vinaigre, excréments de crocodiles terrestres, excréments d'étourneaux (à condition qu'ils n'aient mangé que du riz), etc... Mentionnant le soufre, il précise : « nous avons fait nous-même l'expérience de ce médicament ».

2. *canis morsus* : Rufus d'Éphèse conseille contre les morsures de chiens enragés un cataplasme à base de sel ou de « vieille salaison » (fragm. 118, 9, extrait de Paul d'Egine).

§ 97.

1. *garo :* L'emploi du garum en médecine est dicté par sa forte teneur en sel. On se reportera au commentaire des §§ 98 à 105. Diosc. 2, 32, signale lui aussi l'usage médical du garum : « Toute espèce de garum, qu'on tire des poissons et de viandes salées, réprime les ulcères et guérit les morsures de chiens. On en fait des lavements pour les malades souffrant de dysenterie et de sciatique ». Pline, *Med.* 3, 9, 2, a retenu la recette la plus magique : (*ad ambusta*) *garum infunditur nec nominatur.*

§ 98.

1. *salis natura :* les propriétés générales du sel sont énoncées de la même manière par les médecins. Par exemple, Celse range le sel parmi les substances qui *rodunt* (5, 6, 1), *erodunt* (2, 33, 1), *exedunt* (5, 7), *adurunt euocant et educunt* (5, 12). Cf. Diosc. 5, 109, 2 ; Orib., *Collect. med.* 15, 27, 1 : « Le sel de roche et le sel marin ont des propriétés analogues provenant du mélange de deux qualités, la qualité détersive et la qualité astringente ; plus haut nous avons démontré clairement que ces deux qualités sont de nature à dessécher assez fortement ». Isidore, *Orig.* 16, 2, 6 extr. : *corpora... sal adstringit, siccat et alligat. Defuncta etiam a putrescendi labe uindicat ut durent.*

2. *serpentium morsus :* Contre les morsures de certains serpents (chelydrus, cerastes), Celse prescrit, entre autres remèdes, *nepeta cum sale contrita melle adiecto* (5, 27, 5) ; cf. Col., 6, 17, 4 : Diosc. 5, 109, 4 : « Contre les morsures de serpents (on emploie le sel) avec de l'origan, du miel et de l'hysope, contre les morsures du cerastes, avec de la poix, ou de la résine de cèdre, ou du miel ». Pline, *Med.* 2, 37, 10 : *sal cum origano et hysopo ex melle* (contre les serpents).

§ 99.

1. *scolopendras :* Cf. Diosc. 5, 109, 4 : « contre les piqûres de scolopendres, (on utilise du sel) avec du vinaigre et du miel. » Orib., *Eupor.* 3, 69 : « Lavez avec de la saumure très

forte et chaude l'endroit qui a été piqué par une scolopen-
dre ; on peut aussi appliquer de la cendre délayée dans du
vinaigre » (cf. *ibid.*, 3, 122).

2. *scorpionum ictus :* Cf. Diosc. 5, 109, 4 : « Contre les
piqûres de scorpions, (on utilise du sel) avec de la graine
de lin ». Celse, 5, 27, 5, prescrit pour les piqûres de scorpions une application de *cum melle sal tostus* sur la blessure.
Autre prescription de la graine de lin : contre les taches de
rousseur, avec du nitre et des figues (Diosc. 2, 103). Développement détaillé dans Pline, *N.H.* 20, 249-251.

3. *uespas :* Cf. Diosc. 5, 109, 4 : (On utilise le sel) « avec
du vinaigre et du miel contre les piqûres de frelons et de
guêpes ». Cf. Orib., *Collect. med.* (Livres incertains), éd. Bussemaker et Daremberg, t. IV, p. 625 et 626.

4. *capitisque ulcera :* Le sel est un des remèdes les plus
employés contre les ulcères ; cf. § 100, n. 2. Pour les cas particuliers envisagés ici par Pline, cf. Diosc. 5, 109, 4 : (On
utilise le sel) « contre les boutons de la tête, verrues et
tumeurs mélangé à du suif de veau. » Scrib. Larg. 228, conseillait le nitre grillé contre les verrues.

5. *oculorum remediis :* Cf. Diosc. 5, 109, 2 : « Le sel réprime
les excroissances des yeux, il fait disparaître les ptérygions
et autres excroissances de chair ».

6. *Tattaeus :* Cf. § 84 et n. 2.

7. *Caunites :* Caunos est une ville de Carie, jadis au bord
de la mer (cf. Strab. 14, 2, 2), mais dont les ruines en sont
aujourd'hui à 8 km, par suite des apports de terre du fleuve
Kalbis (Talyan Tchai). Caunos était célèbre aussi par ses
figues, cf. Cic. *Diuin.*, 2, 84 ; Col. 10, 414 ; Pline, *N.H.* 5,
104 ; 15, 83. Cf. *R.E.* XI, c. 85-88 (Weicker).

§ 100.

1. *suggillatisque :* Celse, 6, 6, 39 C, conseille pour les contusions oculaires un cataplasme fait de *sal ammoniacus* (ou
de tout autre sel de première qualité), d'huile et farine d'orge.
Diosc. 5, 109, 5 : « Le sel est utile contre les contusions oculaires avec du miel ». Pline, *Med.* 3, 30, 6, indique pour les
tumores et *liuores* en général, l'application à plusieurs reprises d'un sachet de sel plongé dans l'eau bouillante (cf. *N.H.*
31, 102).

2. *in coticulis :* D'après le *Thes. L.L.*, *coticula* désigne un
petit mortier employé également par les oculistes pour les
collyres (cf. Isid., *Orig.* 4, 11, 8 ; Pline, 34, 105, et 36, 63).
Il s'agit peut-être d'une pierre plate, comme celles sur lesquelles les dentistes font leurs amalgames.

3. *ulceribus oris manantibus :* Celse, 6, 15, 1, donne pour
sa part la recette d'un médicament fait à parties égales de
sel et d'iris. Autre recette : 6, 15, 2, *Quidam etiam in acris
aceti heminam frictum salem coiciunt, donec tabescere desi-*

nat ; *deinde in acetum coquunt, donec exsiccetur ; eumque salem contritum inspergunt.* Un autre procédé consiste à délayer à nouveau ce dernier sel dans du vinaigre (6, 15, 3).

4. *gingiuarum tumori :* Celse, 6, 13, 1 : *Solent etiam interdum iuxta dentes in gingiuis tubercula quaedem oriri dolentia : parulidas Graeci appellant. Haec initio leniter sale contrito perfricare oportet ; aut inter se mixtis sale fossili combusto, cupresso, nepeta ; deinde eluere os cremore lenticulae, inter haec hiare, donec pituita satis profluat* (Celse donne ensuite des conseils en cas de complications). Cf. Diosc. 5, 109, 3 : « contre la gingivite, on applique du sel grillé avec de la farine ».

§ 101.

1. *dentes non erodi :* Pline, *Med.* 1, 13, 10, *inuiolati praestantur dentes si quis cottidie mane ieiunus sub lingua habeat granum salis donec liquescat* ; Marcell., *Med.* 12, 21.

2. *furunculos :* Cf. Diosc. 5, 109 : « Avec du raisin sec ou du suif de bœuf ou du miel, (le sel) réduit les furoncles..., il les fait mûrir plus vite avec de l'origan et du levain ».

3. *psoras :* Diosc. 5, 109, 3, ordonne du sel avec du miel, du vinaigre et de l'huile contre la lèpre, le lichen et la gale. Il conseille de l'employer seul, pour nettoyer les parties atteintes par la gale (5, 109, 2). Autre usage du « thebaicus », Hippocr., *Nat. mul.* 72 : « Si les matrices sont fermées et que les règles ne paraissent pas, prenez : coloquinte sauvage, graine de silphium, cumin d'Éthiopie, nitre, sel thébaïque, graisse des reins, farine, myrrhe, résine ; faites cuire ensemble, broyez et mettez en pessaire ».

4. *pruritus :* Cf. Diosc. 5, 109, 3 : « (le sel) apaise les démangeaisons, quand on l'applique (aux malades) devant un feu, jusqu'à ce qu'ils suent ».

5. *Thebaicus :* il s'agit peut-être de Thèbes en Égypte. Cf. les lacs salés de Péluse (Vitr. 8, 3, 7) et ceux de Memphis (Pline 31, 74 et 86 ; Isid., *Orig.* 16, 25).

6. *uuis :* Traitant des inflammations et ulcérations de la luette, Celse, 6, 14, 1, prescrit, parmi de nombreux autres ingrédients, l'alun et le miel, mais il ne parle pas du sel. Cf. Diosc. 5, 109, 3 : « Pour les amygdales et la luette, (on applique le sel) avec du miel » ; Orib., *Eupor.* 4, 70 : « Lorsque la luette est enflammée, recourez aux remèdes qui répriment ». Il énumère, parmi les remèdes doux, les dattes cuites au miel, les ronces, les vrilles de la vigne ; parmi les remèdes énergiques, la noix de galle, l'écorce de grenadier. Il ne mentionne pas non plus le sel parmi les ingrédients. En revanche, le sel est prescrit pour l'inflammation des amygdales, *ibid.*, 71 : « Lorsque, en temps voulu, l'inflammation a mûri et que les glandes sont remplies d'une certaine humeur glu-

tineuse, nous mêlerons au médicament stomachique de la soude brute, ou du sel, ou quelque substance de même nature, et nous évacuerons la pituite ». Cf. Marcell., *Med.* 14, 4 ; 14, 29, etc.

7. *anginas :* Cf. Diosc. 5, 109, 3 : « (Le sel) soulage les angines quand on l'applique avec du miel, du vinaigre et de l'huile. ... Contre l'inflammation de la gorge... on applique le sel grillé avec de la farine ». Diosc. prescrit de mêler le sel à de la poix pour soigner les morsures du *cerastes.* Orib., *Eupor.* 4, 72, prescrit, en ce cas, saignées, scarification des jambes, lavements âcres, application « sur le cou d'un médicament qui possède des vertus attractives ».

§ 102.

1. *taeniarum genera :* Après avoir énuméré de nombreux remèdes propres à expulser les vers intestinaux, Theod. Prisc., *Log.* 100, ajoute : *Si stomachum uero diutius attemp- tauerint et ibidem frequenter inquietudinem fecerint, semper sales in ore ferre conuenit, ex quibus umor liquefactus descen- dens et stomachum et omnia intestina a lumbricorum moles- tia liberare possit.* Orib., *Collect. med.* 8, 24, 48 : « Contre les vers, nous injectons une décoction ou une infusion de lupins, du sumac des corroyeurs, une décoction d'aurone ou d'absin- the, de l'huile de ricin, ou de l'eau salée ». Autres remèdes *ibid.*, 8, 33. *Eupor.* 4, 91 (un oxybaphe de racine de camé- léon blanc, avec du vin âpre).

2. *neruorum dolores* : Cf. Diosc. 5, 109, 2 : « La fomenta- tion avec du sel mis en sachets est propre à adoucir les dou- leurs ». Autre utilisation de sachets de sel, 5, 109, 5 (contre les morsures de crocodiles). Pline, *Med.* 1, 22, 1, présente une méthode plus raffinée : *Doloribus humerorum mustelae cinis cum ouo inlinitur. Sal in sacco ex aqua feruenti cale- factus adicitur* ; Marcell., *Med.* 18, 18. Scrib. Larg. conseillait, pour sa part, *ad lumborum dolores,* des *catapotia* à base de miel cuit et de sel.

3. *tormina :* Avec beaucoup d'autres remèdes, Orib., *Eupor.* 4, 88, 8, conseille des excréments de loup, dans de l'eau ou du vin blanc : « On doit toutefois, pour les personnes qui recherchent la propreté, y mêler du sel et du poivre ou quelque substance agréable au goût. Appliqué sur les lom- bes, ce remède procure un soulagement merveilleux ». Cf. *Syn.* 3, 182.

4. *in podagris :* Diosc. 5, 109, 6 : « On applique le sel de la même façon (c'est-à-dire avec de l'huile) à ceux qui souffrent de la goutte ». Mais il le prescrit avec de la farine et du miel pour les entorses (*ibid.*). Cf. Theod. Prisc., *Log.* 117. Dans son traité *De Podagra,* Rufus d'Éphèse insiste sur l'utilité des frictions (4, 1-3) : « Je loue les frictions sèches d'abord, puis avec de l'huile... Ne pas employer de l'huile

nouvelle, mais plutôt la plus ancienne possible, à laquelle on ajoutera des ingrédients siccatifs et réchauffants, tels que l'iris ou le millepertuis, ou du sel en abondance, ou encore du miel en petite quantité ». Il conseille plus loin aux goutteux, (7, 1) d'ajouter à l'eau du bain du sel pour en faire de la saumure, et surtout du sel non marin, afin d'exercer une action siccative.

5. *sale et sole :* Isidore a recueilli cette expression allitérante, *Orig.* 16, 2, 6 : *nihil enim utilius sale et sole : denique cornea uidemus corpora nauticorum.* Dans une épigramme (23, 12), Catulle dépeint des *corpora sicciora cornu,* mais cette dure sécheresse est due ici « au soleil, au froid, à la faim ».

§ 103.

1. *clauos :* Voir d'autres remèdes contre les cors et durillons, *N.H.* 22, 103-104 (laser et carbonate de soude). Sur la nature des *claui,* cf. *ibid.,* la n. 2 au § 103 (J. André).

2. *ambustis :* Diosc. 5, 109, 6 : « Appliqué avec de l'huile aux brûlures, il empêche les cloques de se former ». Marcell., *Med.* 3, 9, 7 : *oleum addito sale pustulas reprimit.*

3. *ignibus sacris :* Cf. Diosc. 5, 109, 6 : « Le sel combat l'érysipèle et l'herpès, appliqué avec du vinaigre, ou en onction avec de l'hysope ».

4. *farina hordei :* Même thérapeutique chez Diosc. 5, 109, 3 : « On applique aux ulcères phagédéniques du sel grillé avec de la farine ». Pline consacre plusieurs §§ (22, 119-137) aux remèdes tirés des céréales. Voir en particulier les §§ 122 et 123 sur l'action de la farine d'orge (contre les inflammations, les piqûres d'insectes, les suppurations). Les §§ suivants traitent des autres farines, de la semoule, de l'amidon. Cf. Diosc. 2, 86. L'usage de la farine d'orge est ancien à Rome, si l'on en juge par Caton, *Agr.* 157, 5 : *Si ulcus acrimoniam eius* (scil. : *brassicae*) *ferre non poterit, farinam hordeaciam misceto, ita apponito : huiuscemodi ulcera omnia haec sanum faciet, quod aliud medicamentum facere non potest neque purgare. Et puero et puellae si ulcus erit huiuscemodi, farinam hordeaciam addito.*

5. *pruritus :* Cf. Diosc. 5, 109, 3, cité ci-dessus, § 101, n. 5.

6. *fatigatos :* Cf. Diosc. 5, 109, 2 : « Appliqué avec de l'huile (le sel) dissipe la fatigue ».

§ 104.

1. *hydropicos :* Diosc. 5, 109, 2 : « Appliqué avec de l'huile (le sel)... est efficace contre l'œdème des hydropiques ». Theod. Prisc., *Log.* 106-107, expose le traitement d'une façon plus précise : *Sub quibus* (i.e. *exercitiis, fricationibus, uaporibus sudorem prouocantibus*) *omnibus tumen-*

tibus locis nitrum aut sales tritos aspergo. Post exercitium uel labores continuo oxymeli dabo aut rafanos ibidem infusos, quibus acceptis ex more uomere cogendi sunt. Lauacris tunc uti conueniet, sed marinis, etc... (Theod. Prisc. va même jusqu'à recommander aux hydropiques les aliments bien salés).

2. *tussim ueterem* : Cf. § 121, n. 1.

3. *clysteribus* : Cf. Diosc. 5, 109, 2 : « On emploie utilement le sel en lavements ».

4. *crocodilorum* : On se demande à quoi sert cette prescription de « battre » la plaie avec les pansements au sel vinaigré, avant de placer ceux-ci. Aussi Hardouin remplaçait *battuerentur* par *pauerentur*, ce qui lui semblait « une correction minime » ; cf. *Notae et emendationes* xx à son éd. du livre 31. Mais, plutôt qu'à une erreur des manuscrits, on peut penser ici à une confusion ancienne. Le texte de Dioscoride est, en effet, assez différent, 5, 109, 5 : « Pour les morsures de crocodiles, le sel fin est de bon usage ; on l'enveloppe d'un linge, on le trempe de vinaigre, et l'on serre avec des bandages les parties blessées. » Les deux derniers verbes sont exprimés par les participes βαφέντες (βαπτόμενοι *Di*, βαπτομένοις *E*) et στυφομένων. Une contamination a-t-elle fait naître * τυπτομένων qui expliquerait le *battuerentur* des codd. ? C'est l'avis de Mayh. suivi par Jones.

5. *opium* : Cf. Diosc. 5, 109, 5 : « Le sel est utile, bu avec de l'oxymel, contre l'absorption d'opium et de champignons ».

6. *luxatis* : Cf. Diosc. 5, 109, 6 : (On applique du sel) « contre les entorses, avec de la farine et du miel ».

§ 105.

1. *dentium dolori* : Orib., *Eupor.* 4, 58 à 65, traite des douleurs dentaires. Pour les dents ébranlées, il conseille les médicaments desséchants. En conséquence, on enduira les dents avec de l'alun rond et le double de sel » (58). Pour les dents rongées « on doit faire entrer dans la plupart des remèdes du vinaigre très fort » (59). Contre les douleurs dentaires on pourra notamment « fomenter les parties extérieures avec des sachets où l'on mettra soit du sel grillé, soit du petit millet. (60) »

2. *spuma salis* : Selon Diosc. 5, 110, « elle a les mêmes vertus que le sel ».

3. *acopis* : Cf. Diosc., cité § 103, n. 6 ; cf. Theod. Prisc., *Log.* 2, 117.

4. *pecorum... scabiem* : Col. 7, 5, traite assez longuement de la gale des animaux. Après avoir étudié les causes et les symptômes de la maladie, il ajoute : *Sunt autem complura medicamina...* parmi lesquels une lotion composée de

deux urnes de jus de ciguë verte et d'un demi-modius de sel grillé. *Oblitum uas in sterquilino defoditur, ac toto anno fimi uapore concoctum, mox promitur : tepefactum medicamentum linitur scabrae parti, quae prius aspera testa uel pumice defricta redulceratur.* Autre remède : urine d'homme réduite d'un cinquième, ciguë verte, brique pilée, térébenthine, sel égrugé, à parts égales. Cf. § 96, n. 1.

§ 106.

1. *nitri natura :* Les écrits de Théophraste sur le nitre (grec νίτρον, ionien λίτρον) ont été perdus. En leur absence, ce texte de Pline représente la source ancienne la plus complète sur l'origine et les usages des substances désignées par les noms de « nitre, fleur de nitre, écume de nitre ». Jusqu'au milieu du xviiie siècle, en effet, on n'a pas, ou on a très sommairement distingué entre carbonate de soude (la « soude » du commerce), carbonate de potasse (la « potasse » du commerce), l'azotate de potasse (« salpêtre »). Ainsi Hardouin, en note, assimile-t-il au seul salpêtre le *nitrum* de Pline. Cf. *R.E.* I, 33, c. 776 sqq. (Schramm), et Daremberg et Saglio s.u. *nitrum* (A. Jacob). Ajoutons-y le « natron », c'est-à-dire un sesquicarbonate de soude, mélangé de sulfate de soude, de carbonate neutre de soude et de chlorure de sodium, que certaines eaux alcalines laissent déposer en s'évaporant. Diosc. consacre au nitre une notice d'une page (5, 113).

2. *halmyraga :* Il s'agit d'efflorescences de natron ou peut-être de borax, dans les vallées de Médie et de Thrace. Selon A. Nies, *Zur Mineralogie des Plinius*, Programm Mainz, 1884, ce serait plutôt du borax, que l'on trouverait encore de nos jours dans les steppes d'Asie. Le mot grec est cité sous la forme ἁλμυράξ dans le *Thes. L.L.* VI, 3, fasc. XIII, col. 2519, 8 ; et sous la forme ἁλμύρραξ, « a kind of salpetre », dans le *Supplément* au *Liddell-Scott* (1968), p. 8. Sur l'Arménie cf. § 109, n. 1 *in fine*.

3. *agrium :* (ἄγριον) c'est-à-dire *siluestre*.

§ 107.

1. *quercu cremata :* Le nom de nitre, *nitrum* rappelle l'hébreu *nether* « lessive obtenue avec la cendre de bois ». Selon Frisk, *G.E.W.* II, p. 321, les termes grec, hébreu, arabe et, sans doute hittite (*nitri-*) désignant le « nitre » sont tous empruntés à l'égyptien *ntr(j)* « natron ». Parmi les nombreux usages du rouvre, Pline cite « la cendre nitreuse », 16, 31 : *cremato quoque robore cinerem nitrosum esse certum est* (ailleurs, 14, 131, il attribue les mêmes propriétés à la cendre de lie de vin). La cendre de bois contient, en effet, du carbonate de potasse. On sait que l'usage s'en est maintenu jusqu'au siècle dernier pour le lavage du

linge. Noter qu'en 31, 83, c'est un sel (*sal niger*) qu'on tire des arbres brûlés et surtout des chênes. *Sal niger* et *nitrum* désignent en ce cas le même produit.

2. *Aquae nitrosae* : Pline a mentionné par ex. les eaux alcalines de *Cutiliae*, ci-dessus, § 59. Cf. Vitr. 8, 3, 5, qui signale aussi, 6, 127, le lac alcalin d'Aretissa en Arménie. Voir l'usage de la polenta pour rendre potables les eaux alcalines des déserts bordant la mer Rouge, 31, 36.

3. *Clitis Macedoniae* : Localité de la péninsule chalcidique au sud de Potidée. Cf. Liu. 44, 11, 4 ; Ptol. 3, 1, 35.

4. *Chalestricum* : *Chalestra* (-*lastra*, -*laestra*) est une ville de Macédoine à l'embouchure de l'Axios (Herod. 7, 123) à faible distance de la mer (Pline, *N.H.* 4, 36). Le même nom désigne dans la même région un lac proche, d'où l'on extrayait un nitre employé à la fabrication d'un savon apprécié. Cf. Plat., *Pol.* 4, 430 a. Oberhummer, in *R.E.*, III, c. 2038-9, rapporte des récits de voyageurs qui assimilent le lac Chalestra au lac Iaidschiler, à une journée de marche au N.-O. de Salonique. Il mesure trois milles de circonférence. Son eau est amère ; aucun poisson n'y vit. En été il s'y forme tout autour un « sel » blanc dont les habitants du pays font commerce.

§ 108.

1. *effluere* : On rapprochera le phénomène merveilleux mentionné, *N.H.* 2, 226 : *In Sallentino iuxta oppidum Manduriam lacus, ad margines plenus, neque exhaustis aquis minuitur neque infusis augetur*.

§ 109.

1. *in Aegypto* : Strabon, 17, 1, 23 : « Au-dessus de Momemphis il y a deux étangs très riches en nitre, et le nome de Nitriotes. » (la ville de Momemphis devait se trouver sur le bras occidental du delta, entre Memphis et Alexandrie). Strabon mentionne également l'existence de grandes quantités d'eau nitreuse en Arménie : « Il y a de grands lacs en Arménie ; l'un, le Mantianè... est le plus vaste après le Palus-Méotide ; son eau est salée... Quant au lac Arsenè, c'est un étang de nitre ; son eau nettoie les vêtements, ... elle n'est pas potable. »

2. *Nilum* : D'après A. Jacob s'appuyant sur E. Reclus, X, 486 (Daremb-Sagl. s.u. *nitrum*), il serait erroné de croire qu'on ne déversait l'eau du Nil dans les nitrières, comme on déverse l'eau de mer dans les salines.

3. *statis* : Pline a expliqué au § 107 qu'à Clitae en Macédoine le nitre se forme pendant neuf jours « vers le lever du Chien ».

§ 110.

1. *in lacu Ascanio* : C'est le nom de plusieurs lacs ou cours d'eau d'Asie Mineure. Il s'agit sans doute ici du lac très riche en sels de Pisidie entre Sagalassos et Celaenae (aujourd'hui Buldur Giölü). Pline le mentionne, *N.H.* 5, 148. Y font allusion également Arrien, *Anab.* 1, 29, 1 ; Arist., *Mirab.* 53 ; Antig. 166. Cf. *R.E.*, II, c. 1610 (Ruge), On lira utilement les descriptions que fait L. Robert de plusieurs lacs amers d'Asie Mineure, *Villes d'Asie Mineure*, p. 338 sqq., 352, n. 5, et p. 439 s.u. *Acigöl*.

2. *spuma* : Cf. § 112 et note 1. Diosc. 5, 113, 1, cite l'écume de nitre tirée de Philadelphie en Lydie, puis celle d'Égypte, et celle de Magnésie en Carie. Gal., *Simpl.* 3, 18 : « Nous employons pour tous ces traitements du nitre grillé ou non grillé, et mieux encore l'écume de nitre. » Cf. *ibid.*, 3, 5.

3. *uitro* : L'usage du nitre pour la fabrication du verre est longuement décrit 36, 191 à 199 (surtout § 194). On notera d'autres emplois de ce produit : pour le vinaigre, 34, 116 ; pour la chrysocolla, 33, 93 ; pour le nettoyage du cuivre et de l'argent, 30, 103 et 33, 109.

§ 111.

1. *nitrariae Aegypti* : cf. § 109, n. 1.

2. *cum sulpure coquentes* : La fusion d'un mélange de potasse et de soufre donne en effet une masse qui a la consistance de la pierre (en allemand « Schwefelleber »), cf. *R.E.* I, 33, c. 779 (Schramm).

3. *in carnibus* : La leçon des *codd.*, *carbonibus*, conservée par les *uett.* s'explique par la proximité de *coquentes*. Pour rendre le texte compréhensible, Hard. est obligé d'écrire : ... *coquentes in carbonibus. Ad ea quoque quae...* en ajoutant *ad ea*, et en changeant *quas* en *quae*. Jan, suivi par Mayh., a corrigé *carbonibus* en *carnibus*, ce qui permet de garder *quas*. Il invoque à l'appui de sa correction l'expression *seruandis carnibus aptior acer et siccus* (*sal*) du § 87 (mais il s'agit ici du sel de cuisine et non pas du nitre). Le rappel du texte d'Hérodote, 2, 86, fournit un argument plus sérieux. Parmi les procédés d'embaumement pratiqués en Égypte, le plus coûteux consiste à extraire le cerveau et les intestins, à remplir le ventre de divers aromates et à le recoudre. Puis les embaumeurs « salent le corps en le recouvrant de natron (λίτρῳ) pendant 70 jours ». Ensuite on lave et on enveloppe de bandelettes. Pour avoir négligé cette première méthode d'embaumement et retenu seulement la deuxième (Hérod. 2, 87), K. C. Bailey (*Herma-thena*, 44, 1926, 74) a été amené à proposer de son côté *cor-poribus... quae* (correction adoptée par Jones). Hérodote écrit en effet qu'un traitement moins onéreux consiste à

« dissoudre » intestins et viscères avec de l'huile de cade, les chairs étant de leur côté « dissoutes par le natron ; et il ne reste plus du mort que la peau et les os ». Il n'y a pas de raison de privilégier ce deuxième procédé en ignorant le premier, qui est plus raffiné. Aussi adoptons-nous la conjecture de Jan, qui permet de conserver *quas*.

§ 112.

1. *spumam nitri* : L'écume de nitre, appelée aussi de son nom grec *aphronitrum* (cf. § 113, n. 1), n'est sans doute pas du salpêtre, comme on traduit parfois (Georges), mais de la potasse. Cf. § 110, n. 3.

§ 113.

1. *aphronitrum* (grec ἀφρόνιτρον) : c'est-à-dire *spuma nitri* (§ 112). Cf. Diosc. 5, 113, 1. Le mot est dans Martial, 14, 58 :

Rusticus es ; nescis quid Graeco nomine dicar :
Spuma uocor nitri. Graecus es ; aphronitrum.

Cf. Stace, *Silu.* 4, 9, 37. Isid., *Orig.* 16, 2, 8 reproduit ce passage de Pline.

Pline ne mentionne pas une distinction que l'on trouve chez Galien, *Simpl.* 9, 3, 18, entre ἀφρόλιτρον et ἀφρόνιτρον. Ce dernier est blanc et ressemble à de la farine de blé. L'autre est au contraire massif, il sert à nettoyer les bains. Il assainit les prurits. On retrouve la distinction chez Orib., *Collect. med.* 15, 1, 27, §§ 6-7, mais avec, semble-t-il, une inversion des termes : « l'aphrolitron est un médicament desséchant, qui ressemble, pour l'aspect, à la farine de froment ; l'aphronitron, au contraire, n'est ni farineux, ni sujet à tomber en poussière, mais solide et compact, et on s'en sert généralement dans le bain quand on est sale, parce qu'il est détersif et favorable à la perspiration. L'écume de nitre est de même nature (que l'aphronitron) ; mais sa substance est plus subtile, et le nitre tient le milieu entre l'aphronitron et le sel, quant à ses propriétés ».

2. *Lydium* : Diosc. 5, 113, 1 : « L'écume de nitre la meilleure est, semble-t-il, la plus légère, lamelleuse, friable, de couleur pourpre, et écumeuse, comme celle qu'on tire de Philadelphie en Lydie ; vient en seconde position celle d'Égypte ; on en produit aussi à Magnésie en Carie ». Orib., *Syn.* 2, 83 : « Il semble que la meilleure écume de nitre soit celle qui est la plus légère, qui présente une structure lamelleuse, qui se casse facilement, et qui est ou pourprée, ou écumeuse (84). On brûle ce médicament de la même manière que le sel ».

§ 114.

1. *nitri probatio* : Diosc. 5, 113, 1 : « Le nitre à préférer est léger, de couleur rose ou blanche, il présente des canaux comme s'il était spongieux ». De même Orib., *Syn.* 2, 82.

2. *uritur* : en chauffant le nitre dans un récipient couvert, on obtient pour une part de la soude caustique, *R.E.* I, 33, c. 778 (Schramm). Mais on comprend mal la précaution exprimée par *ne exultet*. Diosc. 5, 113, 4, donne des indications différentes : « Certains chauffent nitre et écume de nitre en les posant sur des charbons ardents, après avoir placé en dessous une poterie neuve, jusqu'à ce qu'il soient calcinés ».

3. *nihilque* : Après Jan, Mayhoff a pensé à une lacune devant ce mot (cf. Mayh. *app. crit.*). Schramm estime qu'elle est certaine : Pline y aurait exposé les propriétés du carbonate de soude chauffé (*R.E.*, *l. c.*).

§ 115.

1. *claritati* : Cf. Diosc. 5, 113, 3 : « le nitre appliqué en onction avec du miel aiguise la vue » ; cf. § 117. Orib., *Eupor.* 4, 24 : « Le nitre soigneusement pulvérisé dans l'huile et employé comme liniment guérit rapidement les taies ».

2. *ulcera* : Diosc. 5, 113, 3, recommande le nitre pour les écoulements purulents et furoncles. Cf. § 116.

3. *in pane* : On consomme en Bavière des Laugen-bretzel qui contiennent de la potasse.

4. *ad raphanos* : Pline, 19, 84 : « c'est pourtant le sel qui nourrit surtout (les raiforts) ; c'est pourquoi on les arrose aussi d'eaux salées, et, en *Egypte*, où ils sont très doux, on les soupoudre de nitre ». J. André, dans sa note 3 à ce passage (C.U.F.), observe que Théophraste, source de Pline, recommande ce procédé pour le chou et non pas pour le raifort (*C.P.* 2, 5, 3). Pline signale ailleurs l'usage de placer sous le pied d'un chou, au moment de le repiquer une pincée de nitre, 19, 143.

5. *olera uiridiora* : Cf. 19, 143 (à propos du chou) : *Nitrum in coquendo etiam uiriditatem custodit.* Martial, 13, 17 :

Ne tibi pallentes moueant fastidia caules,
Nitrata uiridis brassica fiat aqua.

Apicius, 3, 1, 1 : *omne olus smaragdinum fit, si cum nitro coquatur.*

6. *in medicina* : Pline a donné au passage dans ce même § quelques indications sur les effets thérapeutiques du nitre : par expérience, les gens qui fréquentent les gisements du nitre savent qu'il est bon pour les yeux, cf. § 117, n. 1 ; pour les ulcères ; on l'utilise avec de l'huile pour des frictions sudorifiques (Hippocrate, *Epid.* 5, 135, 9, recommandait une onction avec un mélange de nitre d'Égypte, de coriandre,

de cumin et d'un corps gras). Il résume maintenant les propriétés générales de ce corps (115 fin et 116 début). Les
§§ 116 à 120 sont occupés par des recettes thérapeutiques
très diverses, qui appartiennent à la tradition médicale
grecque. Il est étonnant que Pline ni Dioscor. 5, 113, ne
disent rien des emplois du nitre en gynécologie, très nombreux, comme on peut le voir dans les *Mul.* et *Nat. mul.*
d'Hippocrate. Celui-ci donne la formule de plusieurs pessaires contenant du nitre ; par ex. 8, 199, 79 (pour purger
la bile de la matrice) ; 8, 53, 13 (pour certaines malformations de l'utérus) ; 8, 203, 81 ; 207, 84 ; 215, 89 ; 3, 51 ; 335,
157 ; 401, 206 ; 451, 235 ; 507, 37-39 ; 7, 363 ; 425. Celse
range lui aussi le nitre parmi les substances qui *erodunt*
(5, 6, 1), *exedunt* (5, 7) ; *euocant et educunt* (5, 12) (cf.
Diosc. 5, 113, 2 *in fine* ; Orib., *Collect. med.* 15, 1, 25).

§ 116.

1. *in papulis pusulisque :* Les propriétés antiseptiques et
cicatrisantes du nitre étaient connues d'Hippocrate. Il
conseille, pour mondifier les plaies, une préparation à base
de cuivre rouge, de verjus et de nitre grillé, *Vlc.* 6, 413, 12.
Il prescrit pour les fistules profondes d'injecter par un
tuyau de plume fleur de cuivre, myrrhe et nitre délayés
dans de l'urine, *Fist.* 6, 453, 6. Cf. Scrib. Larg. 216 (emplâtre de cire, résine de térébinthe, nitre rouge, pour faire
sortir le pus). Diosc. 5, 113, 3 ; Pline, *Med.* 3, 27, 2 : *Nitrum
candens uino austero extinguitur, deinde conteritur et sine
oleo in balneo aspergitur (ad papulas et pruritui).*

2. *cum fico :* le suc astringent de la figue entre dans de
nombreux remèdes, notamment dans la plupart des pessaires cités au § 115, n. 4. Par ex. Hippocr., *Mul.* 8, 199, 79 :
« Racler la partie blanche d'une vieille figue, mêler deux
portions d'élatérion, autant de nitre, mouiller avec du miel
et appliquer » (Littré). Diosc. 5, 113, 3, recommande d'appliquer aux hydropiques un cataplasme de nitre et de figues.

§ 117.

1. *oculorum ungues :* Cette expression, qui ne se retrouve
pas chez Pline, est expliquée par Celse, 7, 7, 4 A : *unguis
uero, quod pterygion Graeci uocant, est...* Parmi les collyres
que Celse énumère, 6, 6, l'un d'eux, destiné à combattre
l'affection oculaire dite *mydriasis,* contient du nitre, 6, 6,
37 A ; cf. Diosc. 5, 113, 3 (en onction avec du miel) ; Theod.
Prisc., *Eup.* 1, 37 et 1, 40.

2. *claritatem uisus :* cf. § 115, n. 1.

3. *pipere :* Diosc., *Eup.* 1, 66, 3, conseille « le nitre avec
du poivre » contre les maux de dents ; cf. Seren. Samm. 14,
6.

4. *dentes :* Marcell., *Med.* 13, 18 : *ad colorem nitidum*

reducere dentes nitrum cum porro uiridi coctum, et pro denti-
fricio sumptum.

5. *capitis animalia :* pour l'usage du nitre d'Alexandrie
contre les poux, cf. Marcell., *Med.* 4, 67. Seren. Samm.
64-65 prescrit contre la phtiriase une onction de nitre et
de sel dans du vinaigre.

6. *auribus :* Diosc. 5, 113, 3 : « Versé avec de l'eau ou du
vin... (le nitre) remédie aux tintements d'oreilles, et aux
écoulements purulents. Il les nettoie aussi quand on l'y
verse avec du vinaigre ». Pline, *Med.* 1, 6, 10 : *Nitrum ex*
uino liquatum purulentis auribus medetur. Seren. Samm. 12,
6 (nitre et vinaigre).

§ 118.

1. *uitiligines albas :* Rufus d'Éphèse *ap.* Paul d'Égine,
115 : pour les dartres farineuses à la tête, « prenez nitre, lie
de vin brûlée, myrobolan, une livre de chacun... frictionnez
la tête avec du vin dans lequel vous aurez fait dissoudre
ces substances » , cf. Theod. Prisc.; *Eup.* 1, 94.

2. *Cimolia : Creta* (ou *terra*) *Cimolia*, c'est-à-dire terre
de Cimolos, une des Cyclades (cf. Ovide, *Met.* 7, 463 ;
Pline, *N.H.* 4, 70). Celse mentionne la *creta Cimolia*, 2, 33,
dans une liste de substances émollientes ; cf. Col. 6, 17,
4 ; Pline, 21, 138. Emploi substantivé, par ex. Pline, 28, 110.
Recette analogue chez Theod. Prisc., *Eup.* 1, 94.

3. *furunculos :* Diosc. 5, 113, 3 : « Le nitre fait ouvrir
les furoncles quand on le prépare avec de la résine de térébinthe ». Pline, *Med.* 3, 7, 2 : *nitrum cum resina mixtum*
(*furunculos*) *extrahit.*

4. *cum uua alba passa :* Hippocrate recommande aussi
— pour l'inflammation du palais — un nettoyage au nitre,
suivi d'une application de raisins blancs sans pépins, *Morb.* 7,
49, 32.

5. *testium inflammationi :* Diosc. ne prescrit pas le nitre
dans ce cas. Mais il recommande d'appliquer aux testicules enflés du sel avec du raisin sec et du suif de bœuf
(5, 109, 5). Orib., *Syn.* 9, 36 : « Contre les inflammations des
testicules, appliquez des raisins secs dont on a enlevé les
pépins et du cumin triturés ensemble, ou de la farine d'orge
qu'on a fait bouillir dans de l'eau miellée ». Orib., *ibid.*
recommande les cataplasmes de nitre et de cendre de sar-
ments « contre les chairs luxuriantes qui viennent à pousser
sur (l'enveloppe) des testicules ».

6. *canis morsus :* Cf. Diosc. 5, 113, 3 : (Le nitre) « guérit
les morsures de chiens enragés, avec de la graisse d'âne ou
de porc ». Pline, *Med.* 86, 3 (*ad morsum canis*) *nitrum et*
axungia et resina aequis portionibus ex aceto inponuntur.

7. *phagedaenis et ulceribus :* Cf. § 116, n. 1 et § 120,
n. 1.

8. *hydropicis* : Diosc. 5, 113, 3, conseille de leur appliquer
le nitre « en cataplasme avec des figues ». C'est en lavement
qu'Hippocrate, *Aff.* 7, 237, prescrit d'administrer du nitre
aux hydropiques (nitre d'Égypte grillé, vin blanc, miel,
huile, concombre sauvage). Sur l'usage de la figue, cf. § 116,
n. 2.

§ 119.
1. *tormina* : Diosc. 5, 113, 2 : « Le nitre apaise les coliques
d'une façon remarquable, quand on le pile avec du cumin
et qu'on le boit avec de l'hydromel ou du bouillon ou l'un
des produits propres à dissiper les vents, comme la rue ou
l'aneth » ; Marc., *Med.* 28, 70.
2. *in sudatione* : la leçon de tous les manuscrits (sauf *X*)
insudatum n'est pas satisfaisante. La correction de *X* : *in
usu datum* est économique, mais d'un sens peu limpide. Les
uett. ne conservaient que *datum*. Detl. a corrigé en *insufflatum*, Mayh. en *instillatum* (hypothèse de Hard.), Sill. (et
Jones) en *in sudore datum*. Hard. formulait une autre hypothèse, qu'il trouvait plus heureuse : *in sudatu*. Mais ce mot
n'existe pas ailleurs. Les conjectures de Detl. et de Mayh.
sont à écarter. De même celle de Sill., parce qu'il ne s'agit
pas de « faire prendre » (*dare*) du nitre, mais de l'appliquer
extérieurement contre les démangeaisons. *Sudatione* — qui
existe chez Sén. — écrit *sudatoe* a pu être altéré en *sudatum*,
parce que le copiste attendait normalement un adjectif
neutre se rapportant à *nitrum* (cf. ci-après, *potum*, *tostum*,
tritum).
3. *fungorum* : Cf. Scrib. Larg. 198 ; Diosc. 5, 113, 3 : « Le
nitre est de bon usage contre les champignons, bu dans de
l'oxycrat ». Sel et nitre sont des émétiques couramment
employés ; cf. Cels. 5, 12 ; Gal., *Antid.* 2, 5.
4. *buprestis* : Il s'agit ici, non de la plante vénéneuse mal
déterminée dont Pline parle, *N.H.* 22, 78 (cf. J. André, *Lex.
botan.* s.u.), mais d'un insecte venimeux (cf. *N.H.* 30, 30).
On a pensé à un coléoptère (*Meloe variegatus*), mais cette
précision n'est pas admise par tous. Voir Luis Gil Fernan-
dez, *Nombres de insectos en griego antiguo*, Madrid, 1959,
p. 136-137. Pour Diosc. 2, 61, la bupreste est une sorte de
cantharide ; de même pour Scrib. Larg. 190, qui décrit le
malaise, signale quelques remèdes (parmi lesquels le nitre)
et renvoie à son chapitre précédent (189), ou il énumérait
les moyens à employer contre les cantharides. Pline spécifie,
30, 30, *fallit inter herbas bouem maxime*. Bien que la correction *hausta*, adoptée depuis Sillig, convienne pour le sens,
on peut conserver la leçon *pasta* des manuscrits *rEa*, puisqu'il s'agit d'un insecte avalé en broutant (Diosc., *Eup.* 2,
157, emploie le verbe λαμβάνειν). Pline, en ce passage,
mélange médecine humaine et médecine vétérinaire. Cf.

Diosc. 5, 113, 3 : « Le nitre, dans de l'eau, est utile contre les buprestes » ; Gal., *Antid.* 2, 7.

5. *sanguinem tauri* : Scrib. Larg. 196 : (ceux qui ont bu du sang de taureau) *adiuuantur aceto calido saepius poto et iniecto per se uel cum nitro laserisque radice.* Cf. Diosc. 5, 113, 3 : « Le nitre est bon avec du silphium contre le sang de taureau » ; Galien, *Antid.* 2, 7 (boire du vinaigre chaud, vomir, absorber deux oboles de nitre).

§ 120.

1. *exulcerationes* : Hippocrate recommande d'appliquer aux ulcères rongeants « de l'alun d'Égypte grillé et de l'alun de l'île de Mélos ; auparavant laver la partie avec du nitre grillé, et éponger. » (*Vlc.* 6, 4, 23, 18). Autre recette pour les ulcères de la tête, *Morb.* 7, 25, 13 : « Si la tête s'ulcère, brûlez de la lie de vin, faites un onguent en y mêlant de l'écorce de gland bien broyée et une quantité égale de nitre ; après s'en être bien frotté, on se lavera avec de l'eau chaude ». Pline, *Med.* 1, 20 : (*ulceribus in facie mananti-bus*)... *nitrum ex melle et lacte bubulo succurrit.* Cf. Marcell., *Med.* 19, 19.

2. *infunditur* : Hippocrate conseille à plusieurs reprises des lavements au nitre, notamment pour la coxalgie (*Aff.* 7, 295), pour les maladies de la rate (*ib.* 7, 249, 31 extr.), dans l'hydropisie (*ib.* 7, 237), pour la leucophlegmasie récente (*ib.* 7, 217). Il prescrit dans ce dernier cas un mélange de nitre, miel, vin doux, huile, estimant que « ces substances sont ce qu'il y a de plus doux en lavement pour le corps humain ». Rufus d'Éphèse recommande contre la goutte un lavement fait avec une décoction de diverses plantes à laquelle on ajoute « du nitre plus que du sel, et du sel plus que dans les autres lavements » (*Pod.* 25). Il étudie les lavements pour les néphrétiques, qui comprennent nitre ou sel selon les cas (*ap.* Aet., *Syn.* 65).

3. *uentris* : Le nitre est fréquemment prescrit pour les maux de ventre, par ex. Marcell., *Med.* cap. 28, *passim.*

4. *renium* : Seren. Samm. 24, 4 conseille en ce cas des frictions de nitre, poix, soufre et vinaigre.

5. *rigori corporum* : Diosc. 5, 113, 3 : « Le nitre est un excellent cataplasme, ... avec de la cire, dans les cas d'opis-thonos. »

6. *paralysi* : Diosc. 5, 113, 4 : « On incorpore utilement (le nitre) à du pain dans les cas de paralysie de la langue ».

7. *suspiriosis* : Cf. Scrib. Larg. 78 et 89 (et ci-dessous, § 121, n. 1).

§ 121.

1. *tussim ueterem* : Scrib. Larg. 89 : *aliud catapotium ad tussim ueterem, suspirium et phthisi temptatos, lienem et* *iecur durum habentes* (le médicament comprend plusieurs plantes, du nitre et du poivre blanc). *Nitrum oportet mortario terere... atque facere catapotia magnitudinis fabae.* Aretaeus, *C.A.* 2, 1, conseille de boire, contre la pneumonie, une décoction de nitre et d'hysope.

2. *angina :* Hippocr., *Morb.* 7, 41, 26, conseille, pour les affections de la gorge, l'inhalation par la bouche (au moyen d'un roseau) d'une décoction de vinaigre, nitre, origan, graine de cardame. Pour l'angine, *ibid.* 7, 47, 28 : « Pilez de la menthe verte, du persil, de l'origan, du nitre et du sumac rouge, trempez dans du miel, faites épais, et frottez-en la langue en dedans, là où est le gonflement ». Scrib. Larg. 70, indique une préparation composée de cendre de jeunes hirondelles, d'hysope, de nitre, de poivre, de laser et de miel attique. Il convient d'en faire des frictions répétées de la gorge.

3. *cypreo* : le cyprus, transcription du grec κύπρος (Diosc. 1, 95), désigne le henné. Cf. J. André, *Lex. bot.* s.u., et Pline, *N.H.* 12, 109 ; 24, 74.

4. *regium morbum :* Theod. Prisc., *Log.* 2, 77, *in fine* (*De icteriis*) : *iuuantur si etiam afronitrum album in uino solutum accipiant.*

5. *inflationes :* Cf. Diosc. 5, 113, 3.

§ 122.

1. *porriginem :* Telle est la leçon de la plupart des manuscrits, et notamment des plus anciens. Cf. Seren. Samm. 3, 5. A l'appui de la leçon *pruriginem* des codd. *TdX*, on pourrait citer Pline, *Med.* 1, 2, 3 : *nitrum alumini mixtum capiti infrictum prurigines tollit.* Mais Scribonius Largus, 243 : *Ad papulas in capite efferuescentes uel qualibet parte corporis porriginem : ... nitrum decoctum tritum, inmixto oleo et uino austero, ante desudationem corporis ac postea.*

2. *coeliacis :* Le nitre entre aussi dans une recette d'Hippocrate pour les douleurs rectales, *Fist.* 6, 461, 10 : « S'il y a de la douleur (au rectum) sans inflammation, faites griller du nitre rouge, broyez-le bien avec de l'alun, passez au feu du sel, écrasez-le bien fin, et mêlez-y la meilleure poix ; enduisez de ce mélange un chiffon qu'on introduira et qu'on maintiendra par un bandage ».

3. *perungui ante :* Cf. Diosc., 5, 113, 2 : « On pratique des onctions de nitre dans les fièvres périodiques, en vue de prévenir leurs accès ».

4. *lepras :* Seren. Samm. 137-138, donne pour l'*elephantiasis* la recette suivante :
Praeterea nitrum debes cum melle iugatum
Spargere lacte bouis, uarias sic unguere frontes.

5. *tetanis :* Cf. Diosc. 5, 113, 4 : « Le nitre fournit un

excellent cataplasme dans le cas d'atrophie, de dépérisse-
ment, d'opistothonos ».

6. *sal nitrum :* c'est-à-dire le nitre, considéré comme une
variété de l'espèce *sal* ; cf. 106 : ... *nitri natura, non multum
a sale distans.* Jones comprend : le sel et le nitre. Sur la
pétrification du nitre mélangé au soufre, cf. § 111.

§ 123.

1. *diximus :* 9, 148-150 : *Spongearum tria genera acce-
pimus :* (... *tragos... manos... Achillium...*). C'est Aristote,
Hist. an. 5, 14, 2, qui est à l'origine de cette classification.
Elle est reprise par les auteurs ultérieurs, Diosc. 5, 120 ;
Elien, *N. A.* 8, 16 ; Isid., *Orig.* 12, 6, 60-62. Cf. Hom.,
Od. 22, 439 : « Vous prendrez ensuite l'éponge aux mille
trous pour laver à grande eau tables et beaux fauteuils ».

2. *inuersae :* Mêmes conseils chez Diosc. 5, 120, 3 : « On
blanchit les éponges les plus douces en les exposant au soleil,
imprégnése d'écume de sel ; mais il faut mettre par dessus
la partie creuse. Par beau temps, l'été, on les expose aussi
à la lune, trempées d'écume de sel ou d'eau de mer. C'est
ainsi qu'elles sont les plus blanches ».

3. *candorem :* On les blanchissait aussi artificiellement.
Galien, *Meth. med.* 14, 4 (t. X, p. 954), et *Meth. med. ad
Glauc.* 2, 5 (t. XI, p. 102), conseille de nettoyer les éponges
avec l'aphronitrum, le nitre ou la lessive filtrée. Cf. Oribase,
ed. Bussemaker et Daremberg, t. II, n. au ch. 23, p. 864.

§ 124.

1. *animal :* Même observation sur le sang de l'éponge, 9,
149. Pline a rangé éponges et orties de mer dans un genre
intermédiaire entre le règne animal et le règne végétal, 9,
146 : *Equidem et his inesse sensum arbitror, quae neque
animalium neque fruticum, sed tertiam quandam ex utroque
naturam habent, urticis dico et spongeis.*

2. *aliqui :* par ex. Plut., *Soll. anim.* 980. Pline, 9, 148,
attribue un *intellectus* aux éponges, alors qu'Aristote leur
reconnaissait seulement une αἴσθησις, *Hist. anim.* 5, 14,
2.

3. *auelli :* Cf. 9, 148, *ubi auulsorem sensere, contractae
multo difficilius abstrahuntur.*

4. *ab aquilone :* Cf. 9, 149, *putrescunt in apricis locis, ideo
optimae in gurgitibus.*

5. *spiritum :* cf. 9, 150, *uiuere constat longo tempore.*

6. *recentes.* Dioscoride recommande d'employer des éponges nouvelles, les vieilles étant sans efficacité, 5, 120, 1.

§ 125.

1. *penicilli :* cf. 9, 148 : c'est avec l'espèce la plus fine
dite « Achillium » qu'on fabrique les pinceaux ; P.F. 321, 2 :

peniculi spongiae longae propter similitudinem caudarum appellatae. Penes enim uocabantur caudae. Cf. Fest. 260, 18 et P.F. 261, 4.

2. *oculorum :* Scribonius Largus, 20, traite d'une façon assez détaillée des écoulements oculaires. Il conseille de fomenter les yeux avec des éponges qu'on a imbibées d'une eau aussi chaude que possible, puis pressées (cf., pour cette méthode, *N.H.* 31, 128). Diosc. 5, 120, 3, recommande à cet effet la cendre d'éponge préalablement lavée (cf. *N.H.* 31, 130 et n. 3). Pline, *Med.* 1, 8, 1, a repris la recette : *tumores oculorum sedat mulsum lepidum in penicillo super impositum* ; cf. § 130, n. 3 ; Orib., *Collect. med.* 9, 23, 13.

3. *aqua :* C'est le conseil d'Hippocrate, *Epid.* 5, 119.

4. *capitis dolores :* Hippocr., *Morb.* 7, 36, § 22, recommande, dans les affections cérébrales aiguës, l'application d'éponges trempées dans de l'eau chaude, tandis qu'on introduit du poireau cru dans les narines. Celse, 4, 2, 5, prescrit pour les « céphalées », entre autres procédés curatifs, *sternutamenta euocare.* Si cela ne suffit pas et que le malade ait la fièvre, *aqua frigida multa perfundere caput expedit, spongiam con-cauam inponere subinde in aqua frigida expressam.* Cf. Seren. Samm. 1, 9 (pour guérir la tête) : *Spongia cum tepi-dis adnexa liquoribus imbris Profuit...*

5. *Vulnera :* L'usage des éponges pour les soins des plaies est bien connu d'Hippocrate. Il conseille par ex. d'introduire dans l'anus une éponge aussi molle et fine que possible, enduite de miel, après cautérisation ou excision des hémor-roïdes (*Hémorr.* 6, 439). Dans les mêmes conditions elle sert à distendre une fistule anale (*Fist.* 6, 453, § 4). On peut en loger une dans la cavité laissée au palais par un abcès, pour l'obturer quand on mange (*Morb.* 7, 51, § 32). Trem-pées dans l'huile, elles sont employées durant la cautérisa-tion des veines (*Vis.* 9, 155). Cf. Scrib. Larg. 84.

Celse, 5, 2, mentionne les éponges parmi les ingrédients ou accessoires servant à réunir les plaies : *glutinant uulnus murra, tus... spongia uel ex aqua frigida uel ex uino uel ex aceto* (5, 26, 23 B). Pour les ulcères, 7, 3, 3 : *ubi iam repressus uidebitur umor ulcusque purum erit, produci carnem conue-niet et foueri uulnus pari portione uini ac mellis, superque inponi spongiam ex uino et rosa tinctam.* Cf. Diosc. 5, 120, 2. Noter que, pour Pline, comme pour Diosc. les éponges vieilles sont peu efficaces pour soigner les plaies (cf. 124, *magis recentes*).

6. *abstergenda :* Orib., *Collect. med.* 9, 23 (tiré d'Antylle) : « Nous employons des éponges pour enlever la crasse, les liquides séreux, le sang, les croûtes, le pus desséché, les médicaments, les onctions (qui se trouvent sur la peau) ».

7. *fouenda :* Rufus d'Éphèse, *Ren. et ues.* 2, 9, prescrit

dans l'infection rénale « des fomentations continuelles avec des éponges ».

§ 126.

1. *ulcera umida* : Scrib. Larg. 205, indique un emplâtre spécial *ad recentia uulnera... sed praecipue ad uetera ulcera.* On le recouvre de charpie, puis d'une éponge neuve. Cf. Diosc. 5, 120, 2.

2. *uulnera* : cf. § 125, n. 5.

3. *siccae* : Orib., *Collect. med.* 9, 23, 12, recommande de placer une éponge sèche sous le menton du malade dont on baigne la figure, « pour que le liquide ne s'écoule pas sur la poitrine ».

4. *intumescere* : Cf. Pline, *Med.* 3, 3, 7 : *spongia ex aqua caelesti imposita recentia secta non patitur intumescere.*

§ 127.

1. *articulis* : Celse, 4, 31, 6 (dans les douleurs des mains et des pieds, *podagra* et *cheragra*) : *Si uero tumores etiam obcalluerunt et dolent, leuat spongia inposita, quae subinde ex oleo et aceto uel aqua frigida exprimitur, aut pari portione inter se mixta pix, cera, alumen.*

2. *ferueat* : Orib., *Collect. med.* 9, 23, 13 (tiré d'Actylle), conseille notamment « des lotions d'eau vinaigrée chaude surtout dans les fièvres simples qui n'ont aucun mauvais caractère ». Et il ajoute (15) : « Les mêmes matières qui servent pour les lotions servent aussi quand on a recours aux éponges ; car les lotions et l'emploi des éponges ont la même efficacité ». Il énonce plus loin cette prescription plus précise : « Si les malades ont de la fièvre, et si leur état réclame l'application de l'eau froide à l'aide d'éponges, nous nous refusons à ce traitement pendant l'augment, tandis que nous l'employons sans aucune crainte pendant l'acmé et pendant le déclin... (20) Dans les fièvres ardentes et très sèches, nous lavons tout le corps avec des éponges imbibées d'huile et d'eau, en attendant que les paroxysmes soient apaisés ».

3. *uulnerum* : cf. § 125, n. 5.

§ 128.

1. *hydropicis* : Cf. Scrib. Larg. 133 (*ad hydropicos*) : *oportet uero secundum purgationem spongeis nouis totum uentrem ex aceto et sale... imponere...* Pline, *Med.* 3, 22, 2 : *ad hydropicos spongiae Afrae siccae apponuntur.*

2. *expressaeque* : Hippocrate recommande pour la pleurésie d'appliquer au côté une grosse éponge molle trempée dans l'eau chaude, puis exprimée (*Acut.* 2, 271). Mais on les applique mouillées pour soulager la fatigue des lombes, des hanches et des jambes. Cf. Aristoph., *Ran.* 482 : Dionysos,

parce qu'il défaille, réclame qu'on lui applique une éponge sur le cœur. Cf. § 125, n. 2.

3. *sanas :* Cf. Pline, *Med.* 3, 24, 7 (traitant de l'érysipèle) : *spongia ex aceto imponitur tam grandis ut sanas quoque partes tegat.*

§ 129.

1. *sanguinis profluuium :* Cf. Scrib. Larg. 46 ; Diosc. 5, 120, 2 ; Marc., *Med.* 10, 1 : *Ad sistendum sanguinem e nari- bus erumpentem proderit et spongiae particulam praesectam apte forfice et ad amplitudinem narium figuratam inicere paulo pressius, aceto infectam, et interdum eodem aspersam.*

2. *liuorem :* Énoncé repris presque textuellement par Pline, *Med.* 3, 30, 6 ; Marc., *Med.* 19, 47 : *Spongia noua cum aqua salsa calida saepius imposita sugillationes liuoresque detergit.*

3. *testium :* Pline, *Med.* 2, 21, 7 : *si et dolor sit et tumor, posca calida in spongia apponitur* (*testibus*). Marc., *Med.* 33, 17, reprend mot à mot le texte de Pline. Pline ne mentionne pas l'usage des éponges en gynécologie, qu'Hippocrate signale pourtant à plusieurs reprises : en fomentations et pour retenir certains ingrédients, *Nat. mul.* 7, 421, § 105 ; *Mul.* 8, 133 ; pour retenir la matrice, dans les cas de ptose, *Mul.* 8, 319.

4. *ad canum morsus :* Cf. Pline, *Med.* 3, 11, 2 ; Theod. Prisc., *Eup.* 66.

5. *cinis :* Cf. Diosc. 5, 120, 2 ; Marc., *Med.* 16, 77 : *Spon- giae Africanae exustae cinis cum suco porri sectiui haustus empyïcos sanat* ; cf. Pline, *Med.* 1, 25, 4. Pline indique dans ce § et dans les suivants plusieurs emplois de la cendre d'éponge. Hippocrate en notait quelques-uns, spécialement en gynécologie. Par ex. en fumigation de la matrice avec d'autres produits (présure de veau marin, etc...), *Nat. mul.* 7, 373 ; jetée dans du vin odorant, contre le flux utérin, *Nat. mul.* 7, 411, § 90. Si le crottin de mulet, brûlé puis bu dans du vin a été inefficace, on se trouvera bien d'une éponge bien triturée et bue dans du vin odorant, *Mul.* 8, 375.

6. *tertianas : Idem* Pline, *Med.* 3, 79, 1.

§ 130.

1. *sanguinem sistit uulnerum :* Diosc. 5, 120, 2.

2. *raras tantum :* c'est-à-dire l'espèce dite « manos » ; cf. § 123, n. 1.

3. *oculorum causa.* On a retrouvé la mention *spongarium* sur un cachet d'oculiste, *C.I.L.* XIII, 10021-38. Elle sem- ble désigner un collyre à la cendre d'éponge (Alex. Trall. II, 127 : σπογγάριον) ; cf. § 125, n. 2, et Dioscor. 5, 120, 2.

§ 131.

1. *strigilium uicem.* Homère, *Il.* 18, 414, décrit Héphaestos quittant sa forge pour accueillir Thétis : « Il essuie avec une éponge son visage, ses deux bras, son cou puissant, sa poitrine velue. »

2. *Rhodiacasque* : Marc., *Med.* 36, 39, vante les mérites des éponges d'Afrique et de Rhodes ; imprégnées d'eau froide, pour le traitement de la goutte. Scrib. Larg. 158, recommande les unes et les autres dans le traitement de la goutte.

3. *Antiphelli* : ville de Lycie, cf. *N.H.* 5, 100.

INDEX NOMINVM ET RERVM

INDEX NOMINVM ET RERVM

(Les chiffres renvoient aux paragraphes)

TABLE DES MATIÈRES

ACHEVÉ D'IMPRIMER
EN AVRIL 1972
SUR LES PRESSES
DE
L'IMPRIMERIE F. PAILLART
A ABBEVILLE

————

VELIN TEINTÉ
DES
PAPETERIES DE GUYENNE

DÉPÔT LÉGAL : 2ᵉ TRIMESTRE 1972,
IMPR. N. 2591, ÉDIT. N. D.L. 1702.